KARL **SCHMOLL**

REISEN MIT DEM
MOTORROLLER TEIL 2

REISEBERICHTE I TOUREN

IMPRESSUM

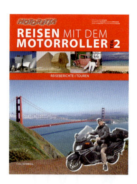

ISBN 978-3-9810905-9-8

© Motoretta Verlagsgesellschaft mbH, Wickingstrasse 3a, D-45657 Recklinghausen

1. Auflage 2008

HERAUSGEBER:
Christoph Wisberg

OBJEKTLEITUNG:
Christoph Torberg

AUTOREN & FOTOS:
Karl Schmoll, Helmut Bohlen

KORREKTUREN/ LEKTORAT:
Susanne Klages

SATZ & LAYOUT:
pizwo Werbeagentur
Kollegienwall 21, D-49074 Osnabrück

VERTRIEB:
Motoretta Verlagsgesellschaft mbH
Wickingstr. 3a, D-45657 Recklinghausen
Tel.: 02361/93580, Fax: 02361/16495
www.motoretta.eu, info@motoretta.de

DRUCK:
alpha print medien AG
Kleyerstraße 3
64295 Darmstadt

© 2008 by
Motoretta Verlagsgesellschaft mbH
Wickingstrasse 3a; D-45657 Recklinghausen

MOTORETTA®

REISEN MIT DEM MOTORROLLER TEIL 2

REISEBERICHTE I TOUREN

KARL SCHMOLL

VORWORT

Liebe Leserin,
Lieber Leser

wer einmal mit dem Bike, Gepäck hinten drauf, bei lauem Wetter in gemächlichem Tempo durch fremde schöne Gegenden getourt ist der weiß, dass dies eines der schönsten Vergnügen ist, die man erleben kann.
Er - oder sie - wird es immer und immer wieder haben wollen.
Viele Motorradfahrer wissen das schon lange. Man trifft sie überall. Aber Rollerfahrer? Die sind immer noch Exoten unter den Tourenfahrern.
Dabei ist der Motorroller wie geschaffen dafür: Sie sitzen aufrecht, unverkrampft, brauchen sich nicht um Technik zu kümmern – konzentrieren sich stattdessen auf die Landschaft mit all'ihren Formen, Farben, Düften ...
Auch in punkto Beladungsmöglichkeiten haben Sie viele Vorteile gegenüber dem Motorrad. Und in der Wendigkeit sowieso.
Ihr Motorroller ist das ideale Tourenfahrzeug. Sogar für entfernte Ziele. Wer zum Beispiel einen technisch einwandfreien Roller mit 125 ccm oder mehr besitzt und dazu wenigstens zwei Wochen Zeit, der kann damit eine unvergessliche Rundreise durch Tunesien unternehmen. Wie das geht, lesen Sie in diesem Buch. Und vieles mehr über tolle Reisen zu attraktiven Zielen.

Im Kapitel 7 legt Ihnen der erfahrene Rollertourist Helmut Bohlen 4 Routen vor, die er jeweils mit einer Gruppe Gleichgesinnter erkundet hat. Zur Nachahmung empfohlen.
Lassen Sie sich nicht aufhalten. Starten Sie selbst, fahren Sie los.
Viel Freude mit diesem Buch und Ihrem Motorroller wünscht Ihnen herzlichst,

Ihr

Karl Schmoll

INHALT

DAS LIED DER ROLLERFAHRER

Melodie: O La Paloma Blanca (George Baker Selection)

I.
Wo soll's hingehn –
in die Berge.
Wo soll's hingehn –
an die See.
Schönes Wetter, laue Lüfte
lockt hinaus uns, far away...

Refrain:
Ich bin ein Rollerfahrer,
fahre damit in die Welt.
Ich bin ein Rollerfahrer,
mein Roller bringt mich auf die Tour,
bringt mich auf die Tour,
was zögerst du nur...

II.
Pack die Sachen,
mach den Tank voll,
setz den Helm auf,
es geht los.
Lass uns in die Landschaft fahren,
warum zögerst du denn bloß...

Refrain:
Ich bin ein Rollerfahrer,
fahre damit in die Welt.
Ich bin ein Rollerfahrer,
mein Roller bringt mich auf die Tour,
bringt mich auf die Tour,
was zögerst du nur...

REISEBERICHTE

Methoni

RUND UM DIE ÄGÄIS
PELOPONNES KRETA RHODOS TÜRKEI GRIECHENLAND!

Türkei? Das klingt für Rollerfahrer zunächst mal unerreichbar. Doch in einer Zeitung las ich über eine Fährverbindung von Ancona (Italien) nach Cesme. Cesme liegt ungefähr in der Mitte der türkischen Ägäisküste. Ein idealer Ausgangspunkt also, um nach Südosten an die türkische Riviera zu fahren. Oder nach Norden, Richtung Dardanellen. Oder auch ins Landesinnere.

Hafen von Ancona

Das Internet beantwortete mir nicht die Frage, wie oft diese Fähre im Mai kursiert. Egal, schaunmermal. Und dann kam sowieso alles ganz anders...

Die Sonne hielt sich bedeckt auf der Fahrt durch Bayern. Aber die schöne Landschaft am Starnberger See entlang über Tutzing, Bichl, Kochel- und Walchensee, Mittenwald wiegt das locker auf. Gleich nach dem Brennerpass grüßte Italien mit Regen und starkem Wind. In San Michele, einem Ort, an dem nur der Name schön ist, hatte ich genug davon und nahm Quartier. Auch der nächste Tag war total verregnet und brachte mich über Verona, Bologna, Imola endlich ans Meer nach Cervia. Tags drauf klapperte ich auf der SS 16 die ganzen Touristenhochburgen der Adria ab: Cesenatico, Rimini, Riccione, Cattolica und wie sie alle heißen. Gegrillte Teutonen gab's Anfang Mai noch nicht; dafür tausende Einheimische, die alle Bagni, Bars & Co auf Hochglanz brachten, damit alles frisch gestrichen ist, wenn der Ansturm beginnt. Zum ersten Mal konnte ich die Regenhose abstreifen und von Stund an blieb das Wetter schön. Ancona erreichte ich gegen Mittag. „Die Fähre nach Cesme?" Geht nur samstags. Heute war Mittwoch. Zweieinhalb Tage rumgammeln? Nö. Am Kai lag ein riesiges Fährschiff. „Wohin geht das?" Nach Igoumenitsa (Griechenland), in 10 Minuten. Okay, dann fahre ich die Tour halt anders herum. „Ein Ticket für mich und mein Mopped." Gleich ging's an Bord. 15 Stunden Überfahrt.

Diese Fähren sind nobel ausgestattet. Mehrere Restaurants und Bars, Disco, Kasino, Swimmingpool, Internet-Café, Kinderparadies – alles vorhanden und bereit.Um 6 Uhr Ortszeit (nach deutscher Zeit war's erst um 5) legten wir an. Während ich an Land frühstückte (an Bord kostet es das Dreifache) wurde es hell. Mein Ziel war Patras, die große Hafenstadt im Nordwesten des Peloponnes. Dort hätte ich auch bequemer hinkommen können: Die Fähre fährt unmittelbar nach Patras weiter; es hätte nicht mal mehr gekostet. Aber ich wollte dieses schöne Stück Griechenland lieber erfahren. Über Preveza, Mitikas, Andirio, immer schön am Meer entlang. Wunderbar zu fahren, auch wenn die Straße streckenweise in erbärmlichem Zustand ist. Unterwegs kommst du an einem guten Dutzend Ziegenherden vorbei. Einen Schäfer habe ich nicht gesehen; die springlebendigen Viecher werden von kleinen schlauen Hunden bewacht, die für eine ordentliche Disziplin sorgen. Die Fähren von Andirio nach Patras verkehrten im Dauerbetrieb. Noch. Die riesige Brücke über den Golf von Patras steht und sieht phantastisch aus. Ein Jahrhundertbauwerk! Die Brücke bewältigt jetzt den Hauptverkehr über den Golf.

PELOPONNES: DER HAUCH DER GESCHICHTE ...

Ja, und dann bist du auf dem Peloponnes. Und spürst sofort den Hauch der Geschichte. Hier fanden die ersten Olympischen Spiele der Antike statt, wurde zur Schlacht um Troja gerüstet, entwickelten die Spartaner ihren eigenwilligen Lebensstil, wurde Agamemnon von seiner lieben Gattin in der Badewanne gemeuchelt, hantierte Sisyphos mit seinem Stein, wirkten Äskulap, Nestor, Herakles... Schon in der Antike wurde der Peloponnes als Insel angesehen, obwohl er es (wenn überhaupt) erst seit 1893 ist, nachdem der Isthmus, der Kanal von Korinth, fertig gestellt worden war. Nach einer Übernachtung in der typisch unruhigen Hafenstadt Patras machte ich mich an die Entdeckung dieser mit über 21000 qkm größten griechischen „Insel".

Olympia, Portal zum Stadion: hier fanden die olympischen Spiele der Antike statt

Dieter - ein erfahrener Motorradtourer

Auf kleinen Straßen und mit vielen Umwegen fuhr ich nach Olympia. Schnell hatte ich gecheckt, dass die Orientierung abseits der Hauptverkehrswege schwierig ist. Grund: Wenn überhaupt, gibt es hier nur Hinweisschilder mit griechischen Buchstaben. Die sind erst nach längerer Eingewöhnungszeit zu entziffern. Und drückst du einem Eingeborenen deine Karte in die Hand mit der Bitte um Positionsbestimmung, dann tut der sich auch schwer, weil er unsere lateinischen Buchstaben nicht lesen kann. Aber keine Sorge, für eine Richtungsangabe reicht es immer; du erreichst dein Ziel.

Es können einem schon ehrfürchtige Schauer den Rücken herunter laufen, wenn man in Olympia an den Schatzkammern vorbei durch das antike Tor das alte Stadion betritt und weiß, dass hier vor 2780 Jahren die ersten olympischen Spiele zu Ehren des Göttervaters Zeus ausgetragen wurden. Auch heute noch wird hier in den Resten des Hera-Tempels alle 4 Jahre per Brennglas das olympische Feuer entzündet.

Ich fuhr Richtung Süden nach Krestena, als vor mir ein Motorradfahrer mit Kasseler Kennzeichen auftauchte. An der nächsten Kreuzung sprach ich ihn an. Nach 3 Minuten hatten wir ein halbes Dutzend Übereinstimmungen in wichtigen Punkten festgestellt (wie ich – die Reise erst begonnen; keine Feinplanung in puncto Routen oder Hotels, also offen; Nichtraucher; spartanische Einstellung bei Pausen, Essen, Hotelkategorie; Ruheständler, also relativ offenes Zeitbudget). Nach 4 Minuten waren wir per Du – und dann kam wie selbstverständlich die Frage: Wollen wir ein Stück zusammen fahren? Na klar! Dieter ist ein erfahrener Motorradtourer. Seit 17 Jahren ist er unterwegs und hat dabei mit seinen oder (in Südamerika, Indien, USA etc.) gemieteten Maschinen die halbe Welt bereist. Auch bei Dieter steht die Abteilung „Gleiten und Genießen" im Vordergrund, nicht etwa „Wie komme ich schnell von A nach B". Ich fuhr jeweils vorneweg, um das Tempo zu bestimmen. Schließlich hat Dieters BMW R 1150 RS 5 Mal so viele Pferdestärken wie mein X 9.

Andererseits: Die Höchstgeschwindigkeit für Motorbikes liegt in Griechenland bei 90 km/h. Und die erreicht mein Piaggio im Nu.

ROLLER PLUS MOTORRAD – GEHT DAS?

Um es vorweg zu sagen – wir blieben 8 Tage zusammen und hatten Spaß von morgens bis abends. Gemeinsam nahmen wir in Kalamata Quartier. Das Hotelzimmer (auseinander stehende Betten, „we are not married") kostete nun nur die Hälfte für jeden. Von hier aus erschlossen wir den Peloponnes.

Wunderbar die Fahrt durch Schluchten und über Berge nach Sparta und Mistras. Sparta liegt in der Provinz Lakonien – und beide Bezeichnungen haben sich als Eigenschaftswörter „spartanisch" und „lakonisch" in der deutschen Sprache behauptet. Es ist aber auch gewaltig, welchen Lebensstil die Spartaner in der Antike zelebrierten: Jungs

Auf nach Sparta

wurden frühzeitig kaserniert (hier entstanden die ersten Kasernen der Welt) und auf Entsagung, Verzicht, Härte und Kampf gedrillt. Weicheier und überzählige Mädchen wurden in Schluchten entsorgt. Immerhin hatte man mit diesen Methoden beachtliche militärische Erfolge. Sichtbar übrig geblieben ist von den Spartanern praktisch nichts. Bei dieser Einstellung hatte man keinen Sinn für großartige Bauten oder gar Kunst.

Die sind im nahe gelegenen Mistras zu besichtigen, einer heute nur noch von einigen Nonnen bewohnten Ruinenstadt, an einen 2400 m hohen Bergkegel gelehnt. Im Mittelalter beherbergte Mistras noch 42000 Menschen.

Unvergesslich bleiben auch Fahrten in die 3 Halbinseln, in denen der Peloponnes nach Süden hin ausläuft. Zum Beispiel Mani, der „Mittelfinger". Die Umrundung von Kalamata aus ist ein hübscher Tagesritt von 260 km und beinhaltet auch ein paar Kilometer Schotterstrecke. Die Gegend wird in Richtung Süden immer karger, abweisender. Diese Wildheit der Landschaft hat seit der Antike auch die dort lebenden Menschen geprägt: Hart, unbeugsam, kriegerisch. Während die jeweils dominierenden Kräfte des Mittelmeerraums den Peloponnes immer wieder in Besitz nahmen, wurden die Manioten niemals richtig beherrscht. Sie bauten ihre Häuser zu Wehrtürmen aus, die immer höher wurden; die Fenster wurden zu Schießscharten verkleinert. So wurden Eroberer abgewehrt. Nachdem Angriffe von außen ausblieben, bekämpften sie sich gegenseitig. Noch bis ins 20. Jahrhundert hinein

Skiathos - selbst der Hafen ist beschaulich

galt in Mani das Gesetz der Blutrache. Motto: Dein nächster Nachbar ist Dein bester Feind. Wir Menschen sind schon eine eigenartige Sorte Lebewesen...

Absolut empfehlenswert ist auch der Besuch von Nafplion und Argos. Gleich 3 Burgen sind hier zu besichtigen, eine davon ruht im Meer auf einem Felsen. Nafplion ist die malerischste und mondänste Stadt des Peloponnes.

Und ganz in der Nähe: Epidauros. Hier machten die Reichen des Altertums Urlaub. Bestens erhalten – das Amphitheater mit seiner einmaligen herrlichen Akustik.

Ganz zu schweigen von Alt-Korinth, in dem ein genau entgegengesetzter Lebensstil zu Sparta gepflegt wurde. Und das als geschmähtes und beneidetes Sündenbabel in die Geschichte eingegangen ist. Wunderbar das Panorama mit den antiken Stätten – und im Hintergrund der Berg Akrokorinth, an dem Sisyphos verdonnert war, einen Felsbrocken zum Gipfel zu schleppen; was ihm nie gelang, weil Zeus ihm kurz vor dem Ziel immer ein Bein stellte...

ROLLER ODER MOTORRAD? ROLLER!

Nach ein paar Tagen befragte ich Dieter zu dem Fahrstil unserer gemeinsamen Tour, Roller plus Motorrad: „Fährst Du allein anders?" Die Antwort war ein klares Jein. „Hm, nach Kurven und am Berg würde ich schneller anfahren. Aber sonst – nein." Aufgefallen war mir, dass seine BMW bei Seitenwind stabiler ist als mein X 9. Dafür hatte ich durch die größere Wendigkeit Vorteile bei Staus. Und beim Gepäck: Mit einem Gang trage ich meinen Rucksack und das Topcase ins Hotelzimmer und habe noch eine Hand zum Türöffnen frei. Dieter musste 3 Mal laufen: Großer Seesack, hier noch eine Rolle, da eine Tasche und noch eine und der Helm und die Seitenkoffer mussten leer geräumt werden. Nee, ich bleibe beim Roller.

Nafplion: eine Burg im Meer, 2 weitere thronen auf dem Berg

Noch viel mehr hat der Peloponnes zu bieten: Mykene zum Beispiel, wo sich das Ehedrama von Agamemnon abgespielt hat. Oder der Wasserfall des Styx, an dem sich Achilles einst gestärkt hat. Hinzu kommen landschaftliche Schönheit und hunderte von einladenden Buchten und Stränden zum Ausspannen und Baden. Dabei ist das Aufkommen an Touristen verglichen mit anderen griechischen Inseln gering. Es gibt viel Platz.
Und es macht Spaß, mal wieder für 76 Cent Super bleifrei zu tanken. In Deutschland lagen die Preise zum Zeitpunkt bei 1,20 EUR je Liter. Empfehlung: Nix wie hin.

FAZIT PELOPONNES

Der Peloponnes ist allein eine Rollerreise wert. Durch seine Größe bietet er genügend Substanz, auch für Tourenfahrer, die länger als eine oder zwei Wochen Zeit haben. Freunde der griechischen Mythologie und Kulturgeschichte kommen genauso auf ihre Kosten wie Fans schöner Landschaften oder Bade- und Relaxing-Enthusiasten. Die Straßen sind überwiegend in Ordnung. Vorsicht: schlimme Bahnübergänge mit erheblichen Höhenunterschieden.
Eilige fahren einfach nach Venedig. Die Fähre der Minoan Lines startet dort um 15 Uhr und ist am nächsten Tag um 20 Uhr Ortszeit in Patras. Schon kann's losgehen.

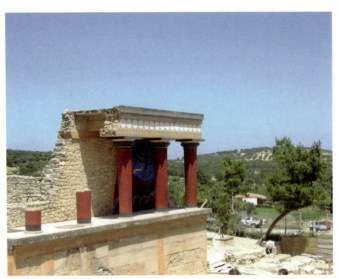

Knossos, ein »Muss« für alle Touristen

AUF NACH KRETA

Auf der Fähre nach Igou- menitsa lag ein Prospekt aus mit weiteren Fährver- bindungen rund um die Ägäis: Da gab es eine von Piräus nach Kreta, eine von Kreta nach Rhodos. Und von einem früheren Urlaub wusste ich, dass ständig Fähren von Rho- dos in das nahe gelegene Marmaris in der Türkei ver-

kehren. Damit nahm meine weitere Reiseroute konkrete Formen an. Nach Kreta könnte ich meine Frau nachreisen lassen. Und von Marmaris aus könnte ich an der Küste entlang in die Nordtürkei und von dort westlich nach Griechenland zurück fahren. Eine tolle Tour! Piräus ist der Hafen von Athen. Die Fähre von dort nach Kreta startete um 20 Uhr. Am nächsten Morgen um 6 Uhr legte sie in Heraklion an.

Kreta: Beliebte Urlaubsinsel zwischen Europa, Asien und Afrika. Zu Kreta gehört der süd- lichste Punkt Europas. Mit 260 km Länge und 12 bis 62 km Breite bietet die Insel reichlich Größe und Substanz um auch einen mehrwöchigen Urlaub durch viele erlebnisreiche Rollertouren unvergesslich zu machen.Wo sucht man Quartier auf Kreta? Schöne Orte, traumhafte Strände, Hotels in 6 Kategorien und zusätzlich noch Privatzimmer gibt es in allen Himmelsrichtungen. Ich entschied mich für Agia Pelagia. Dieser nette Ort liegt 25 km westlich der Hauptstadt Heraklion und bildet damit auf der Nordseite ungefähr den Mittelpunkt der Insel. Vorteil: Die größte Stadt mit ihrem attraktiven Angebot liegt vor der Haustür und alle Sehenswürdigkeiten der Insel sind gut zu erreichen, ohne dass Unter- wegs-Übernachtungen nötig sind.

Und Kreta strotzt geradezu vor Sehenswertem. Hier entstand vor 4800 Jahren die erste Hochkultur Europas – unsterblich geworden durch die Werke Homers und durch die mi- noischen Paläste, vor allem in Knossos. Selbst für Kulturmuffel und Geschichtsignoranten sollte eine Besichtigung der Ausgrabungen von Knossos ein „Muss" sein. Das gilt eigent- lich auch für das archäologische Museum in Heraklion. Absolut sensationell, was hier an

Samaria-Schlucht - wildromantische Naturschönheit

Bauten, Gemälden, Fresken, Statuen, Keramiken, Goldschmiedearbeiten zu bewundern ist.Aber keine Sorge, auch Landschafts- und Badefans kommen voll auf ihre Kosten.Schnell war ein Hotel gefunden, geeignet für einen 2-wöchigen Erholungs- und Erkundungsurlaub zu zweit. Am übernächsten Tag nahm ich auf dem Flughafen meine Frau in Empfang. Zusammen hatten wir 14 unbeschwerte Tage voller Erlebnisse und neuer Eindrücke.

HUT NICHT VERGESSEN! Der erste Ausflug galt der Samaria-Schlucht, die mit 18 km Länge als größte ihrer Art in Europa gilt. Eine wildromantische Naturschönheit im Gebirgsmassiv der Weißen Berge im Südwesten der Insel. Stellenweise ist die Klamm nur 3 Meter breit. Der Fels ragt daneben 600 Meter hoch auf. Wildwasser haben über die Jahrtausende diesen Felseinschnitt geschaffen. Die Schlucht ist nur zu Fuß zu erobern. Dazu gehören feste Schuhe, ein Hut, 2 Liter Wasser, gute Kondition und viel Zeit: Denn die Durchwanderung bis zum Libyschen Meer dauert gut 5 Stunden – und du willst ja auch wieder zurück. Außerdem war diese Tagestour über Rethimnon, Chania, Omalos mit 350 km Rollerfahrt ausgestattet. Deshalb ist dies der einzige empfehlenswerte Törn auf Kreta, bei dem eine Zwischenübernachtung sinnvoll ist. Alternative: Einer Bustour anschließen; dann läufst du nur 1 Mal durch die Schlucht, bis zum Meer, dort warten Schiffe, die dich nach Chora Sfakion bringen, wo dich dein Bus wieder abholt. Das ist dann für Frühaufsteher an einem Tag zu bewältigen.

An dem Tag, als ich gen Samaria rollte, fegte ein kräftiger Sturm über Kreta, so stark, dass Bäume umstürzten, Äste abbrachen und der X 9 hinter mancher Kurve und auf vielen Brücken ins Schlingern kam.

Im Osten von Kreta verlockt Agios Nikolaos, die weiße, malerische Hafenstadt am Golf von Mirabello zu einem Besuch. Das hügelige Gelände, ein Süßwassersee direkt an der Küste (der in der griechischen Mythologie als „ohne Grund" galt), ein hübscher Fischerhafen, der

Golf mit seinen vorgelagerten Inseln und vielen Bademöglichkeiten sorgen für einen schönen Tag und Fotomotive ohne Ende.

LETZTE HIPPIES

Lohnend ist auch eine Tour an die Südküste, ans Libysche Meer – zum Beispiel nach Matala. Dabei kommst du an Gortis und Phaistos vorbei, zwei historischen Stätten mit langer Geschichte: Gortis war vor 2000 Jahren römische Hauptstadt von Kreta; und der in zauberhafter Landschaft angelegte Palast von Phaistos geht sogar auf die minoische Zeitepoche zurück.

Matala schließlich begrüßt dich mit einem herrlichen Badestrand. An der Westseite wird dieser von Felswänden begrenzt, in die Wohn- und Grabhöhlen gehauen sind, die schon von Steinzeitmenschen benutzt wurden. Zu Beginn

Matala - Wohnhöhlen die schon die Steinzeitmenschen nutzten

der siebziger Jahre krochen zivilisationsmüde mitteleuropäische Aussteiger in diese Löcher. Und wie überall, wo die Blumenkinder in dieser Zeit auftauchten, sind auch hier einige unentwegte Hippies übrig geblieben. Sie sind inzwischen annähernd im Rentenalter, haben wenige, aber lange graue Zottelhaare, tragen dichte Rauschebärte und verkaufen Modeschmuck und ähnliches an die Touristen. Selbstgemacht, hoffentlich.

Kreta ist bergig. Vier Gebirgsmassive verteilen sich über die Insel und sorgen für attraktive Kulissen. Die höchsten Gipfel sind knapp 2500 m hoch und trugen auch im Juni noch weiße Schneefelder.

Da macht es Spaß, in die Berge zu fahren, den Roller irgendwo abzustellen und mal ein paar Stunden zu wandern und zu klettern, vielleicht sogar einen der vielen Gipfel zu erklimmen und die Atem beraubenden Ausblicke zu genießen. Unterwegs kommst du im-

Rethimnon, Hafen im venezianischen Stil

mer wieder durch nette kleine Dörfer mit gemütlichen Kneipen, in denen die Einheimischen sitzen und palavern. Wenn du mit der gebotenen Zurückhaltung auftrittst nehmen dich diese Menschen gern an ihrem Tisch in die Mitte und freuen sich über das Gespräch mit dir. Die Griechen haben nur ein Wort (Xenos) für unsere Begriffe „Fremder" und „Gast". Nachdem Kreta sich von einer Landwirtschafts- zu einer reinen Touristenregion entwickelt hat sollte man diesen Ausdruck von Gastfreundschaft nicht überstrapazieren. Mit Freundlichkeit und Hilfsbereitschaft kannst du aber überall rechnen.
Der Einfluss der Venezianer und der Türken auf die Kultur Kretas wird am deutlichsten im Westen der Insel sichtbar. Rethimnon und vor allem Chania glänzen mit wunderhübschen venezianischen Häfen in denen die Fischerboote dümpeln und um die herum sich das Leben abspielt. Auch Moscheen, Zitadellen und schöne Brunnen sind dort zu sehen. Und es macht einfach Spaß, durch die Gassen, über Märkte und Bazare zu schlendern und sich in einem der hundert Restaurants oder Cafés niederzulassen. Also auf jeden Fall hin!

Einige Male habe ich mich ohne festes Ziel einfach auf mein Mopped gesetzt und bin losgefahren. Aufs Gratewohl. Wunderbar. Schön ist es auf Kreta überall und irgendwo kommst du an, orientierst dich und findest auch zurück. Noch ein Tipp: An vielen Stellen gibt es parallel zu den Hauptverkehrswegen noch schmale, kaum benutzte alte Straßen, auf denen du entspannt fahren und die Schönheit und Ruhe der Landschaft genießen kannst.

Einmal hat es sogar geregnet auf der Insel: Ganze 20 Minuten. Die Kreter waren begeistert. Dann war der Spuk vorbei und die Sonne kam wieder durch.

FAZIT KRETA

Kreta ist die größte griechische Insel, wenn man den Pelepones als Halbinsel ansieht, hat eine 8000-jährige Geschichte und bietet bei mehr als 300 Sonnentagen im Jahr schöne Landschaften, Berge, Strände, Sehenswürdigkeiten, historische Stätten.

Ein lohnendes Urlaubsziel, vor allem im Mai/Juni und im September, wenn Temperaturen und Preise erträglich sind. Wer nicht mit seinem Roller anreisen möchte setzt sich in den Flieger, ist nach 3 1/2 Stunden dort und mietet sich am nächsten Tag vor Ort einen Roller um die Insel ausgiebig zu erkunden. Viel Spaß dabei!

Rhodos, Hafeneinfahrt; hier ragte einst der Koloss in den Himmel

INSELHOPPING: RHODOS

Am letzten Tag auf Kreta – Frau war bereits wieder zu Hause – klingelte mein Wecker um 4 Uhr. Auf nach Agios Nikolaos. Von hier startet die Fähre nach Rhodos. Mit Zwischenstationen in Sitia und auf den Inseln Kassos (karg, schroff, kaum Vegetation), Karpathos (größer, grün) und dem entzückenden Mini-Eiland Halki. Jedesmal mit Ein- und Aussteigen, Laden. Deshalb dauerte die Tagesfahrt bei schönstem Wetter gut 12 Stunden; es war schon 21.30 Uhr und die Sonne längst untergegangen, als ich endlich von Bord kam.

Aber 8 Minuten später hatte ich mein Nachtquartier in Rhodos-Stadt. Ein nettes kleines Familienhotel, nur ein paar Schritte von der Altstadt entfernt, die unmittelbar am Hafen liegt.

Blick vom Kamiros Castle

Eigentlich wollte ich Rhodos nur als Station benutzen, um mein Ziel – die Türkei – zu erreichen. Es kam anders. Wie ich am nächsten Morgen feststellte kursieren zwar ständig Schiffe zwischen Rhodos und Marmaris; pfeilschnelle Tragflächenboote, die die Strecke in 50 Minuten bewältigen. Aber die laden ihre Passagiere jeweils nur für ein paar Stunden zum Einkaufen und Baden ab und bringen sie anschließend gleich zum Ausgangspunkt zurück. Roller transportieren die nicht.

Nur 2 Linien fahren im Frachtverkehr; aber immer erst, wenn es sich lohnt. Und das kann eine Woche dauern. Oder auch länger. Genaue Angaben gibt es nicht.

Gut so, wie ich hinterher konstatieren konnte. Denn jetzt hatte ich Gelegenheit, die Insel ausgiebig kennen zu lernen. Einen Tag widmete ich der Altstadt von Rhodos. Eine tolle Atmosphäre herrscht in diesem riesigen Areal. Es gleicht einem großen Souvenirladen. Shop drängt sich an Shop – so dicht, dass man die alte Stadtmauer, das gut sanierte Kastell, die Moscheen und Paläste aus dem Auge verlieren kann.

Dann war eine Inselumrundung fällig. Bei einer Länge von 78 km und einer Breite von 38 km ist das leicht an einem Tag zu schaffen. Die ganze „Roseninsel" ist grün. Üppige Vegetation, wohin man schaut. Sogar vom höchsten Gipfel (1215 m) schimmert es grün. Berge, Täler, lange Sand- und Kieselstrände; feine Klippen, die jeden Schnorchler glücklich machen, kristallklares Wasser.

Lindos

An der Westseite weht ein rauer Wind, der ungebremst von der Ägäis heran rauscht. Beschaulicher geht es an der Ostküste zu, wo folgerichtig auch die bedeutendsten Badeorte liegen.

WIND UND MEER SCHAFFEN'S: AUS EINS MACH ZWEI

Die Umrundung ist ein unvergesslicher Ritt von 210 km Länge. Danach weißt du, wo es besonders schön ist und kannst nun leicht dein Restprogramm gestalten.

Zum Beispiel über Monolithos nach Prassonissi, zum Südkap, das nur durch einen schmalen Sandstreifen mit der Insel verbunden ist. Dieser wird bei viel Wind von Westen her überspült. Bestimmt wird das Meer schon bald das Südkap ganz abtrennen.

Apropos Monolithos: Viele griechische Ortsnamen regen die Phantasie an – und nicht immer werden die Erwartungen erfüllt. Also in Monolithos findet sich kein großer einzelner Steinblock. In Paradisi fließen weder Milch noch Honig, auch fliegen dir keine gebratenen Tauben in den Mund. In Episkopi steht kein Episkop. Und in Klitoria – also, auch nix. Oder du fährst in das antike Lindos, einen Ort mit eindrucksvoller Historie. Hier wurde der berühmte bronzene Koloss von Rhodos geschaffen, eines der antiken Weltwunder. Einst zierte diese Figur die Hafeneinfahrt von Rhodos.

Herrlich auch der Blick vom Fileriamos-Hügel auf die Nordspitze der Insel. Im Vordergrund der Ort Ialissos, der einen frühen Vorgänger von Muhammad Ali und den Klitschkos hervor gebracht hat: 3 Mal gewann der Athlet Diagoras in Olympia den Titel im Faustkampf. Zuletzt im Jahr 464 vor Christus.

ENDLICH: TÜRKEI

Nach einer Woche hatte ich schließlich meine Passage nach Marmaris. Die kleinste Fähre mit der kürzesten Distanz war gleichzeitig meine bisher teuerste: 125 Euro. Bald wurde mir klar, warum. An Bord außer mir nur noch ein engli-

Von Rhodos nach Marmaris

sches Ehepaar mit Landrover. Keine weitere Fracht. Aber 6 Mann Besatzung. 2 Stunden Fahrt von Europa nach Asien. Plus gut eine Stunde Wartezeit für türkische Bürokratie im Hafen von Marmaris, bis sich endlich das Gatter öffnete. Guten Tag, Iyi Günler, Türkiye!

FEILSCHEN IST PFLICHT

Marmaris – boomender Urlaubsort in traumhaft schöner Lage. Seglerpa-

Der Hadriantempel in Ephesos

radies. Yachthafen mit über 1000 Liegeplätzen. Bazar mit – nach ausgiebigem Feilschen – unglaublich günstigen Preisen für „Marken"-Ware. Ausgangspunkt für lohnende Ausflüge zum Beispiel nach Kaunos in das schilfbewachsene Dalyan-Delta oder nach Fethiye mit seiner Traumbucht und seinen Felsgräbern.

Mein Ziel war es, die Türkei einmal abseits der Touristenhochburgen kennen zu lernen. Zu erleben, wie sich der Alltag in diesem riesigen Land wirklich abspielt. Auf meiner Weiterfahrt Richtung Norden bog ich deshalb öfter von der Hauptstraße ab, wenn rechts oder links in einigen Kilometern Abstand Dörfer zu sehen waren. Dass dort alles recht einfach und bescheiden aussieht ist bekannt, kann nicht überraschen. Mich wunderte jedoch der „Aufbau" der Orte. Zwar gibt es auch hier immer Lokale, in denen die Einheimischen (Männer) sitzen und palavern oder schweigen, wie überall in den Mittelmeerländern. Ich vermisste in vielen Dörfern jedoch einen Mittelpunkt. Einen Marktplatz etwa, um den herum sich die Häuser gruppieren und wo die Leute sich treffen. Vielmehr wirken die Orte oft wie eine zufällige Ansammlung von Einzelhäusern, die sonst nichts miteinander zu tun haben. Außer der Straße auf der man das Dorf erreicht, gibt es dort auch keine weiteren befestigten Wege, nur Trampelpfade. Über Mugla und Milas führte mein Weg an dem hübschen See Bafa Gölü entlang nach Ephesos und schließlich nach Izmir. Die Besichtigung von Ephesos ist ein weiteres Muss auf dieser Strecke. Kein anderes Ausgrabungsgelände in der Türkei vermittelt so deutlich, wie im Altertum eine Großstadt aufgebaut war und funktionierte. Amphitheater, Hadriantempel, Celsus-Bibliothek, Statue der Diana – das bleiben unvergessliche Eindrücke. Mit dem Artemis-Tempel prunkte hier einst ein weiteres der antiken sieben Weltwunder. Und der Marienschrein: die Jungfrau Maria verbrachte

Izmir, Blick vom Burgberg

in Ephesos die letzten Jahre ihres Lebens. Der Apostel Paulus schrieb hier den Ersten Brief an die Korinther.

Das Gegenstück mit pulsierendem Leben bietet Izmir, einst „Smyrna". Die Stadt hat mehr Einwohner als Hamburg und Köln zusammen. Alt und modern prallen hier frontal aufeinander. Endlos und hoch interessant die Altstadt. Und der Bazar: Hier funktioniert der Facheinzelhandel noch. Hier gibt es Gassen, 100 oder 200 Meter lang, in denen rechts und links, Laden an Laden – nur Stoffe angeboten werden. Oder nur Schuhe, nur Hochzeitskleider, nur Schmuck...

Herrlich der Blick vom Burgberg über die gesamte Stadt und den Hafen aufs Meer.

Weiter ging's über Manisa, Menemen, Foca, Yenifoca, Aliaga, Bergama (Pergamon), Kozak nach Ayvalik. Sehr schön die Strände und Inselchen rund um Foca. Das ist ein beliebtes Urlaubsgebiet für die Einheimischen, liegt es doch nicht weit von Izmir. Ein Genuss auch die Fahrt von Bergama (Pergamon) nach Ayvalik: Das sind 60 km Berg- und Waldfahrt. Unterwegs begegnen dir mehr Brunnen (sauber, eiskalt) als Leute. Auch Ayvalik hat herrliche Strände, die vom ausländischen Tourismus noch weitgehend unentdeckt sind. Es dominieren einheimische Urlauber. Hier erlebt man also noch echte Türkei, was man wohl von der Südküste (Antalya & Co) nicht mehr behaupten kann.

Ich umrundete den gesamten Golf von Edremit, die „Olivenriviera", besichtigte das alte Assos, hatte es dabei mit dem X 9 weitaus bequemer als der Apostel Paulus, der diese

Gegend vor 2000 Jahren zu Fuß durchschritt – und näherte mich in dieser wunderschönen, ganz eigenständigen, typisch türkischen Landschaft über Tuzla schließlich Troja.

WO IST BRAD PITT?

Ja, Troja. Woran liegt es, dass gerade Troja auf uns Deutsche eine besondere Anziehungskraft ausübt? Liegt es an den Erinnerungen an den Geschichtsunterricht aus der Schulzeit? Ist es ein Verdienst Hollywoods mit seinen immer aufwändiger produzierten Streifen über die Schlacht von Troja und das ganze Drumherum? Oder ist es der Stolz auf unseren Landsmann Heinrich Schliemann, der hier 1871 anfing zu buddeln, vieles ausgrub, vieles behauptete, vieles abstaubte, auf jeden Fall aber die moderne Archäologie überhaupt erst in Schwung brachte?

Tatsache ist, wer gerade aus Knossos, Pergamon oder Ephesos kommt, wird eher enttäuscht sein. Viel ist hier nicht

Izmir, Blick vom Burgberg

(mehr) zu sehen. Hollywood war gut beraten, den jüngsten Film „Troja" nicht an den Originalschauplätzen zu drehen. Brad Pitt war auch nirgends zu sehen. Troja lebt heute von der Phantasie, von der Vorstellungskraft. Schön gelegen, mit Blick auf die Dardanellen muss man sich einfach hinsetzen, die Augen auf Halbmast stellen und sich vorstellen, wie Achilles und Hector hier kämpften, wie der trojanische Prinz Paris dem König von Sparta die schöne Helena ausspannte, wie Odysseus die listige Idee mit dem hölzernen Pferd realisierte...

Weiter fuhr ich nach Canakkale und überquerte per Fähre die Dardanellen. Das sind nur 25 Minuten, die dich von Asien nach Europa zurück bringen.

FRIEDLICH!

Am Nachmittag saß ich mehrere Stunden auf der Terrasse meines Hotels in Kilitbahir und beobachtete den lebhaften, friedlichen Schiffsverkehr auf den Dardanellen. Friedlich! Dies ist einer der umkämpftesten Plätze der Welt. Die Seestraße ist an dieser Stelle nur 1200 Meter breit. Der gesamte Frachtverkehr ins Marmarameer, den Bosporus, ins Schwarze-, das Asowsche Meer und in den Dnjepr muss hier durch. Seit Jahrhunderten wurde hier gekämpft. Die riesigen Burgen von Canakkale und Kilitbahir liegen sich direkt gegenüber und konnten so alle Bewegungen auf den Dardanellen überwachen und kontrollieren. Allein 1915 im 1. Weltkrieg verloren in diesem Gebiet 400.000 Soldaten ihr Leben. Die Türken kämpften damals Seite an Seite zusammen mit den Deutschen. Ein Segen, dass hier nun Ruhe herrscht.

Ich verließ die Halbinsel Gelibolu (auch: Gallipoli genannt) Richtung Norden und erreichte bei Ipsala die griechische Grenze.

FAZIT TÜRKEI

Die Türkei? Viel Gegend! Viel herkömmliche Landwirtschaft. Insgesamt dünn besiedelt. Zum Vergleich: Die Türkei ist mehr als 2 Mal so groß wie Deutschland, hat aber 20 Millionen Einwohner weniger. Die Türken? Nett, impulsiv, freundlich, hilfsbereit. Immer wieder wurde ich ohne Hintergedanken angesprochen – und mir wurde begeistert aus Autos zugewunken, wenn beim Überholen mein Nummernschild erkannt worden war. Woher kommt dieser Überschwang?

Darüber sprach ich mit einem Familienvater, der an einem Brunnen mit seinen Angehörigen ein Picknick ausgebreitet hatte und mich dazu einlud. Ergebnis: Viele Türken haben in Deutschland gearbeitet oder haben zumindest Verwandte, die in Deutschland waren. Diese Menschen haben viele Erlebnisse und Erfahrungen mit in ihre Heimat zurück gebracht. Nicht nur positive. Sie freuen sich wenn sie sehen, dass es Deutsche gibt, die sich für ihr Land und seine Bewohner interessieren – nicht nur für die eigene Erholung in einem türkischen Seebad, das sie sich selbst nicht leisten können.

NORDGRIECHENLAND

Wieder dauerte es auf der türkischen Seite über eine Stunde, bis sich der Schlagbaum hob. Die Griechen brauchten nur 5 Minuten, um mich durch zu lassen. Ein Verdienst der Europäischen Union. Das letzte Stück Türkei war ziemlich langweilig gewesen. Dazu passend hatte sich der Himmel dicht bewölkt, bei Alexandoupolis fing es an zu nieseln, bis Xanthi entwickelte sich daraus ein solider Landregen, als ich die hübsche, aber überbebaute Stadt Kavala passierte goss es in Strömen und das blieb so bis ich in Tsifliki Quartier nahm.

Ein Bonbon hatte ich mir für meine Tour noch aufgehoben: Chalkidiki! Im Norden begrenzt durch 2 große Seen hat Chalkidiki eine ähnliche Figur wie der Peloponnes, nur einige Konfektionsgrößen kleiner. Auch hier ragen im Süden 3 stattliche Halbinseln ins Meer. Am berühmtesten ist die östliche: Athos, die Mönchsrepublik. Sie gehört politisch nicht zu Griechenland, ist für den Publikumsverkehr gesperrt, für Frauen sowieso, hat eine tausendjährige Geschichte, ist mit 20 ausgedehnten Klosterkomplexen bebaut, bewohnt von über 1000 Mönchen und wird im Süden gekrönt vom Berg Athos, der 2033 Meter hoch in den Himmel ragt und eine imposante Kulisse abgibt.

Ich fuhr nach Sithonia, den „Mittelfinger" der 3 Halbinseln und fand in Sarti ein hübsches Apartment direkt am Meer, genau gegenüber dem Berg Athos, der mir geheimnisvoll zublinzelte. Per Zufall wachte ich am nächsten Morgen gegen 4 Uhr auf, blickte auf den Berg und erlebte, wie die Sonne neben dem Berg Athos aufging. Herrlich! Auf das jetzt entstandene Foto bin ich stolz.

Das Roller fahren in dieser Gegend macht viel Spaß. Wunderbare Landschaft, fast immer am Meer entlang, Wälder, Dörfer, Häfen...

Deshalb fuhr ich Sithonia ganz ab, bevor mich die überfüllte Großstadt Thessaloniki mit Staus, Lärm und Gestank in die Wirklichkeit zurückholte.

Der Berg Athos

DER ROLLER: KLATSCH! AUS.

Aus irgendeinem dummen Grund hatte ich mich bei der Weiterfahrt Richtung Westen für die Autobahn entschieden – und auch noch für eine gebührenpflichtige. Und 55 km hinter Thessaloniki passierte es dann: Es gab ein unpassendes Geräusch, der Motor heulte auf und aus war es mit der Fortbewegung. Der Keilriemen war gerissen, zerfetzt.

Die Reste davon sahen aus wie ein Wollknäuel, mit dem 3 Katzen eine Woche lang gespielt haben und der hinterher noch auf einem Bohrturm aus Putzlappen gedient hat.

Was tun? Okay, ich hatte eine Liste mit griechischen Piaggio-Händlern dabei, die ich mir vor dem Urlaub aus dem Internet ausgedruckt hatte. Sie enthielt 4 Adressen aus Thessaloniki. Und ich hatte ein Handy. Allerdings eins mit X-tra-Card, also Wertkarten. Die Anrufe laufen über Deutschland nach Griechenland zurück. Die Minute kostet mehrere Euro. Also los. Der 2. Händler verstand, worum es ging, hatte aber keinen Abschleppwagen. „Dann

In Tessaloniki gibt es gute Monteure

bestellen Sie mir bitte einen." „Nein, wenn der Sie nicht findet, muss ich die Rechnung bezahlen." Das leuchtet ein. „Dann geben Sie mir seine Telefonnummer."

Ich kriegte den Abschlepper an den Apparat, aber der sprach nur griechisch und verstand kein anderes Wort. Meine eigenen Griechischkenntnisse erschöpfen sich bei den Begriffen Kalimera und Kalamari. Jetzt verabschiedete sich mein Handy. Wertkarte leer.

Also stellte ich mich an die Autobahn und versuchte, einen Fahrer anzuhalten. Das gelang nach gut einer halben Stunde. Ein junger Grieche. Mit Handy! Der war super. Er verstand sofort, rief den Abschlepper an, erklärte genau die Situation und den Platz und telefonierte dann zur Sicherheit auch noch mal mit der Werkstatt. Klasse! Nach weiteren 1 1/2 Stunden kam der Abschleppwagen, 1 Stunde später waren wir beim Händler. Was jetzt passierte hatte ich noch nirgendwo erlebt: Der Meister ließ die Werkstatt räumen, mein X 9 kam sofort auf die Bühne. 4 Mann wurden abgestellt, unmittelbar anzufangen. Nach 1 Stunde war der Keilriemen gewechselt. Weil jetzt alles offen da lag, auch gleich noch neue Rollen eingesetzt; die Rechnung war bezahlt, ich konnte weiter fahren.Viereinhalb Stunden hatte das Ganze gedauert. Ich war zufrieden.

Übernachtung in Kozani und dann quer durch Nordgriechenland in das Pindhos-Gebirge über die Wintersportmetropole Metsovo und das malerisch gelegene Ioannina zurück in die Hafenstadt Igoumenitsa. Die neue Autobahn auf dem ersten Teil dieser Strecke ist wieder ein Stück verlängert worden und es wird weiter fleißig gebaut. Empfehlung: Vergiss sie. Die alte Straße schlängelt sich wunderbar verschlungen durch schönstes griechisches Hochland. Darauf darf man nicht verzichten.

Blick auf Joannina

VENEEEDICH!

In Igoumenitsa hatte ich 2 Fähren zur Auswahl: Nach Ancona oder nach Venedig. Ich entschied mich für die Lagunenstadt – weil: Fast derselbe Preis für die viel längere Fahrt. Und außerdem – Veneeedich, wer will da nicht mal wieder hin. Das Riesenschiff legte morgens um 10 Uhr ab. Sonne, Windstille, Superstimmung an Bord, vor allem, nachdem der Swimmingpool geöffnet worden war. Im ersten Teil der Seefahrt feine Landsicht auf beiden Seiten. Links Korfu, später Süditalien

Traumhafter Sonnenuntergand auf der Fähre

(der Absatz), rechts Albanien, dann Montenegro. Nach 21 Stunden Fahrt legte die Fähre am nächsten Morgen in aller Herrgottsfrühe in Venedig an – gar nicht weit vom Markusplatz, den wir vorher passiert hatten. Hier lohnt es sich natürlich, einen Besichtigungstag einzulegen.

Schön war danach noch die Fahrt durch die Dolomiten über Cortina d'Ampezzo Richtung Heimat.

Venedig

GESAMTFAZIT

Knapp 8000 km lang war diese Tour. Hinzu kommen noch gut 2500 km auf Fähren. Meine längste Rollerreise bisher. 6 Wochen war ich wieder unterwegs gewesen. Gelungen vom ersten bis zum letzten Tag. Vollgepackt mit Erlebnissen. Die Türkei werde ich noch mal ausführlicher bereisen.

Bei solchen langen Touren wird dein Mopped fast zu einem Körperteil, das du ganz intuitiv benutzt, ohne noch über die einzelne Bewegung groß nachzudenken. Du machst es – und es ist richtig.

Auch auf dieser Reise hat sich der X 9 prächtig gehalten. Ein gutes Fahrzeug. Der Keilriemen- Riss? Normaler Verschleiß. Das passiert früher oder später. Dann wird repariert und es geht weiter. Die nächste Reise? Wieder mit dem Roller.

Frankreich

Lourdes

Andorra

Spanien

Lleida

Zaragoza

Segovia

Madrid

Portugal

Cáceres

Toledo

Badajoz

Lissabon

Cordoba

Sevilla

Praia de Falésia

Jerez

Sagres   Faro

Gibraltar

Algeciras   Ceuta   Mittelmeer

Atlantischer Ozean   Tanger

Tetouan

El Jebha

Algerien

Larache

Ketama

Marokko

Fés

Tetouan, Medina

ALGAVE UND MAROKKO

Du hast kaum eine Chance, jemals das größte Auto der Welt zu besitzen. Oder gar das stärkste Motorrad. Aber den größten, stärksten serienmäßigen Motorroller der Welt kann man kaufen: Den Suzuki Burgman 650 Executive. Mit ABS, mit Automatik und Schaltge-triebe, mit Powertaste, mit 56 PS.

Das schön gelegene Lourdes

Also her damit; mein treuer Piaggio X 9, 250 ccm war exakt 3 Jahre alt, hatte knapp 40.000 km auf dem Tacho – fast alle auf Touren erfahren – und ließ sich noch gut verkaufen.
Und was macht man mit so einem blitzenden, funkelnagelneuen, rabenschwarzen Kraftpaket? Richtig, eine ausgedehnte Tour in den Süden. Portugal, die Algarve war das Ziel – und Marokko.

Also auf, quer durch Frankreich über Besancon, Moulin, Clermont-Ferrand, Montauban und weiter südwestlich Richtung Pyrenäen. Alles auf den „kleinen" Straßen 2. oder 3. Ordnung, die dir die schönen Landschaften zum Beispiel der Auvergne richtig nahe bringen. So kreuzt du die „Straße der großen Weine", fährst bei Montchanin und Montceau les Minesam Canal du Centre entlang. Hausboote werden dort vermietet und die Charterfamilien haben alle Hände voll zu tun, denn alle paar hundert Meter ist in dem hügeligen Gelände eine Schleuse zu überwinden.

WUNDERWIRKENDES WASSER
Schon wenn du Tarbes in Richtung Süden verlässt bauen sich am Horizont die Pyrenäen als imposante Kulisse auf. Und in dem schön gelegenen Lourdes angekommen steht das Massiv in voller Pracht vor dir.

Pyrenäen, am Col d´Aubisque

Ach ja, Lourdes: Bekannt ist, dass im Jahr 1858 eine Ordensschwester dort Marienerscheinungen hatte. Donnerwetter, was ist daraus geworden. Eine regelrechte Wallfahrtsindustrie! Das geht schon 10 km vor Lourdes los, egal aus welcher Richtung du kommst. Hotels? 100 reichen nicht. Dazu jede Menge Pensionen, Privatzimmer, Campingplätze. Hunderte von Souvenirläden, Tür an Tür, die Gipsmadonnen in allen Größen, Rosenkränze und ähnliches verkaufen. Besucher? An diesem Tag sicher mehr als 10.000. Hunderte Schwerkranker werden in Rollstühlen durch das Gelände gefahren. Es wimmelt von Krankenschwestern und Pflegern. Dem Wasser aus der Quelle von Lourdes werden Wunderheilungen zugeschrieben. Rund um die Kathedrale sind dutzende von Entnahmestellen, hinter denen sich Warteschlangen bilden.

Natürlich habe auch ich von dem Wasser getrunken; und fühlte mich sofort seltsam verjüngt...

Die Alpen hatte ich links liegen lassen. Meinen Bedarf an Pässen deckten diesmal die Pyrenäen. Serpentinen, Passhöhen, Bäche, Stauseen, Atem beraubende Ausblicke auf Gipfel und in Täler, Skigebiete – das alles hat auch dieses Gebirge zu bieten. Auf einer Strecke von 150 km. Ich fuhr über das Col d'Aubisque und erreichte am Col de Pourtalet die Grenze nach Spanien.

Weiter, vorbei an Los Mallos – plötzlich aus dem Boden steil aufragenden, mehrere hundert Meter hohen roten Felswänden – einer Herausforderung für alle Kletterer, die sich allerdings mit den dort brütenden Geiern arrangieren müssen. Über Ejea, Tarazona durch die Cordillieren nach Segovia. Wenn die Pyrenäen überwunden sind wird die Ge-

Blick auf den Pic Segette

Das alte römische Aquädukt zieht sich über 700 m durch Segovia

gend etwas langweilig. Aber nördlich von El Burgo ist ein schöner Höhenzug mit steiler Abrisskante, die weite Panoramablicke bietet.

Und Segovia ist sogar einen Umweg wert: Über 700 Meter lang zieht sich ein altes römisches Aquädukt mitten durch die Stadt, überragt mit seinen 29 Metern Höhe die Häuser, präsentiert stolz seine 118 Bögen und zaubert eine einmalige Atmosphäre. Über 1800 Jahre lang hat das ganz ohne Mörtel gebaute Granit-Schmuckstück die Stadt zuverlässig mit Wasser versorgt. Und Segovia hat mit dem Alcazár, der Kathedrale, vielen Türmen, Museen, Klöstern und der hübschen Altstadt noch viel mehr zu bestaunen.

AUS VOR LISSABON

Weiter über Avila, Cáceres und bei Badajoz hinüber nach Portugal. Erstes Ziel: Lissabon. Wegen einer unklaren Beschilderung landete ich kurz vor der Hauptstadt auf der Autobahn. Und da passierte es dann: War der Tank leer? Es blinkte zwar im Display, aber doch erst seit ein paar Minuten. Oder? Jedenfalls war plötzlich der Antrieb weg, von einer Sekunde auf die andere. Die Autobahn war rappelvoll, dreispurig. Ich fuhr ganz links, war gerade beim Überholen. Mit Blinker und Handzeichen kam ich heil nach rechts und zum Stehen. Auf einer langen Brücke. Ohne Standstreifen. Gefährlich. Okay, Warnblink an (das Hauptlicht brannte mit), vor den Roller gestellt und die Autos vorbei gewinkt. Einige LKW zischten mit 5 cm Abstand vorbei. Die fahren oft im Konvoi dicht hintereinander. Der Erste sieht die Gefahr und weicht aus. Aber der Zweite? Der Fünfte??

Es war gegen 16 Uhr. Was tun? Ich fing an, Bikern Zeichen zu geben. (Für Autos wäre das Anhalten zu gefährlich.) Das klappte. Einer hielt hinter meinem Roller. Ich schilderte das Problem. „Ich hole Sprit" sagte er und düste ab. Bis er zurück kam hielten ohne Aufforderung 3 weitere Motorradfahrer und boten Hilfe an. Ich war begeistert. Nach einer Stunde kam mein erster Erlöser mit einer Literflasche 95-er Sprit. Wir füllten ein – das Ding sprang nicht an. Die Batterie

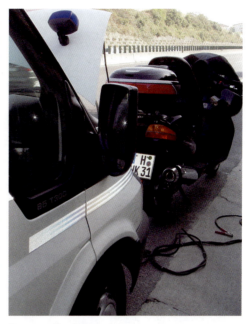

Panne vor Lissabon

sagte keinen Pieps mehr. Mist! Natürlich gibt es am Burgman eine Schlüsselstellung, die Warnblink ohne Hauptlicht schaltet. Aber in der Aufregung...

„Na gut" sagte mein Retter „ich schicke einen Wagen." Und verschwand. Nach weiteren anderthalb Stunden kam ein Pannenwagen. „Hier nicht" sagte der Fahrer „zu gefährlich". Er gab mir mit seinem breiten, hinten mit Leuchtpfeilen bestückten Fahrzeug Schutz, ich schob die 350 Kilo 600 Meter über die Brücke. Dahinter war ein Randstreifen. 35 Grad, kein Schatten, meine Kondition neigte sich dem Ende entgegen. Der Pannenhelfer hatte ein Ladegerät und Kabel dabei. Klappte nicht, der Burgman sprang nicht an. „Hm, ich rufe einen Kollegen."

Der kam nach 45 Minuten und hatte zusätzlich eine Batterie dabei. Angeschlossen – nix ging. „Ich rufe einen Abschleppwagen". Nach einer knappen Stunde traf der ein und packte ein Monstrum von einer Batterie aus, über 1 Meter lang. Der Burgman sprang sofort an. Inzwischen war es nach 20 Uhr, die Sonne ging unter, ich hatte keine trockene Faser mehr am Leib, hatte Durst, Hunger, aber noch kein Quartier. Aber der Roller lief und ich war happy.

Beeindruckt hat mich bei dem (wohl selbst verschuldeten) Schlamassel die Hilfsbereitschaft der Biker. Insgesamt hatten 7 Fahrer gehalten und mit großer Selbstverständlichkeit Hilfe offeriert. Also, dieses Grüßen der Motorradfahrer ist keine leere Geste. Klasse!

Lissabon, Jugendstil-Fahrstuhl von 1902

Nach diesem Erlebnis legte ich einen Besichtigungstag in Lissabon ein. Morgens das Zentrum zu Fuß, am Nachmittag per Roller kreuz und quer durch die ganze Metropole. Lissabon galt mal als schönste Stadt der Welt. Ist sie's noch? Wer will das entscheiden. Immerhin hätten da jetzt Perlen wie San Francisco mit zu punkten. Von Recklinghausen ganz zu schweigen. Tatsache ist: Lissabon, im Delta des Rio Tejo zwischen sanften Hügeln eingebettet, mit seinen herrlichen Gebäuden, Plätzen, Parks, Brücken und den charakteristischen Höhenunterschieden, die mit Straßenbahn-Oldies, Seilbahnen und Aufzügen überwunden werden – ist wunderschön. Auch wenn hier und da die Fassaden bröckeln.

VORSICHT, BALLERMANN

So, nun aber endgültig gen Süden, über Odemira an die Algarve. Und dann endlich, nach inzwischen 2800 gefahrenen Kilometern – das offene Meer, la mare, le mer, el mar. Immer wieder ein erhebender Anblick!

Auf der Suche nach einem Quartier für die nächsten 2 Wochen rollte ich die Algarve von Westen her auf. Lagos, Praia da Rocha, Portimao, Carvoeiro – die Orte liegen wie auf einer Perlenschnur aufgereiht, gehen manchmal ineinander über.

Erster Eindruck: Tolle Küste, aber wow, total überbebaut. Auf 1 Meter Strand scheinen 10 Hotels, Apartmentanlagen & Co zu kommen. Also aufpassen bei der Auswahl. Zwischenstation in Albufeira. Donnerwetter, wenn du hier abends um 11 oder 12 Uhr durch die Altstadt schlenderst wirst du frontal an Mallorcas Ballermann und Ibizas Sant Antoni erinnert: Dichtes Gedränge, Kneipe an Kneipe, Discos ohne Ende, Musik – live oder Konserve – so laut, dass die Trommelfelle Purzelbäume schlagen. Nun, wer's mag.

Passendes fand ich schließlich am Praia de Falésia. Dieser Strand liegt zwischen Albufeira und Faro. „Zwischen" hat den Vorteil, dass unmittelbar hinter diesem Abschnitt kein größerer Ort ist. Nur einige Apartmentanlagen. Also wenige Urlauber, die sich am Strand gut verteilen, so dass kein Eindruck von Überfüllung aufkommt. Falésia liegt zudem in der Mitte der Algarve, ist also ein idealer Ausgangspunkt für Rollerausflüge nach Ost, West und ins Hinterland.

Warum kommen Jahr für Jahr hunderttausende Urlauber an die Algarve? Was macht die Faszination dieser Küste aus?

Da sind erstens diese langen langen Strände aus feinem Sand, die zweitens nach hinten begrenzt sind durch eine sehr attraktive hohe rot/gelb/weiße Steilwand. Fotomotive, wohin man blickt. Der 3. Punkt ist die sichere Sonnenlage. Mehr als 3000 Sonnenstunden im Jahr locken besonders uns wettergenervte Nordländer. Mitte/Ende September hatten wir täglich

Algarve, am Praia do Falésia

25 bis 33 Grad. Manchmal tauchten vom Land her ein paar vereinzelte Wolken auf, die sich aber regelmäßig vor der Küste „in Luft" auflösten. Und da es eine Südküste ist kommt die Sonne den ganzen Tag über von vorn, wenn du aufs Meer schaust.

Ausflugsziele gibt es an der Algarve zuhauf. Silves zum Beispiel, den einstigen Hauptsitz der Mauren, mit seiner bestens erhaltenen Burg. Oder der Samstagmarkt von Loulé. Schloss und Park von Estói. Das Vulkangebirge Serra de Monchique. Das 3000 Jahre alte Lagos, wo früher Gold, Edelsteine, Gewürze, Elfenbein gehandelt wurden – und die ersten Sklavenmärkte der Welt stattfanden.

Auf jeden Fall einen Rollerausflug wert ist Sagres mit seiner Festung Cabo de Sao Vicente. Solange die Erde von unseren Vorfahren als Scheibe statt als Kugel verstanden wurde, galt dieser Standort als „das Ende der Welt". Immerhin: Wer sich auf einer bestimmten Stelle des riesigen, 60 Meter über dem Meer gelegenen Festungsgeländes postiert, ist auch

Faro: hübsche Hafenstadt…   *…endloser Strand*

heute noch für diesen Moment der südwestlichste Mensch Europas. Und der Leuchtturm dort schießt den stärksten Lichtstrahl unseres gesamten Kontinents ab.

Der Platz hat strategische und historische Bedeutung. Der legendäre Prinz Heinrich der Seefahrer gründete hier vor gut 550 Jahren eine Nautikschule, in der Grundlagen der Navigation entwickelt wurden, die zum Teil noch heute Gültigkeit besitzen. Die Entdeckungs- und Eroberungsreisen der alten Portugiesen wurden hier vorbereitet.

Faro kennt jeder Tourist, der die Algarve per Flieger aufsucht – und das sind über 90 %. Meist kennt er jedoch nur die Umschlagmaschine Flughafen. Dabei bietet Faro ein paar hübsche Einkaufsstraßen und eine nette Altstadt aus der maurischen Zeit. Das Allerbeste an Faro ist jedoch der Strand. Der liegt auf einem 7 km langen, nur 150 m breiten Inselstreifen, der durch die Ria Formosa gebildet wird. Natur pur! Vorn der Atlantik. Dann der breite, endlose Strand aus feinstem Sand. Dann Dünen wie auf Norderney. Dahinter das fischreiche Haff, das sich dutzendfach verzweigt. Dann viele kleine Inseln, die als Naturschutzgebiet gepflegt werden und wo sich tausende seltener Vögel wohl fühlen. Dahinter die Stadt Faro. Den Strand erreichst du über einen Damm. Die parallel zur Lagune laufende Straße endet bald, gibt aber 100 flachen Wochenendhäuschen die Basis. Und das ganze Areal ist ruhig, fast leer.

DAS WUNDER SEVILLA

Auf Wiedersehen Algarve, Adeus Portugal. Das nächste Ziel hieß Marokko und der Weg dorthin führte erstmal zurück nach Spanien: Sevilla, eine Perle ganz besonderer Art. Ha-

fenstadt, obwohl 100 km vom Meer entfernt; der Rio Guadalquivir stellt die Verbindung her. Diese Bauten! Allein die Architektur der Kathedrale lässt das Herz höher schlagen. Sie ist (nach Petersdom und St. Paul's Cathedral) das drittgrößte christliche Gotteshaus der Welt, gekrönt von dem 93 m hohen Glockenturm Giralda – aber halt, geplant und gebaut wurde das Ganze von den Mauren. Als Moschee mit Minarett. Gleich gegenüber der Alcázar, der Palast. Auch das Rathaus, das Archiv, die Stierkampfarena, daneben der Goldturm – lauter Schmuck-

Sevilla, Kathedrale

stücke. Wer sich an der Plaza San Francisco umblickt versteht das alte Wort: „Quien no ha visto Sevilla, no ha visto maravilla." Wer Sevilla nicht gesehen hat, hat noch kein Wunder gesehen.

Weiter über die alte Sherry-Stadt Jerez und das malerisch auf der Spitze einer Landzunge gelegene Cádiz nach Tarifa. Die Landschaft in dieser Gegend ist hübsch, hügelig, nur verunstaltet durch hunderte von Windrädern, von denen sich trotz Windstärke 4 nicht ein einziges drehte. Dann führt die Straße wieder dicht an den Atlantik heran und plötzlich hast du dahinter einen neuen Horizont: Du blickst über die Straße von Gibraltar und siehst auf der anderen Seite Afrika. Marokko! In kaum 20 km Entfernung. Ein unvergesslicher Moment.

Überfahrt nach Ceuta mit Blick auf den Felsen von Gibraltar

Ich fuhr weiter nach Algeciras. Du kommst von den Bergen herunter und hast einen großartigen Blick über die große Bucht auf den Felsen von Gibraltar. Um 15 Uhr war ich am Hafen von Algeciras – eine halbe Stunde später legte meine Fähre ab und nach einer weiteren knappen Stunde betrat ich den afrikanischen Kontinent – wenn auch immer noch auf spanischem Territorium, in Ceuta.

Die Enklave, zum Ärger der Marokkaner seit über 400 Jahren in spanischem Besitz ist viel größer, als das auf der

Rif-Gebirge

Landkarte aussieht. Da gibt es ein dutzend Strände, mehrere Dörfer, eine hohe Festung. Menschen, Straßen, Häuser, Fahrzeuge wirken optisch wie eine Fortsetzung vom europäischen Spanien.

AS SALAMU ALEKUM MAROKKO!

Die Grenzformalitäten laufen auf der marokkanischen Seite chaotisch ab; obwohl alle Papiere vorhanden und in Ordnung waren dauerte das Procedere in der heißen Nachmittagssonne anderthalb Stunden. Dann endlich ab Richtung Westen. Gleich hinter der Grenze hoch ins kühle Rif-Gebirge. Über Ksar-es-Seghir mit Blick auf den Atlantik nach Tanger.

Spätestens hier wird dir bewusst, dass du im Orient bist. Ich hatte die großen internationalen Hotels und die Wohnpaläste der Reichen passiert, die im Osten der Stadt liegen. Viel später, in der Nähe der Altstadt folgen die preiswerten Hotels und Pensionen – meine Kategorie. Als ich vor einem anhielt, sprang mir sofort Hadji entgegen und wusste: „Du brauchen Room." Beim Einchecken stand er neben mir und als ich nach dem Duschen wieder auf die Straße kam hatte er inzwischen die Bewachung meines Moppeds organisiert. Er stellte mir Mohammed vor, einen dünnen Greis im Burnus. „Mohammed looks Hotel, Auto von Cheffe und now Dein Maschin. Ganzes Nacht. Mohammed schläft nie." Ich setzte mich für einen Kaffee neben Hadji, der Zigaretten an Passanten verkaufte. Inventar seines Unternehmens: 1 Klappstuhl für ihn, 1 Klapphocker; darauf 3 Packungen Zigaretten und

Tanger, Stadtführung mit Ali

eine kleine Schachtel. Die Zigaretten verkaufte er einzeln. Er kannte fast jeden und jeder kannte ihn. Auf der Schachtel war ein Hanfblatt abgebildet und darin befanden sich kleine braune Würfel.

„Ist das Haschisch?" „Neiiin" sagte er und grinste. Dann organisierte er unaufgefordert einen Geldwechsel für mich indem er einen Jungen weg schickte. Tatsächlich hatte ich noch keine Dirham eingetauscht - und der Kurs war okay. Und er befahl Mohammed, mich zum richtigen Restaurant zum Abendessen zu führen.

Am nächsten Morgen – ich war schon früh auf den Beinen, weil in Marokko die Uhren 2 Stunden vor gehen – besichtigte ich zu Fuß die Medina. Hundert schmale Gassen, in denen der Bazar brummt. Sofort hängte sich Ali an meine Fersen und führte mich herum. Ich habe es schon vor Jahren aufgegeben, mich in orientalischen Touristenhochburgen solchen „Naturerscheinungen" zu widersetzen. Wenn du 5 Jungs weggeschickt hast, versucht der 6. sein Glück. Du hast nur unangenehme Gespräche und lässt frustrierte Menschen zurück. Wenn du einen als Führer akzeptierst, erwartet er natürlich zum Schluss ein Trinkgeld. Die Höhe handele ich vorher aus. Dafür dirigiert er dich sicher zu dem Sehenswürdigkeiten und sorgt dafür, dass du nicht länger von anderen angehauen wirst. Und er führt dich ohne Umweg aus dem Gassenlabyrinth wieder heraus. Natürlich kriegt so einer auch Provision von den Einkäufen die du machst. Aber die bezahlt der Händler. Du merkst davon nichts.

Interessant ist der Petit Socco, der Kleine Markt inmitten der Medina. Tanger kam ja früher in jeder besseren Kriminalstory vor. Hier wurde gedealt und geschoben, fand Mädchenhandel und mehr statt. Das lief so von 1923 bis 1956 – in der Zeit des Internationalen Status' für Tanger. Und die mehr oder weniger schmutzigen Geschäfte wurden überwiegend am Petit Socco abgewickelt, der ringsum von Cafés und Bars gesäumt ist.

Am Nachmittag erkundete ich Tanger per Roller. Oh, hier sind die Autofahrer noch Herrenmenschen. Fußgänger werden gnadenlos von den Zebrastreifen gehupt. Auch wenn sie schon mitten auf der Fahrbahn sind springen sie angstvoll zurück und machen noch unterwürfige, entschuldigende Gesten.

Ich kann jeden verstehen, den Tanger abstößt: Viel Dreck, viel Armut, viele Bettler, rüde Autofahrer, ständig wirst du von Leuten angesprochen, die etwas von dir wollen...

Andererseits: Dies ist ein totales Kontrastprogramm zu den geordneten Abläufen in unseren Großstädten. Leben, pur! Ist es nicht gerade das völlig vom Gewohnten Abweichende, das die Erlebnisse und Erinnerungen schafft und so eine besondere Qualität in deine Reise bringt? Unabhängig davon: Außerhalb von Metropolen wie eben Tanger oder Fès, Agadir, Marrakesch & Co sind die Marokkaner wesentlich zurückhaltender.

Zum Beispiel in Larache, meiner nächsten Station – ebenfalls eine uralte wichtige Hafenstadt, mit tollen Stränden sogar in allen 4 (!) Himmelsrichtungen. Larache liegt an der Westküste und blieb bisher vom Tourismus weitgehend verschont. Auch dieser Ort steckt voller Märkte und Bazare, aber alles läuft gemessen ab; niemand animiert dich hier, irgend etwas zu kaufen oder zu tun. Ich blieb 3 Tage, besichtigte die alte Römersiedlung Linux,

Larache, auf dem Marktplatz wird ein 180 kg Schwertfisch zerlegt…   *…und der gehört auch noch dazu*

Die schwere Arbeit des Wasserholens wird von den Frauen und der Kinder geleistet

die benachbarten Orte und Strände wie Mouley Bousselham und Souk-el-Arba-du-Rharb. Bei solchen Fahrten „über die Dörfer" kommst du immer wieder an Brunnen, Wasserstellen vorbei. Da ist immer viel los. In den kleinen Ortschaften gibt es keinen Wasseranschluss. Also wird das kostbare Nass vom Brunnen geholt. Auch die Wäsche wird dort erledigt. Die Wasserstelle liegt meist viele hundert Meter außerhalb des Dorfes. Die schwere Arbeit des Wasserholens wird von den Frauen und den Kindern geleistet. Vereinzelt sieht man einen Karren oder Esel, die das unterstützen. Häufiger aber sind 7- oder 8-jährige Kinder zu beobachten, die einen oder gar zwei 25-l-Kanister mit Wasser schleppen. Die Herren der Schöpfung sitzen derweil stundenlang wichtig im Café hinter einem Glas Tee und palavern. Nun, alles muss seine Ordnung haben – und dies läuft seit Jahrhunderten klaglos so ab.

IST DER BURGMAN GELÄNDEGÄNGIG?
Ich fuhr zum Cromlech von M'Soura. Das ist ein Ziel, das von Veranstaltern bestenfalls Abenteuerurlaubern als Wanderung angeboten wird. Es geht um einen Steinkreis (Cromlech) aus prähistorischer Zeit. Man kommt zu Fuß dort hin. Von der Straße aus 8 km über Felder, Berge, Stock und Stein. An diesem Tag brannten 48 Grad ohne Schatten. Als ich

M´Soura: Der Suzuki zeigt keine Schwächen und war sicherlich der erste Motrroller, der in den letzten 10000 Jahren dort aufgetaucht ist

den Pfad endlich gefunden hatte entdeckte ich einige Spuren von Geländewagen und wagte es: Auf dem Roller hin. Der Suzuki zeigte keine Schwächen und war sicherlich der erste Motorroller, der in den letzten 10000 Jahren dort aufgetaucht ist. Es hat sich gelohnt: 167 (!) Monolithen wurden um einen riesigen Grabhügel herum errichtet. Die Steinstatuen erinnern an Stonehenge, an die Osterinseln, an die Menhire auf Korsika und an die Tomba dei Giganti auf Sardinien. Ein erhebender Anblick, auch wenn viele der Stelen umgestürzt und nur wenige in voller Größe erhalten sind.

Jeden Morgen wirst du erneut daran erinnert, dass du dich in einem arabischen Land befindest – wenn um 3.50 Uhr der erste schrille Aufruf des Muezzin durch deinen Schlummer sickert und dich zum Gebet auffordert. Wer's nicht gehört hat, keine Sorge, der nächste Ruf schallt um 4.30 Uhr.

Ich fuhr weiter über den herrlich gelegenen Wallfahrtsort Moulay Idriss, die heilige Stadt des marokkanischen Islam (früher durften Christen und andere „Ungläubige" diese Stadt überhaupt nicht betreten) – in die alte Königsstadt Fès.

Fès allein ist eine Reise nach Marokko wert. Neben prächtigen Bauwerken wie dem mit feinen Mosaiken verzierten Stadttor Bab Boujelud,

Fès: Bab Boujelud, das mit feinen Moasiken verzierte Stadttor

der Karaouin-Moschee oder der nach Kairo zweitältesten Universität der Welt, ist es vor allem die riesige Medina, die dich wie ein Magnet anzieht und nicht mehr los lässt. Sie ist vollständig von einer Mauer umgeben, beherbergt 300.000 Einwohner und birst geradezu vor Leben. Von früh bis spät wälzen sich gewaltige Menschenmengen durch die engen Gassen. Einheimische. Die paar hundert Touristen verlieren sich im Gewühl. Diese Gassen sind nur 1 - 3 Meter breit und die Häuser rechts und links 3 bis 5 Stockwerke hoch. So dringt kaum Sonne ein, es bleibt angenehm kühl. Natürlich läuft auch der gesamte Frachtverkehr durch die schmalen Gassen. Da die Altstadt hügelig ist und viele Treppen hat geht das nur auf den Rücken der Menschen oder der Esel und Mulis, die hoch und breit bepackt werden. Oft gibt es nur wenige Zentimeter Platz zwischen Ladung und Hauswand und man muss sich eng anlehnen, damit der Transport vorbei kommt. Kein Auto hat hier eine Chance, nicht mal ein Roller.

Auch das Nachtleben hat seien Reiz

Hier blühen die alten Handwerke noch. Es gibt spezielle Viertel der Scherenschleifer, der Weber, Schreiner, Ziseleure, Gold- und Silberschmiede, Kesselflicker... Die älteste Gerberei und Färberei wurde 1278 gegründet und arbeitet (und stinkt) noch heute fast unverändert wie vor über 700 Jahren.

Ich lief an 2 Tagen 6 Stunden lang durch die Medina und habe nicht mal die Hälfte davon gesehen. Fès galt im 12. Jahrhundert als eine der modernsten Städte der Welt. Heute ist die Medina weltweit die besterhaltene islamische Altstadt.

GIBT ES EINE MAROKKANISCHE RIVIERA?

Als nächsten Höhepunkt meiner Rollertour hatte ich mir die Mittelmeerküste ausgesucht. So, wie sich die Küstenstraße zwischen El-Jebha und Ceuta auf der Karte darstellt, müsste sich dort eigentlich so etwas wie die „marokkanische Riviera" abspielen. Mein Polyglott schwieg sich über diese Gegend aus. Na gut, schaunmermal.

Die Straße Richtung Norden führt zunächst durch bergige Sandwüste und hinter Taou-

Landschaft zwischen Fès und Tissa

nate in sehr reizvolle Ausläufer des Rif-Gebirges. Auf der Strecke bis Ketama standen alle paar Kilometer junge Männer an der Straße, die mir mit Zigaretten zuwinkten und mich zum Anhalten aufforderten. Irgendwann stoppte ich und war gespannt, was passieren würde. Zunächst nettes , harmloses Geplänkel. Dann: „Komm, wir gehen in mein Haus, trinken Kaffee und rauchen Haschisch zusammen." Oh, danke, nein ich brauche kein neues Hobby. Mit vielen Komplimenten und Dankeschöns für das freundliche Angebot zog ich Leine. Brrr.

Hinter Ketama geht es hoch ins Rif-Gebirge, das hier mit 2448 m seine größte Höhe erreicht – und die Straße verdient ihre Bezeichnung nicht mehr. Sie löst sich auf. Loch an Loch plus Schotter. Dabei erhebliche Steigungen und Gefälle sowie hundert Kurven. Mein Mopped meisterte auch das und brachte mich langsam aber sicher nach El-Jebha, einen kleinen Fischerort am Ende der Küstenstraße, die am Mittelmeer entlang nach Tetouan führt. „Gibt's hier ein Hotel?" Es gab sogar 2. Eins hat 5, das bessere 9 Zimmer. Ich entschied mich für das 1. Haus am Platz und bezog meinen Raum. Inhalt: 1 Bett, 1 Hocker, Ende. Kein Schrank, kein Bügel. Dusche? Ja, auf dem Flur. Keine Ablage für Seife, nichts zum Aufhän-

gen von Klamotten, kein Handtuch. Na schön. Klo? Ja, eine Etage tiefer. Aha, System „Loch im Boden". Daneben in 30 cm Höhe ein Wasserhahn. Daneben ein Eimer. Kein Waschbecken, kein Papier. Aber ein Pümpel. Hm. Also, wenn die Marokkaner damit klar kommen, dann reicht mir das auch. Und ich zahlte nur 10 Euro, incl. looking for mein Maschin. Im Ort 1 Restaurant mit Essen (plus 10 Cafés). Ich bestellte Fisch und bekam 3 Teller: 1. Sup-

El Jebha, Bilck aus dem Hotelzimmer

Naturbelassener Strand zwischen El Jebha und Tetouan

pe, 2. Pommes, 3. Acht kleine gebratene Fische und Pita, das Fladenbrot. Kein Besteck, keine Serviette. „Bitte Messer und Gabel." Die hatten kein Besteck! Also gucken, was die anderen machen. Mit dem Pita in die Suppe getunkt und ab in den Mund. Ging ganz gut. Die Fische? In die Finger, abnagen, fertig. Ging auch. Und schmeckte. Nur die Pommes taugten nix.

Am nächsten Morgen war ich früh aus den Federn. Heute wollte ich nach Europa zurück und inzwischen war ich misstrauisch, was die Qualität der Küstenstraße anbelangt. Das Rif-Gebirge läuft östlich im Mittelmeer aus. Das ergibt ein attraktives Hinterland und sorgt für viele Kurven und ständiges Auf und Ab. Für Brückenbau fehlte das Geld. Die Straße zieht sich meist in gut 100 m Höhe am Meer entlang. Nur in den wenigen Dörfern erreicht sie das Niveau Meeresspiegel. Von oben prima Sicht auf endlose, schöne, leere Strände. Dunkler Sand, zum Teil Kiesel. Naturbelassen. Tourismus? Aus Europa und dem Rest der Welt gleich Null. Nur ein paar Marokkaner mögen hier herkommen. Die Dörfer bieten ja auch nicht mehr als das, was ich in El-Jebha kennen gelernt hatte. Also ein Geheimtipp für anspruchslose Individualurlauber, vielleicht mit Geländewagen, Wohnwagen... Oder Rollerfahrer. Die Straße? Bis auf einige erbärmliche Abschnitte akzeptabel. Du erreichst eine Durchschnittsgeschwindigkeit von knapp 30 km/h. Verkehr? Nur etwa alle 20 Minuten kommt dir etwas entgegen.

Letzte Zwischenstation in der uralten Großstadt Tetouan. Mustafa führte mich durch die riesige, verwinkelte, wunderschöne Medina. An den Gemüseständen sieht man überall

Bäuerinnen in Trachten und mit ihren großen, mit Bommeln verzierten traditionellen Strohhüten. In bestimmten Cafés wird hier ganz offen und mit sichtbarem Behagen Haschisch geraucht. Na, wohl bekomm's. Noch 45 km bis Ceuta. Dort noch mal den Tank voll geschmissen für 63 Cent pro Liter Super 95. Die Grenzformalitäten liefen diesmal zügiger – und dann drauf auf die Fähre, zurück nach Europa, nach Spanien, nach Algeciras.

VERY BRITISH!

Bei meinem schönen neuen Roller war schon lange eine Inspektion überfällig – und hier wollte ich sie ausführen lassen. Letztlich klappte das erst bei der 4. Suzuki-Anlaufstelle, in La Linea. Das liegt unmittelbar vor Gibraltar und gab mir in der Wartezeit Gelegenheit, mich mit diesem

Tetouan: Bäuerin mit Traditionell verziertem Strohhut

Stück England näher zu beschäftigen. Nur, zu Fuß geht da nicht viel, dazu ist das Gelände einfach zu groß. Aber keine Sorge, alles ist organisiert und – very british! Der Busfahrer (es gibt 10 Buslinien!) begrüßt dich in feinstem Oxford-Englisch. Die Währung? Selbstverständlich Pfund. Euro werden gnädig akzeptiert. Es gibt einen Flughafen, eine Winston-Churchill-Avenue, ein Queen's Cinema, die Trafalgar Road, einen Park, Museum, 50 km Tunnel, eine Kathedrale, aber auch Moschee und Synagoge, einen Friedhof, Hotels von 0 bis 4 Sterne, die Main Street mit 100 noblen Geschäften... Alles versucht hier, den Status „zollfrei" herauszustellen. Und das klappt. Die Leute (buntes Völkergemisch) kaufen wie verrückt. An der Südspitze der Europa Point und ein hübscher Leuchtturm. Und dann ist da die Seilbahn, stolz „Cable Car" genannt, die dich für stattliche 12 Euro auf den berühmten Felsen bringt. Herrliche Blicke über die Bucht von Algeciras und rüber nach Afrika. Auf halber Höhe sind dann auch die unvermeidlichen Berberaffen, öfter fotografiert als Britney Spears und Madonna zusammen.

Gibraltar: Die Berberaffen

Gibraltar,
absolut sehenswert

Die Briten schafften es sogar, während meiner Besichtigungsrunde eine dicke Wolke über den Felsen zu legen und der einige Tropfen Regen abzulocken. Überall ringsum knallte die Sonne. Also England pur.

Am Nachmittag war mein Mopped fertig und ich konnte alles noch mal per Burgman abgrasen, was wesentlich bequemer ist. Es gibt ein beherrschendes Verkehrsmittel in Gibraltar. Richtig, den Motorroller. Wenig Fläche, viel Verkehr, schmale Straßen, kaum Parkraum – das sind beste Voraussetzungen für Vespa & Co. Und die surren überall wie die Bienen. Immerhin: Rechtsverkehr! Das hat die Briten gewiss viel Überwindung gekostet, diese Konzession an den Rest der Welt einzugehen.

Gibraltar? Ein wirklich schönes Stück Erde, das sich die Briten da vor 300 Jahren ertrotzt haben.

Absolut sehenswert!

Hauptverkehrsmittel, Vespa & Co

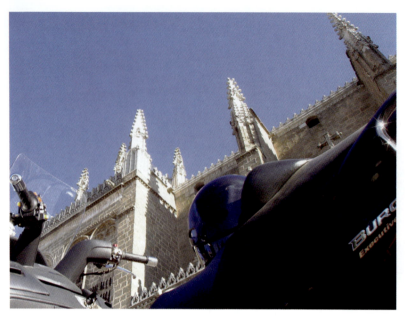

Toledo, Kathedrale

Am nächsten Morgen ging es endgültig Richtung Heimat. Morgens um halb acht ist es Ende September in Spanien noch dunkel. Und kühl. Wenn du dann schon auf deinem Mopped sitzt und nach Norden fährst – links über dir die fahle Mondscheibe und oben rechts schiebt sich die Sonne langsam über die Hügel der Sierra, taucht die Landschaft in ein warmes Licht und bringt die Farben zum Leuchten – dann weißt du, dass es dir gut geht und dass dies nicht deine letzte Rollertour sein wird.

Immer einen Abstecher wert: Ronda. Dieses Juwel von einer Stadt wird geteilt durch eine 150 m tiefe Schlucht mit senkrecht abfallenden Felswänden. Fotomotive, wohin man die Kamera auch hält.

Und Córdoba, die einstige Kalifenstadt. Vor 1200 Jahren war sie unter Herrschaft der Mauren eine der größten und reichsten Städte der Welt und kultureller Mittelpunkt des alten Europa. Zahlreiche Bauten erinnern an diese Blütezeit.

Weiter über Ciudad Real nach Toledo. Diese Stadt begeistert schon bei der Anfahrt von weitem durch das einmalige Panorama, das sich aus der prächtigen Lage auf einem Hügel ergibt. Weit sichtbar strecken die Kathedrale, der Alcázar, das Rathaus und viele weitere Bauwerke die Zinnen ihrer Türme in den Himmel. Einst war Toledo über 2 Jahrhunderte Sitz der westgotischen Könige. Ich bezog ein Zimmer in einer zum Hotel umgebauten Hacienda – mit herrlichem Blick auf die Altstadt.

All' dies spielte sich bei schönstem Sommerwetter ab. Anrufe zuhause brachten die Information, dass es in Deutschland bei 12 Grad ständig regnete. Hm. Ohne große Hoffnung rief ich die Firma Autozug an und fragte nach Rückfahrmöglichkeiten von Narbonne aus. In dieser Zeit verkehrt nur noch 1 Zug pro Woche auf dieser Strecke. Aber es klappte! Sogar zum Last-Minute-Kurs, der bei weniger als der Hälfte vom Normalpreis liegt. Prima. Also fuhr ich am nächsten Tag über Madrid, Zaragoza und Lleida nach Andorra und nach einer Übernachtung dort nach Narbonne. Da war sogar noch Zeit für einen Badetag in St. Pierre sur Mer, bevor mich der Autozug 1500 km lang über Nacht bequem nach Hause brachte.

FAZIT:

Das war eine tolle Tour! Knappe sechs Wochen lang bin ich 7500 km durch herrliche Landschaften gefahren, habe viel erlebt und noch mehr gesehen. Gut 2000 km mit Zug und Fähren kommen noch hinzu. Nur nette Menschen habe ich kennen gelernt. Es ist gewaltig, wie viel Schönes die Welt für uns bereit hält.

Natürlich war Marokko der Höhepunkt der Reise, einfach weil dort so vieles anders ist als gewohnt und so besonders intensive Erinnerungen entstehen.

Der Burgman hat sich bestens bewährt. Dieses Fahrzeug besitzt alle Eigenschaften, die für eine solche Tour wichtig sind. Meine Tagesstrecken wurden deutlich länger als früher mit dem Piaggio X 9. Jedenfalls, wenn es darum ging, Strecke zu machen. Das lag natürlich an der größeren Schnelligkeit des Burgman. Vor allem aber an dem Fahrspaß. Ich war einfach nicht von dem Ding runterzukriegen. Gerade in den Bergen, wenn's aufi ging. Der hat ein derart explosives Anzugsvermögen – also, das kann geradezu süchtig machen. Bergab ist angenehm, dass du die Bremsen kaum brauchst. Gas weg – und der verzögert rasant herunter...

Die nächste Reise? Wieder mit dem Roller.

Genua

Lucca

Italien

Rom

Neapel

Salerno

San Vito
lo Capo

Palermo

Messina

Villa San Giovanni

Trapani

Taormina

Enna

Catania

Sizilien

Adria

Mittelmeer

Tabarka

Karthago

La Goulette

Tunis

Algerien

El Kef

Sousse

Kairouan

Kasserine

Tunesien

Tozeur

Houmt Souk / Djerba

Chott el Djerid

Médenine

Ras Ajdir

Lybien

Schlachtfest am Straßenrand, frischer geht´s nicht

SIZILIEN UND TUNESIEN TOTAL!

Wer einen technisch einwandfreien Motorroller mit wenigstens 125 ccm besitzt und dazu 2 1/2 Wochen freie Zeit hat, der kann einen erlebnisreichen Urlaub auf Sizilien verbringen. Oder eine unvergessliche Reise durch Tunesien erleben. Lesen Sie hier, wie das geht. Ich habe beides zusammen ausprobiert, bin begeistert, habe viel gesehen und erlebt und für Sie alles aufgeschrieben. Stockdunkel war es am 1. Mai noch, als ich um 4 Uhr morgens meinen Burgman 650 aus der Garage holte und belud. 8 Grad Außentemperatur sind nicht gerade einladend; andererseits lag eine beachtliche Strecke vor mir – und an so einem Feiertag muss man mit allem rechnen. Also aufgesessen und ab, Richtung Süden. Als Hauptziel war zunächst Sizilien angepeilt. Und danach noch ein längerer Ausflug nach Tunesien.

Ohne Komplikationen kam ich durch unsere Republik, gönnte mir hinter Holzkirchen ein Stück feinstes Bayern, indem ich über Miesbach, Tegernsee, Rottach-Egern, Kreuth und den Achenpass fuhr und beendete den Tag in einem Albergo am Lago di Cei, einem hübschen kleinen Bergsee bei Rovereto, nicht weit vom Gardasee. Diese Gegend erreichst du über den Passo Bordale mit seinen winzigen kurvenreichen Straßen.

Es wimmelte dort nur so vor Motorbikern, was wohl damit zusammenhängt, dass der 1. Mai auch in Italien arbeitsfrei ist.

MOBILER NAVIGATOR ZUM SPIELEN

Mein neuestes technisches Spielzeug ist ein mobiler Navigator und nachdem ich am nächsten Morgen das Tagesziel eingegeben und ihm Autostradas verboten hatte, ließ ich das Ding mal bestimmen, wo es lang geht. Nach dem Verona und Mantua hinter mir lagen führte er mich brav kreuz und quer durch dutzende Bergdörfer über Sestola, am Monte Cimone (2165 m) vorbei, Lucca, Rosignano und zum Übernachten endlich ans Meer, nach Marina di Castagneto. Einen endlosen gepflegten Sandstrand gibt es dort und den Blick auf die Inseln Elba und Capraia.

Lucca

Terracina, Jupitertempel

So ein Navigator ist eine tolle Sache: kaum zu glauben, dass dieser Winzling praktisch jede Straße, jeden Schotterweg, jedes Haus von Norwegen bis Sizilien kennt. Allerdings: Eine richtige Hilfe ist er nur, wenn du seine Stimme („jetzt rechts abbiegen" etc.) während der Fahrt verstehen kannst. Mir gelang das trotz Kopfhörern, die ich in den Helm eingebaut hatte nicht; bei mehr als 50 km/h sind die Außengeräusche zu stark. Ich nahm meist nicht mal wahr, dass er überhaupt etwas von sich gegeben hatte. Weichst du von seiner Route ab, errechnet er die Strecke neu und dabei kann es zu abenteuerlichen Ansagen kommen, die dich womöglich auf einem Feldweg enden lassen.

Ich fuhr immer am Meer entlang an Rom vorbei über Lido di Ostia und Anzio nach Terracina, passierte dabei den gut 100 km langen Badestrand – den „Römergrill", an dem jetzt noch nicht viel Betrieb war. Weiter um den Golfo di Gaeta herum nach Neapel. Bei meiner ersten Rollertour vor 4 Jahren hatte ich versucht, von Süden her ins Zentrum von Neapel zu kommen, war an den massiven Staus gescheitert und hatte nach 2 Stunden entnervt aufgegeben. Diesmal klappte es.

Die 3-Millionen-Metropole hat 130 Hotels und Albergos. Trotzdem brauchte ich 1 Stunde, bis ich etwas Passendes gefunden hatte. Bei einer solchen Gelegenheit lernt man das Verkehrsverhalten der Einheimischen kennen. Es ist unvergesslich schlimm. Ellenbogen hoch drei. Jeder gegen Jeden – aber keineswegs unfair. Vorschriften? Vergiss sie in Neapel. Ein Beispiel: Ich wurde erbarmungslos ausgehupt, weil ich an einer roten Fußgänger-Ampel

Golf von Neapel, im Hintergrund der Vesuv

angehalten hatte, obwohl gerade niemand über die Straße ging. Oh, man lernt nie aus. Trotz der Enge läuft alles recht harmonisch ab. Zwar wird ständig gehupt, aber man hat das Gefühl, die Einwohner haben Spaß an diesem prallen Leben, sehen es als sportliche Herausforderung, wollen es gar nicht anders haben. In Deutschland würde Neapel wohl wegen Überfüllung geschlossen.

NEAPEL: CHAOTISCHSCHÖN

Selbstverständlich ist auch Neapel eine Motorrollerstadt. Die Rollerfahrer haben Narrenfreiheit, jedenfalls nehmen sie sich die, unwidersprochen. Einbahnstraßen? Das gilt doch in der Praxis nicht für Rollerfahrer. Bei Dunkelheit Rollerbeleuchtung einschalten? Wozu? Die Straßenbeleuchtung sorgt doch für Helligkeit. Also, wer mit seinem Bike ein paar Tage Neapel ohne Kratzer übersteht, der verdient ein besonderes Diplom.

Die Stadt selbst? Chaotisch schön. Atemberaubend der Blick über das Häusermeer und den Golf hinweg – hinüber zum Vesuv; rechts erkennst du dabei die Silhouetten der Inseln Ischia und Capri. Neapel hat Sehenswürdigkeiten ohne Ende. Und was sich da in den engen Gassen der Altstadt am Nachmittag und Abend an Menschen, Marktständen, Autos, Hunden und vor allem an Motorrollern zusammenballt – das spottet jeder Beschreibung. Da kommt nicht mal Madrid mit. Allerdings, zwischen 20 und 21 Uhr, wenn es dunkel wird, werden die Stände zusammengeklappt, die meisten Rollos der Läden schließen sich mit Getöse, Ende. In diesem Punkt hat Madrid wieder die Nase vorn.

Die Route am nächsten Tag über Salerno, Sapri, Consenza nach Villa San Giovanni setzte ich aus einem Mix aus kleinen Landstraßen (für den Genuss) und der Autostrada (um Strecke zu machen) zusammen. Dieser Teil Italiens, die Region Kalabrien, ist dünner besiedelt, wirtschaftlich gegenüber dem Norden hoffnungslos benachteiligt, aber durch seine ausgedehnten Wälder, viele Flüsse, Seen und Gebirgszüge gesegnet mit einer wunderhübschen Bilderbuchlandschaft – wie geschaffen für Rollerfahrer. Am Nachmittag erreichte ich die Fährstation in Villa San Giovanni, nach 10 Minuten legte das Schiff ab und eine halbe Stunde später betrat ich nach knapp 3000 km Fahrtstrecke in Messina sizilianischen Boden.

Neapel, Kartenspielen im Hafen

WAS GOETHE DAVON HÄLT

„Italien ohne Sizilien macht kein Bild in der Seele: erst hier ist der Schlüssel zu allem." schrieb Goethe. Wer will dem widersprechen. Natürlich gehört Sizilien zu Italien. Aber auch der Einfluss der Griechen, der Karthager, der Araber und sogar der Normannen ist auf der größten Mittelmeerinsel noch an vielen Orten spürbar. Nach einer Übernachtung mitten in Messina fuhr ich über Taormina und Catania quer über die Insel nach Westen über Enna und Palermo und erreichte in San Vito lo Capo mein Quartier für die nächsten 2 1/2 Wochen: ein kleines Hotel über dem Meer, nur 12 Zimmer, mit excellenter Küche – ein feiner Ausgangspunkt für Ausflüge zu den tausend Schönheiten der Insel. Am nächsten Tag holte ich meine Frau vom Flughafen Palermo ab und es konnte losgehen.

Einige Beispiele:

• Taormina: das Städtchen thront 200 Meter über dem Meer. Allein der Blick aus dem griechisch-römischen Amphitheater heraus durch die antiken Bögen und Säulen auf das Panorama aus grünen Bergen und weißen Dörfern hinüber zum mächtigen Massiv des Ätna ist die Reise nach Sizilien wert. Goethe sagte dazu schlicht: „Das schönste Theater der Welt." Recht hat er.

Der Tempel von Segesta

• Der Ätna: Unermüdlich spuckt Europas größter Vulkan seine Lava, seine Gase, Asche und Rauch aus. 3300 m hoch ragt der Gipfel in den Himmel. Auch im Sommer gibt es dort Schneefelder. Über gute Straßen, Allrad-Busse, eine Seilbahn und mit Bergführer kommst du bis auf 3000 Meter Höhe, kannst die Krateratmosphäre regelrecht einatmen und den einzigartigen Blick über halb Sizilien genießen.

• Der Tempel von Segesta: Dieses architektonische Meisterwerk begeistert durch seine grandiose Schlichtheit. Fast 2500 Jahre haben die 36 dorischen Säulen inzwischen überstanden, die das Gebälk tragen. Gebaut wurde der nie ganz vollendete Tempel von den Elymern. Der Mythos sagt, dass sich dieses Volk, das später in der Geschichte unterging, aus den Resten der von den Griechen besiegten Trojaner zusammensetzte.

• Castellammare del Golfo: Das quicklebendige Städtchen war einmal der Hafen von Segesta. Beliebt sind die kilometerlangen Sandstrände. Sehr fotogen der Hafen.

• Erice: Wie ein Adlerhorst thront der geschichtsträchtige Ort auf einem 750 m hohen Berg mit schroff abfallenden Seiten. Wer durch die schmalen Gassen schlendert fühlt sich ins Mittelalter zurück versetzt. Der Legende nach hat der Sohn der griechischen Schönheitsgöttin Aphrodite (röm.: Venus) die Stadt gegründet; im Venustempel fanden kultische Liebesspiele statt – über Jahrhunderte war Erice deshalb ein Magnet für Männer aus aller Herren Länder.

Zingaro

Palermo: Verkehrsmittel Nr. 1= Roller

• Palermo: Die Hauptstadt Siziliens, auch „Goldene Muschel" genannt, empfängt den Rollerfahrer mit Verkehrszuständen, die nur mit denen in Neapel zu vergleichen sind. Also hinein ins Vergnügen. Nach einer Rundfahrt empfiehlt sich ein Spaziergang durchs Zentrum. Zahlreiche Kostbarkeiten stellen sich dabei vor – wie der Normannenpalast, die Kathedrale, das Straßenkreuz I Quattro Conti...

• Die Ruinen von Selinunte: Dies ist das ausgedehnteste archäologische Gelände Europas. Die gut erhaltenen Überreste der dorischen, karthagischen und vor allem griechischen Tempel und Anlagen begeistern auch über 2000 Jahre nach ihrem Entstehen. Mit etwas Phantasie kann man sich vorstellen, wie das Leben in dieser versunkenen Epoche ablief.

MAFIA? KEINE SORGE

Hunderte weiterer sehenswerter Ziele machen die Reise nach Sizilien unvergesslich. Viel Spaß bringt es auch, ohne konkretes Ziel über die schöne Insel zu fahren und diese einmalige Landschaft zu genießen.

Auf eines wird man dabei mit großer Wahrscheinlichkeit nicht stoßen: Auf die Mafia, die ja auf Sizilien entstanden ist - oder auf deren Machenschaften. Selbst in dem wunderhübsch gelegenen Städtchen Corleone, das ja Namensgeber für den Titelheld Don Vito aus Mario Puzos Mafiaroman „Der Pate" war, siehst du dich vergebens nach finster blickenden Gesellen mit Schulterhalfter um. Längst hat die „Ehrenwerte Gesellschaft" die Niederungen der Kleinkriminalität verlassen, zu der vielleicht auch Beute von Touristen zählte. Diese Herrschaften kümmern sich heute um das Big Business – und Sizilien bildet allenfalls noch eine Filiale in dem internationalen Konzert.

DIETER IST DA

Am Freitag – meine Frau war gerade abgereist – holte ich Dieter ab, den ich im letzten Jahr auf dem Peloponnes kennen gelernt hatte. Er war mit seiner nagelneuen BMW K 1200 RS nach Genua gefahren und von dort per Fähre nach Palermo; das ist eine erholsame 20-Stunden-Schiffsreise. Und am Montag fuhren wir zusammen in der munteren Hafenstadt Trapani erneut auf eine Fähre: Ab nach Tunis!

Faro: hübsche Hafenstadt…

Schmunzeln konnten wir bereits vor dem Ablegen. Erstaunlich, was die Tunesier da alles mit ihren proppenvoll beladenen Autos auf die Fähre karrten: Kühlschränke, Herde, Waschmaschinen, Tiefkühltruhen waren die Hits. Sogar komplette Motorroller waren auf dem Dach oder im Kofferraum verstaut.

Auf dem Schiff lernten wir Yvonne aus Westfalen kennen. 26 Jahre jung, blond, hübsch. Sie hatte in Deutschland sämtliche Zelte abgebrochen, ihr Auto vollgestopft und war auf dem Weg zu ihrem tunesischen Schwarm, einer Urlaubsbekanntschaft. Große Liebe. Die beiden wollen sich auf Djerba eine Existenz aufbauen und Pferde sowie Zimmer an Touristen vermieten. Die Begrüßungszeremonie der jungen Liebenden bei der Ankunft in Tunis hatte Hollywoodreife. Viel Glück wünschen wir Euch!

Trapani, Roller im Kofferraum

ENDLICH: TUNESIEN

8 Stunden dauert die reine Überfahrt – aber mit Wartezeiten, Aus- und Einreiseformalitäten etc. waren es dann doch gut 12 Stunden, bis wir endlich auf afrikanischem Boden das Hafengelände verlassen konnten.

In La Goulette buchten wir 2 Übernachtungen. Der nächste Tag war
reserviert für Karthago, Sidi Bou Said
und Tunis. Dabei blieben die Bikes im
Stall; für wenig Kleingeld benutzten
wir die Vorortbahn.

Karthago, was für ein Name, was für
eine Geschichte! Vor 2 1/2 tausend
Jahren waren die Karthager die führende Macht im westlichen Mittelmeer, unter Hannibal erreichten sie
den größten Ruhm. Später machten
die Römer alles dem Erdboden gleich.
Von den Gebäuden der Karthager ist

Karthago

also nichts mehr erhalten; die Phantasie kommt dennoch auf Touren – wenn man um die
beiden antiken Hafenbecken schlendert und sich vorstellt, dass hier, gut getarnt, einmal
die mächtigste Seeflotte der Welt dümpelte.

An Sidi Bou Said reizt die andalusische Architektur mit engen Gassen und weiß-blau-
en Häusern. Natürlich gönnten auch wir uns in dem maurischen Café des Nattes einen
Minztee; schließlich hat das schon Paul Klee und August Macke zu berühmten Bildern
inspiriert. Dann aber schnell weg, denn der Ort ist hoffnungslos überfüllt durch Touristen-
schwärme.

Sidi Bou Said

Pfefferminztee in Sidi Bou Said

Tunis, Souk

Sehr gepflegt und weltstädtisch gibt sich die Hauptstadt Tunis. Aber so elegant die Prachtstraße der Neustadt, die Avenue Bourguiba auch ist – den Besucher zieht es in die schmalen, verwinkelten Gassen der 1300 Jahre alten Medina, hin zu den Souks, den Märkten mit ihrem bunten lebendigen Treiben. Hier sind die Souks nach Warengruppen aufgeteilt; es gibt also separate Viertel für Schmuck, für Teppiche, für Mützen, für Bekleidung, für Kräuter und Gewürze; einen Souk El Attarine (den „Markt der Wohlgerüche"), in dem die Parfumiers wirken und viele weitere mehr. Und hier findest du auch die schönsten und ältesten Moscheen der Stadt. Stundenlang kann man hier herumspazieren, es wird niemals langweilig.

Wer von Tunis aus Richtung Süden, nach Kairouan oder in die Sahara fahren will, der benutzt für die ersten paar Kilometer am besten die Autobahn mit dem stolzen Titel „A 1" (es gibt nur diese eine). Die führt dich elegant an möglichen Großstadtstaus vorbei. Wir fuhren über Hammamet und Sidi Bou Ali nach Sousse, besichtigten dort die Kasbah und die 5 km langen Katakomben – und dann weiter nach Kairouan.

Erste Überraschung: Der Norden Tunesiens ist grün. Hier gibt es Berge, Wälder, Blumen, Flüsse, Seen und das großflächige Weinbaugebiet Mornag. Heile Welt.

Zweite Überraschung: Der Straßenverkehr läuft recht geordnet ab. Geschwindigkeitsbegrenzungen werden weitgehend eingehalten. Trotz guter Straßen kaum Raser. An roten Ampeln wird brav angehalten. Gratulation!

Katakomben in Sousse

Kairouan ist nach Mekka, Medina und Jerusalem die vierte heilige Stadt des Islam. Den Mittelpunkt bildet die prächtige Große Moschee Sidi-Oqba. Es ist schon eindrucksvoll, welch' suggestive Wirkung allein vom Ruf der Muezzin ausgeht; auch wenn man der arabischen Sprache nicht mächtig ist. Da gibt es leise, fast gemurmelte Teile, dann wieder lauten schrillen, fordernden Gesang mit Hall-Effekten...
Neben den zahlreichen Bus-Touristen, die hier ein typisch arabisches Stadtbild finden, hat Kairouan jedes Jahr

Kairouan, die Große Moschee Sidi Oqba

Millionen moslemischer Pilger zu verkraften. Deshalb gibt es ein riesiges Angebot von Hotelzimmern.
Schon vor Kairouan wird die Gegend flacher, öder, die Vegetation spärlicher. Immerhin sieht man noch Olivenbäume und dürres Getreide mit kurzen Halmen.

WIEDERSEHEN – UND PFERDE

Wir fuhren über Skhira, Gabès, Jorf nach Houmt Souk auf Djerba. Das sind rund 350 km. Direkt an der Straße wird unterwegs an kleinen Ständen je nach Tageszeit und Region frische Wegzehrung angeboten. Zunächst Frühstück, bestehend aus Fladenbrot und Tee, später Mandeln, kleine Pfirsiche, gegrillter Hammel – und Palmensaft in großen Wasserfla-

schen. Der schmeckt ganz lecker, gärt innerhalb von 24 Stunden und bildet dabei Alkohol. Der ja in dem islamischen Tunesien eigentlich verboten ist. Tatsächlich sind Bier oder Wein im normalen Handel nicht zu kaufen, obwohl eine inländische Brauerei fleißig produziert und auch der Wein vom Mornag nicht zu verachten ist. Später fanden wir hier und da Bierlokale, die proppenvoll mit Einheimischen waren. Ein System, warum das dort trotz allgemeinen Verbots möglich war, konnten wir nicht erkennen. Interessant war aber für uns auch die Erkenntnis, dass man

Frischer geht´s nicht...

65

Yvonne und Habib　　　　　　　　　　　　　　*...hm, auf dem Mopped fühlt man sich sicherer!*

ganz gut ohne Bier und Ähnliches auskommt.

Das letzte Stück nach Djerba bewältigt man per Fähre. Ein nettes kleines Hotel war schnell gefunden. Natürlich wollten wir Yvonne und ihren Habib besuchen – und tatsächlich verlebten wir einen fröhlichen Tag zusammen und verbrachten auch 2 Stunden auf den Rücken feuriger Araberpferde.

Djerba ist eine Touristenhochburg. Führende Hotelgiganten haben hier im Dutzend ihre 4- und 5-Sterne Urlaubsmaschinen errichtet. Was zieht die Leute an? Das günstige, sonnensichere Klima. Die endlosen feinsandigen Strände. Die vielen Märkte in den hübschen kleinen Dörfern der Insel. Vieles von dem was angeboten wird, wurde auch handwerklich auf Djerba hergestellt, z. B. Töpferwaren, keramische Fliesen, Tücher, Schmuck.

...auf dem Römerdamm zurück aufs Festland　　　　*Zarzis*

Grenzstation nach Libyen. Kein Reinkommen und Gaddhafi guckt nur

Nach 2 Tagen zogen wir weiter. Über El Kantara auf den 6 1/2 km langen Römerdamm, dessen Fundamente schon die Phönizier gelegt haben und der schnurgerade über den Lagunensee Bou Gara führt. Weiter über Zarzis und Ben Guerdane an die libysche Grenze nach Ras Ajdir.

GADDHAFI GUCKTE NUR

Wir hatten uns schon bei den Reisevorbereitungen über Libyen informiert und wussten: Einreise nur mit Visum. Das hätten wir ja noch akzeptiert; aber an der Grenze bekommst du einen Begleiter zugeteilt, der dir dann auf Schritt und Tritt folgt und den du mit 100 € pro Tag bezahlen musst. Kommst du per Bike, musst du diesem Sheriff auch noch einen Mietwagen finanzieren. Nein, das ist nicht unsere Kragenweite. Trotzdem fuhren wir mal hin und konnten an der Grenzstation ein riesiges Foto von Muamar al Gaddhafi bewundern, wie er versonnen in den Himmel blickt. Weder Humor oder eine versuchte Charme-Offensive, weder Argumentation noch der Hinweis, dass uns Präsident Gaddhafi sicherlich gern willkommen heißen würde halfen – Einreise nur zu den bekannten Konditionen. Also zurück!

Die Straßen waren nach wie vor in gutem Zustand. Streckenweise am Straßenrand Tankstellen, bestehend aus einem Stapel Benzinkanister, einem Schlauch, einem Einfülltrichter und natürlich einem netten Einheimischen.
Interessiert hatten wir den Wechsel der Natur beobachtet: südlich von Kairouan waren noch reichlich Oliven-, Mandel-, vereinzelt Eukalyptusbäume und jede Menge Palmen zu sehen. Vor Djerba wurde die Vegetation immer kar-

...voll funktionstüchtige Tankstelle

ger. Hier und da noch ein vertrockneter Strauch, ein paar blassgrüne Büschel, Flechten; der Rest ist kamelfarbener Sand, so wie man das von der Sahara erwartet. Auf der Höhe der libyschen Grenze besteht die Wüste nicht aus Dünen mit feinem Flugsand. Vielmehr ist der Sand grobkörnig, hellbraun und bildet eine relativ feste Oberfläche. Viele Steine, sanfte Hügel, unterbrochen von bis zu 600 m hohen steinernen Höhenzügen. Immer mal wieder gepflanzte, weit auseinander stehende Oli-

*Der Suzuki zeigte keine Schwächen und die Kamele blieben ruhig.
Kleiner Schwatz mit ihrem Chef*

venbäume. Rechts und links guckt dich mal ein Kamel gelangweilt an oder du fährst an einer ganzen Herde vorbei. Es macht einen unbeschreiblichen Spaß, durch eine solche fremdartige Landschaft zu rauschen.

Wir fuhren nach Médenine, einem hübschen, munteren Städtchen mit uralter Handelsgeschichte, ausreichend weit abgelegen von den Bustouristenströmen. Hier gibt es gut erhaltene Ghorfas – das sind Speicheranlagen aus Lehmziegeln mit sehr fotogener Architektur. Zu Zeiten des Karawanenhandels lagerten die Nomaden ihre Waren in diesen bis zu 6 Etagen hohen Tonnengewölben und benutzten sie zum Schutz bei Angriffen.

Ghorfas - Speicheranlagen aus Lehmziegel - in Médenine ca. 600 Jahre alt

Médenine, ein gekochtes Ei= 0,03 €

NEUE FRÜH-STÜCKSSITTEN FÜR GERMANEN

Unsere Hotelzimmer in Médenine kosteten ganze 6 Dinar, das entspricht 3,80 €. Die Zimmer: 8 qm, Bett, Nachttisch, Hocker, Kleiderständer, Ende. Toilette, Waschbecken, Dusche auf dem Flur. Okay, mehr brauchen wir nicht für eine Nacht. Ich verzichtete auf das sonst obligatorische Feilschen. Zum Frühstück setzten wir uns vor eines der zahlreichen netten Cafés in die Morgensonne. Vorher zum Bäcker, denn im Café gibt's nur Tee oder Kaffee. Der kostet etwa 0,15 €. Neben dem Café verkaufte ein Bauer gekochte Eier für 0,03 €. Auf seinem Stand ein Salzstreuer, daneben eine Schüssel für die Eierschalen.

Wenn du mal in Tunesien bist, kannst du unglaublich preiswert leben; besonders außerhalb der Touristengegenden. Hier gleich noch ein Preis zum Seufzen: Super 95 bleifrei kostet 0,53 € je Liter.

Heute stand uns eine echte Wüstentour bevor. Über Metameur nach Matmata und von dort stramm westsüdwestlich nach Douz. Gleich hinter Metameur kommst du ins Dahar-Gebirge. Eine grandiose Landschaft mit tollen Panoramen. Also, das ist ein Muss für jeden Tunesien-Rollertourer. Wenigstens 10 Fotos allein für diese Gegend einplanen! In Matmata besichtigten wir kurz die berühmten Höhlenwohnungen, die sich die Bewohner einst bis zu 10 m tief in den weichen Kalkboden gebuddelt haben um den Angriffen von Nomadenhorden zu entgehen.

Routinemäßig (mein Tank war noch fast halb voll) fragte ich nach einer Tankstelle. „Nein, hier ist keine." Und auf dem Weg nach dem 100 km entfernten Douz? „Nein, auch keine." Also, 20 km aus der Route heraus nach Nordwesten zur nächsten Tanke und zurück – und dann los in die Wüste. Auf der 100 km langen Strecke kam uns nur 1 Fahrzeug entgegen. Da schweifen die Gedanken schon mal ab: Was passiert, wenn hier dein Mopped schlapp macht und genügend Wasser hast du auch nicht dabei? Es gibt dir ein gutes Gefühl, wenn du zu zweit unterwegs bist.

Übrigens: Die Temperaturen waren durchaus erträglich. Während der Fahrt stiegen sie bei voller Sonne im Laufe des Tages von 22 auf 28° C an. Erst beim Anhalten näherte sich das Thermometer der 40-Grad-Marke. Die Hitze ist trocken; du schwitzt nicht übermäßig. Positiver Nebeneffekt: Es gibt hier kaum Insekten in der Luft. Nichts klatscht dir ins Gesicht.

Apropos – längst hatte ich meinen Helm, die Motorradjacke und die Hose mit Protektoren im Gepäck verstaut und fuhr mit schirmloser Kappe, leichtem Hemd, langer Hose (kurze Hosen sind im arabischen Raum bekanntlich verpönt) und Schlappen. Große Wäsche dann nach der Tagestour. 45 Minuten später ist alles wieder trocken.

In Tunesien gilt die Helmpflicht für Biker; die Quote von Fahrern, die dem nachkommen liegt unter 5 Prozent. Und hier im Süden fährt sowieso keiner „oben mit". Wir wurden öfter mal von der Polizei angehalten. Aber die Jungs wollten nur palavern, interessierten sich für unsere Bikes und die Reise. Einige wollten mal eine Runde mit unseren Maschinen drehen. Auf fehlende Helme sprach uns ein einziger an; der war aber auch zufrieden, als wir ohne weiter fuhren.

Dieters Kamel heißt Klaus

Am nächsten Morgen in aller Frühe gönnten wir uns den lange ersehnten Kamelritt in die Wüste. Abdallah, mit dem wir vorher intensiv um einen günstigen Preis gefeilscht hatten, führte uns in eine regelrechte Postkarten-Sahara. Hier sind sie, die feinsandigen Wanderdünen, soweit das Auge reicht. Toll!

Ich fühlte mich sofort wohl auf dem Rücken meines Kamels. Sie gehen einen er haben- gemessenen, rhythmisch ausgewogenen Schritt, dem du dich ganz fix anpassen kannst. Der Begriff „Wüstenschiff" trifft; der Bewegungsablauf erinnert an eine Bootsfahrt bei leichter Dünung.

Der Tag reichte noch für eine Rundfahrt über Zaafrane, El Faouar, Blidet, Kébili – immer am Rand des Chott el Djerid vorbei – zurück nach Douz. Schönste Wüste! Die Dünenkämme rechts und links der Asphaltstraße haben die Einheimischen mit Palmwedeln und viel Geschick fixiert, damit die Straße bei Sturm nicht versandet.

Rundfahrt nach Kébili

Überall wo wir anhielten bildete sich gleich eine Menschentraube um uns. Das war im ganzen Land so. Mittelpunkt des Interesses waren weniger wir, sondern unsere Moppeds. Bei Dieters BMW gab es Rufe der Verzückung, wenn die Neugierigen entdeckten, dass der Tacho bis 280 km/h reicht. Bei meinem Burgman war das Staunen groß, dass es einen Roller dieses Kalibers überhaupt gibt.

Dazu muss man wissen, dass es nur wenige Motorräder in Tunesien gibt; und auch Roller sind nur schwach verbreitet. Dafür ist in der Breite der Bevölkerung einfach kein Geld vorhanden. Maximal erreichbar ist für die jungen Leute nach langem Sparen ein Mofa. Die meistgefahrenen Modelle sind Peugeot 103 und MBK. Und diese Maschinen sind meist Jahrzehnte alt und werden immer wieder repariert.

Douz, Feierabend

DURCH DIE WÜSTE

Am Abend gönnten wir uns nach dem Essen eine Wasserpfeife. Dochdoch, das hat was. Der Ort brummte vor Leben. Die Läden, die Cafés, der Marktplatz – voller Menschen. Doch – irgend etwas stimmte hier nicht: kein einziges weibliches Wesen war zu sehen. „Wo sind Eure Frauen?" Antwort: „Die sind, wo sie hin gehören. Zu Hause." Aha, wieder etwas gelernt.

Chott el Djerid, Blick nach vorn...

Nach einer weiteren Übernachtung in dem klassischen Wüstendorf Douz war es dann soweit: Wir fuhren durch die Salzwüste, quer über den Chott el Djerid. Diese Chotts (Salzseen) entstehen durch den Zufluss von Wasser aus den nahen Bergen und die seltenen, dann aber sintflutartigen Regenfälle. Einen Abfluss gibt es nicht. Das Wasser versickert und verdunstet und lässt verkrustetes, sandiges Salz zurück. Betreten der Oberfläche ist gefährlich, man kann ein- oder sogar versinken. Wer Karl Mays Bestseller „Durch die Wüste" gelesen hat, weiß Bescheid. Als Warnung mag das Wrack eines Busses dienen, der in gut sichtbarer Entfernung versackt ist, nicht zu bergen war und vor sich hin rostet. Der Chott el Djerid ist mit einer Ausdehnung von gut 150 x 75 km der größte Salzsee der Sahara. Seinen Schrecken und sein Risiko hat der Chott 1981 verloren: seitdem führt eine schnurgerade Dammstraße 70 km lang hinüber. Und die befuhren wir jetzt.
Die Fahrt ist unvergesslich. Absolut plane, weißbraune, knochentrockene Fläche, wohin du auch blickst. Kein Lebewesen zu sehen, nicht mal ein Vogel oder ein Insekt. Keine Pflanze. Nichts. Und über allem die absolute Stille.
Fata Morganas erlebten wir häufig – und nicht nur hier; du musst nur flach über die Ebene blicken und die Trugbilder erscheinen.
In Tozeur fanden wir ein günstiges Hotel. Unsere Bikes fuhren wir über die Terrasse durch die Hotelhalle an der Rezeption vorbei auf den Flur von dem unsere Zimmer abgingen.

Hier standen sie für die Nacht sicher. Ähnliches war uns bisher immer geglückt – und das sollte auch so bleiben: ein langes Brett über die Schwelle gelegt und schon waren wir im Innenhof, im Flaschenlager, im noch nicht fertig gestellten Anbau oder wo auch immer. Die Chefs der Hotels waren in diesem Punkt allesamt sehr hilfsbereit und kreativ. In keinem Fall wurde dafür eine Bezahlung verlangt. Trinkgeld dagegen ist überall willkommen.

Tozeur ist eine Oase, der Mittelpunkt des Bled el Djerid, des „Landes der Dattelpalmen". Mehrere hunderttausend davon bilden dort einen regelrechten Wald. Tozeur und auch die südlich gelegene Nachbarstadt Nefta glänzen mit der typischen Lehmziegelbauweise ihrer Hausfassaden, die wunderbare Licht- und Schatteneffekte ergeben.

Tozeur

BERGOASEN UND WASSERFALL

Eine weitere Attraktion im Süden Tunesiens sind die Bergoasen Chébika, Tamerza und Midès. Die waren unser nächstes Ziel. Vor der Kulisse von Felsen, Schluchten, Wasserläufen, Palmen und sogar einem 12 m hohen Wasserfall gibt es dort äußerst malerische verlassene, verfallende Lehmziegeldörfer. Wieder eine Herausforderung an jeden Hobbyfotografen.

Palmenwald zwischen Tozeur und Nefta

Übrigens: Pass auf, wenn du deinen Roller in dieser Gegend auf den Seitenständer stellst. Der Boden ist sandigweich, der Ständer sinkt ein, der Roller kippt um. Also, einen flachen Stein unterlegen oder das Mopped auf den Hauptständer stellen.

Weiter über Moulares und Oum El Ksab nach Kasserine. Unterwegs hatten wir direkt neben der Straße ein nettes improvisiertes Grillessen mit Lammfleisch und Fladenbrot

Tabarka, les Aiguilles, die Felsnadeln

für wenig Geld und dafür viel Austausch mit den fröhlichen Einheimischen. Etwas Aufregung beim Tanken: 4 Tankstellen hintereinander hatten kein Super 95 (Sans Plomb) im Angebot; aber mit den letzten Tropfen erreichten wir die 5. Station.

In unserem Hotel in Kasserine gibt's Bier bis zum Abwinken. Die große Terrasse hinter dem Haus war brechend voll von begeisterten Trinkern. Dabei sind 1,20 Dinar pro Flasche (0,75 €) für tunesische Verhältnisse ganz schön happig. Der Chef des Hauses lachte von früh bis spät. Am nächsten Morgen zählte ich 70 Kisten Leergut à 24 Flaschen. Keine Ahnung, was Allah und sein Prophet davon halten.

Wir fuhren weiter nach Norden, wieder aufs Meer zu. Schon vor Kasserine war die Sahara wieder in fruchtbaren Boden übergegangen. Und heute verabschiedete sich die Wüste endgültig. Es tut der Seele und den Augen wohl, mal wieder durch eine grüne Allee aus Eukalyptusbäumen zu fahren.

Unser Ziel war die hübsche kleine Hafenstadt Tabarka. Vorher ist noch ein Höhenzug zu überwinden. Die Landschaft wirkt hier wie die Fortsetzung eines südeuropäischen Landes, etwa Italien. Kunststück, Sizilien ist nur 140 km entfernt. Sanfte Berge, Täler, Wälder, Oliven-, Öl-, Feigenbäume, Korkeichen – alles blüht und grünt. Tabarka hat einen langen Sandstrand und auch eine Korallenküste, eine attraktiv auf einem Berg platzierte Festung – und ein gewaltiges Überangebot an Hotelzimmern.

Wir mieteten ein 80 qm großes Apartment mit Meerblick, Wohn- und 2 Schlafzimmern, Balkon, Unterstellmöglichkeit für unsere Bikes, ausgestatteter Küche für schlaffe 22 € pro-

Tag. Alles bestens. Von hier aus erkundeten wir die Umgebung, fuhren in die Berge, zum Baden ans Cap Serrat...

Ja, zum Beispiel Cap Serrat. Das liegt zwischen Tabarka und Bizerte. Ein kleiner Fluss mündet dort ins Meer. Darauf liegen ein paar Fischerboote. Der Strand: feiner, heller Puderzuckersand rund um die lange Bucht. Links steile Felsen. Das Wasser: kristallklar. Vorn smaragdgrün, hinten königsblau. Angenehme 22 Grad Wassertemperatur jetzt Anfang Juni. Publikumsfrequenz: fast null. In der Nähe gibt es keine Städte, nicht mal Dörfer. Der Strand war leer bis auf 3 Jungs, die 1 km weiter rechts spielten. Und eine Kuh, die am Strand döste. Natur pur. Anmutung: das Paradies.

„Très jolie, sehr schön" sagte Laila, eine Nachbarin in unserem Apartmenthaus. Nein, sie meinte nicht mich, leider. Sie flirtete mit meinem Burgman. „Darf ich mal mitfahren?" Jetzt war ich gemeint. Laila ist 23 Jahre alt, groß, schlank, schön. Der Kerl von der Rezeption guckte neidisch. „Na klar" sagte ich. Es war wohl eine gute Idee, mit dem Roller nach Tunesien zu fahren.

ROLLER HIN. UND KEINE SUZUKI-WERKSTATT

Allerdings, 2 Tage später passierte es dann. Das war das erste Mal, dass Dieter und ich unterschiedliche Tagesprogramme hatten. Er wollte in die Berge, ich an die algerische Grenze. Die liegt nur knapp 20 km westlich von Tabarka; da stand ich dann am Schlagbaum, hatte mit den Zöllnern geplaudert, wollte zurück – der Burgman sprang nicht an. Die Batterie hatte Saft, die Zündung tat's nicht mehr. Was tun? Hier gab es fast kein Verkehrsaufkommen. Mein Handy lag im Apartment. Ein Bauer fuhr mit seinem alten Peugeot 404 Kombi vorbei. Auf der Ladefläche hatte er Strohballen gestapelt. Ich hielt ihn an. „Gut," sagte er „in

einer Stunde." Er hielt Wort, das Stroh war weg, 5 junge Männer erhoben sich auf Zuruf ohne jedes Zögern in dem Café gegenüber aus ihren Stühlen und gemeinsam hoben wir den Roller (Leergewicht: 277 Kilo) auf die kurze Ladefläche. Ein Seil zum Festzurren war da, ab nach Tabarka. Gut. Was nun? Ich wusste, in Tunesien gibt es keine Suzuki-

Aziz, Sohn Nr. 3, Burgman und TV

Werkstatt; nicht mal einen Importeur. Also abschleppen nach Tunis und per Fähre nach Italien zum Reparieren? Oh weh, was würde das kosten?

Überall im Land gibt es Werkstätten für Mofas, in denen den ganzen Tag lang gebastelt wird. Auch in Tabarka war so ein Laden. Ich versuchte es. Aber ausgerechnet war heute Sonntag. Aziz, der Chef saß mit seiner besten Jacke in einem Café. Auch er zögerte keinen Moment. Gemeinsam schoben wir den Burgman 2 km durch den Ort in sein „Atelier". Mann, sah das da aus: Schrauben, Teile, Werkzeug – alles lag wild durcheinander. Schmiere überall und der kleine Raum gefüllt mit alten Mofarahmen, die nach deutschen Maßstäben auf den Sperrmüll gehörten. In einer Ecke stand ein Bett, in der anderen ein Fernseher...

Im Handumdrehen hatte Aziz zusammen mit seinem Sohn das gesamte Vorderteil meines braven Rollers zerlegt. Dabei checkte er alle Leitungen und Sicherungen. Mein Eindruck: das wird nix. Nach 2 Stunden, der Roller war inzwischen vorn skelettiert, Ernüchterung auch bei den beiden. Vater telefonierte. „Morgen Spezialiste." Au weia, wird das klappen? Am nächsten Morgen war der Burgman immer noch ein Fragment. Aber Sohn strahlte: „Fehler gefunden. Stecker kaputt. Austauschteil morgen früh. Originale."

Und tatsächlich, am Morgen danach war alles wieder zusammengebaut und der Roller brummte zufrieden. Ich war beeindruckt von dem Können dieser Männer. Und begeistert von der Unkompliziertheit und Hilfsbereitschaft, mit der sie ans Werk gingen.

Übrigens: das Loch, welches dieser Vorfall in meine Reisekasse riss, war nicht so groß, wie man meinen könnte. In Tunesien ist eben alles billig. Und meine Pannenversicherung übernahm später die Kosten für das Abschleppen und die zusätzliche Übernachtung.

Bizerte

JEDEM ROLLERFAHRER STEHT TUNESIEN OFFEN

Nun ging es endgültig wieder Richtung Heimat. Von Tunis aus unternahmen wir noch einen Abstecher nach Bizerte an der nördlichen Küste, ein altes Seeräubernest mit langer Geschichte, das heute noch mit einem hübschen Hafen, einer schönen Moschee und einem spanischen Fort glänzt. Und natürlich fuhren wir von dort aus zum nahe gelegenen Cap Blanc, dem nördlichsten Punkt Afrikas.

Für die Rückreise benutzten wir die Fähre von Tunis nach Genua. Die legt um 22 Uhr ab, braucht für die Überfahrt 24 Stunden und lässt unterwegs Blicke auf Sizilien, Sardinien, Elba und Korsika zu. Eine Übernachtung noch in Genua – und dann ging's in einem Rutsch die 1430 km nach Hause, nach Hannover. Mit dem Burgman funktioniert das; allerdings habe ich unterwegs 11 Mal getankt.

FAZIT:

Das war ein toller Trip! 6 Wochen war ich unterwegs und bin dabei 9300 Kilometer gefahren. Bis auf die geschilderte Panne ist der Burgman hervorragend gelaufen. Die Kombination Sizilien/Tunesien bietet sich aus geografischen Gründen an. Wer nicht so viel Zeit hat, macht 2 Einzelreisen daraus.
Beide Ziele sind für Rollerfahrer leicht und schnell erreichbar. Voraussetzung: ein funktionierender Roller mit wenigstens 125 ccm und mindestens 2 1/2 Wochen Zeit je Tour. Ablauf: du fährst nach Genua. Von München aus sind das gerade mal 700 km.

a) Sizilien: Die Fähre läuft abends aus und ist nach 20 Stunden in Palermo. Preis für eine Strecke (1 Person in Vierbett-Kabine incl. 1 Roller bis 200 ccm; Nebensaison) = ca. 150 €.

b) Tunesien: Auslaufen in Genua um 18 Uhr, Ankunft in Tunis 24 Stunden später. Preis für eine Strecke (1 Person in Vierbett-Kabine incl. 1 Roller bis 200 ccm; Nebensaison) = ca. 174 €. Die Rückfahrt kostet bei gleichzeitiger Buchung 35 % weniger.

Bei beiden Passagen gibt es noch verschiedene Sondervergünstigungen. Näheres unter www. gnv.it. (Reederei: Grandi Navi Veloci, Grimaldi Group)

Sizilien ist die klassische Urlaubsinsel schlechthin. Schon die römischen Kaiser wussten das. Eine harmonische Verbindung von landschaftlicher Schönheit mit feinster Kultur und Sehenswürdigkeiten ohne Ende – bei besten Straßenbedingungen und erstklassigen klimatischen Voraussetzungen.
Tunesien ist viel mehr als Hammamet, Sousse und Djerba. Die Landschaft reicht von üppiger Vegetation und Bergen im Norden bis hin zur reinen Sahara und den riesigen trockenen Salzseen im Süden. Das alles komprimiert auf eine überschaubare Fläche mit geringen Entfernungen; Tunesien ist das kleinste Land in Nordafrika. Das Leben dort ist erfreulich preiswert. Die Einwohner, die wir kennen gelernt haben waren freundlich, hilfsbereit, begeisterungsfähig und spontan. Alles in allem: ideale Voraussetzungen für Rollertouristen.

Meine nächste Reise? Wieder mit dem Motorroller.

Magdeburg
Hannover
Chemnitz
Deutschland
Prag
Tschechien
Brünn Trencin
Slowakei
Österreich
Budapest
Ungarn Gyula
Arad
Rumänien
Sibiu
Brasov
Bran
Bukarest
Calarasi
Ancona
Italien
Varna Balcik
Adria
Bulgarien Burgas
Schwarzes Meer
Sinop
Kilimli
Samsun
Istanbul
Ankara
Sivas
Türkei
Ägäis
Cesme
Konya
Söke
Mittelmeer
Bodrum Fethiye
Antalya

Safranbolu

IN DIE TÜRKEI:
TSCHECHIEN SLOWAKEI UNGARN RUMÄNIEN BULGARIEN TÜRKEI!

Das war ein alter Traum: per Roller auf dem Landweg in die Türkei. Durch Tschechien, Slowakei, Ungarn, Rumänien, Bulgarien...

Alle Freunde und Bekannten rieten mir davon ab und warnten: „Dein Geld wird geklaut. Du wirst erstochen. Morgens ist Dein Fahrzeug weg." Die Reihenfolge variierte. Aber jeder hatte irgend einen Schwager oder kannte jemanden, dem so etwas da schon passiert war oder der wiederum einen kannte, der ...

Um es vorweg zu nehmen, ich lernte unterwegs erneut nur nette, hilfsbereite Menschen kennen. Es liegt wohl doch ein Unterschied darin, ob man mit einem dicken Nobelauto durch die Lande fährt oder mit dem Mopped.

...auf der Karlsbrücke

Ich startete am 1. September, fuhr über Magdeburg und Chemnitz in das schöne Erzgebirge, sah Annaberg, Wolkenstein, Marienberg und betrat bei Chomutov Tschechien. Gleich hinter der Grenze rechts und links der Straße Sauna- und Viagra-Clubs, grelle Dämchen mit eindeutigen, einladenden Gesten – na schön, wäre da keine Nachfrage, gäbe es auch kein Angebot.

Schon bald war Prag erreicht und ich fand ein günstiges Studenten-Hostel im Zentrum.

Prag, die Goldene Stadt, ist ein Genuss. Die Begeisterung wächst von Schritt zu Schritt, wenn du von Hradschin, der größten Burg der Welt, herab am St.-Nikolaus-Dom vorbei über die Karlsbrücke schlenderst, die Moldau in ihrem Lauf beobachtest, das Clementinum links liegen lässt, das Clam-Gallus-Palais passierst und zum Altstädter Ring marschierst. Dann zum Pulverturm und durch den „Graben" Na Prikope zum Wenzelsplatz mit seiner besonderen Geschichte und Ausstrahlung. Danach noch ein kurzer Gang zum

Brünn, Kathedrale

Karlsplatz und zu Gehrys „Tanzendem Haus" – und du bezweifelst, dass es irgendwo in Europa eine schönere Stadt gibt.

Prag strotzt: vor Schönheit, vor Leben, vor Geschäft, vor Stolz, Selbstbewusstsein, Geschichte, Kultur, Lebensfreude, Optimismus. Und vor Touristen.

Mein nächstes Ziel war Brünn (Brno). Für Hektiker führt eine schaurig-schöne, überfüllte Autobahn schnurgerade dort hin. Immerhin, für Tschechien und die Slowakei gilt: Motorbiker brauchen keine Vignette. Bravo! Und

Empfehlung an Österreich, Schweiz, Ungarn. Trotzdem benutzte ich den Highway nur, um problemlos aus Prag heraus zu kommen und bog danach schnell nach Ricany ab. Die Landstraße führt mit vielen Windungen über sanfte Hügel, durch grüne Täler. Feinste tschechische Landschaft. Ohne Umgehungsstraßen geht es im wahrsten Sinne durch dutzende böhmische Dörfer wie Kutna Hora, Caslar, Havlickuv Brod, Zdirec, Zdar, Tisnov nach Brünn. Auf dieser Strecke lässt sich gut beobachten, wie sich das Leben in diesem Land abspielt. Eindruck: gemütlich, etwas verträumt, nicht so aufgeregt wie häufig bei uns.

ES BRUMMT IN DEN NEUEN EU-LÄNDERN

Brünn ist die Hauptstadt Mährens mit einem schönen Dom hoch über der Stadt. Weiter über den Wallfahrtsort Velehrad zur Grenze – rüber in die Slowakei und zum Übernachten nach Trencin (Trentschin). Das ist ein hübsches Städtchen an dem Fluss Váh und am Fuß der Karpaten, mit mittelalterlichem Flair, einer schönen Burg und vielen attraktiven Gebäuden. Auch hier ist die

Trencin

Aufbruchstimmung spürbar, die von den Menschen ausgeht. Der Optimismus ist geradezu greifbar. Ein äußeres Zeichen: ein Dutzend Reisebüros bietet in dem kleinen Ort seine Dienste an – alle waren gut besucht. Die Leute hier stehen nicht in den Startlöchern, die sind längst unterwegs.

Die Route des nächsten Tages führte mich zunächst durch fruchtbares, saftiges Bauernland. Hinter Partizánske gleich 20 km am Stück durch einen duftenden, sonnendurchfluteten Laubwald, auf und ab, Kurven ohne Ende, bis 17 % Gefälle. Weiter über Zlaté Moravce und Vráble und bei Sahy über die Grenze nach Ungarn. Nachdem du Vác passiert hast bist du im Handumdrehen in Budapest. Die ungarische Hauptstadt liegt genial in einer großzügigen Biege der Donau; als hätten die Stadtgründer vor 2000 Jahren bereits an attraktive Postkartenmotive gedacht. Viele viele schöne Bauwerke. Besonders das Parlamentsgebäude fasziniert mit seiner filigranen Architektur. Unvergesslich der Blick von

Budapest, Donau

der Zitadelle auf der „Buda-Seite" über die 2-Millionen-Metropole. Trotzdem, wer gerade aus Prag kommt, setzt Budapest in der Rangfolge der attraktivsten Städte ein Stück weiter nach hinten. Nicht nur wegen des erbärmlichen Zustandes der Straßen und der Tatsache, dass du als Fußgänger keine Chance hast, an der schönen (braunen!) Donau entlang zu spazieren – dieses Terrain haben die Stadtplaner den Kraftfahrzeugen gewidmet. Die einzelnen Sehenswürdigkeiten liegen auch weit auseinander. Aber du hast ja deinen Roller dabei – und damit lässt sich Budapest bestens erschließen. Meine Unterkunft war wieder ein preiswertes Studentenhostel nahe der zentral gelegenen Universität.

Rumänien, typisches Dorf

Parallel zu der Autobahn, die nach Südosten aus Budapest heraus führt läuft eine Landstraße und die benutzte ich über Dabas bis Kecskemét. Dann ging's Richtung Osten über Szarvas in die hübsche Grenzstadt Gyula. Ungarn präsentierte sich bis zur Grenze flach wie eine Flunder. Viel Gegend, nette Dörfer. Szeged ließ ich rechts liegen – es war einfach noch zu früh am Tag für Sauerkrautgulasch. Stattdessen hielt ich Einzug in Rumänien.

Ein Wort zu den vielen verschiedenen Währungen auf dieser Reise: in allen Ländern wird der Euro angenommen, meist sogar freudig. Nur, das ständige Umtauschen ist für dich ungünstig, gerade wenn du nur hier und da ein paar Kleinigkeiten kaufst. Und du kriegst jedes Mal Geld in Landeswährung zurück. Deshalb schätze ich lieber bei der Einreise in ein Land ab, wie viel ich brauchen werde und hole mir diesen Betrag aus einem Bankautomaten. Die üblichen Visa/Master/Eurocards werden überall akzeptiert. Bei der Ausreise fahre ich kurz vor der Grenze eine Tankstelle an, drücke dem Tankwart mein Restgeld bis auf den letzten Forint oder Filler in die Hand und tanke exakt für diesen Betrag. So fährst du ohne restliches Klimpergeld, das erfahrungsgemäß später nur rumliegt aus dem Land heraus.

Der erste Eindruck von Rumänien ist kritisch. Viele verfallene Fabriken und leblose landwirtschaftliche Betriebe am Wegesrand. Große brach liegende Flächen. Die Häuser in schlechterem Zustand als in Ungarn, Slowakei oder Tschechien. Die Landschaft zunächst flach, später hübsch hügelig, wie in Hessen. Der Straßenzustand ist ordentlich, schlimm nur in den Städten. Über Arad und Deva fuhr ich nach Sibiu.

Als ich den Roller dort auf dem Parkplatz meines Hotels noch mal umplatzieren wollte, hatte ich das Malheur: die Zündung machte keinen Mucks. Aus. Es blieb nur Schieben. Dasselbe Problem hatte ich im Juni in Tunesien gehabt und auf abenteuerliche Weise mit viel Hilfe von außen lösen können. Natürlich passierte es wieder an einem Sonntag. Die Rezeption meines Hotels war sehr hilfsbereit. „Gleich morgen früh rufe ich Werkstatt an", versicherte mir der Rezeptionist, selbst Moppedfahrer. Und das klappte. Suzuki hat in Rumänien keine Vertretung. Es erschien der Geschäftsführer eines örtlichen Mercedes-Händlers mit einem Monteur. Der Chef erzählte, dass er auch Yamaha handelt und repariert. Also gut. Durch mein Tunesien-Erlebnis konnte ich genau erklären, an welcher Stelle der Schaden wahrscheinlich lag. Mit vereinten Kräften hoben wir den Burgman auf den Transporter und ab ging's in die Werkstatt.

Sibiu...

...europäische Kulturhauptstadt 2007

Nun hatte ich Zeit für Sibiu, denn um eine 2. Übernachtung würde ich nicht herumkommen. Oh, und das lohnte sich. Sibiu ist der heutige Name des ehemaligen Hermannstadt, dem Zentrum der Siebenbürgener Sachsen, deren Geschichte bis auf das frühe Mittelalter zurückgeht. Eine wunderhübsche historische Stadt mit einmaligen Bauwerken. Schöne barocke Kirchen, repräsentative Patrizierhäuser, schmucke Plätze. Zurzeit gleicht Sibiu einer riesigen Baustelle: der Ort wurde für 2007 zur Europäischen Kulturhauptstadt ausgerufen. Da fließt einiges Geld von der EU und auch aus Deutschland in die Stadt und das wird für eine sinnvolle Rundumsanierung eingesetzt.

Am Abend kam mein Roller zurück. Repariert. Natürlich nicht mit Originalteilen sondern durch Löten und einige Kunstgriffe. Der Chef versicherte mir, dass er bis zum Ende meiner Reise funktionieren würde. Er behielt Recht. Als ich Wochen später nach Hause kam lag da ein Brief von Suzuki mit einer Rückrufaktion für die Zündschloss-Kontakteinheit aller 400-er und 650-er Burgmänner der Baujahre 2003 und 2004. Aha, das war also kein Einzelfall.

TRANSSYLVANIEN! KARPATEN! WALACHEI! BRAN! GRAF DRACULA!

In der Nacht ließ ich das Fenster weit geöffnet. Schließlich befand ich mich in Transsylvanien. Würde Dracula vorbei kommen? Oder eines der langzahnigen weiblichen Opfer des Grafen? Nix, die hatten wohl anderswo zu tun. Er schickte nicht mal einen Gehilfen oder wenigstens Christopher Lee, seinen ewigen Darsteller. Ist der Graf auch nicht mehr das, was er früher mal war? Das wollte ich genauer wissen. Wenn Dracula nicht zu mir kommt, fahre ich halt zu ihm hin. Mein

Draculas Bett

Karpaten

Castello Bran, Draculas Schloss

nächstes Tagesziel war Bukarest. Aber ich akzeptierte gern einen Umweg von 130 km und fuhr über Fagaras und Brasov nach Bran, zu Draculas (von cleveren Marketingleuten ernannten) Schloss. Es liegt in den Karpaten, zwischen Tanssylvanien und der Walachei – und die Kulisse stimmt bis aufs Detail. Nebel waberte über die Hügel, als ich des Grafen Heim ansteuerte. Das Schloss passt gut zu der hollywoodgeprägten Vorstellungswelt der Besucher. Auch die Vermarktung ist schon recht professionell gemacht – muss allerdings auf deutsche Touristen noch weitgehend verzichten. Hauptsächlich Einheimische waren hier zusehen. Also, liebe Leserin, lieber Leser, wenn Sie mal wieder in Rumänien sind – ein Besuch bei Dracula lohnt sich; sogar sein Bett ist zu besichtigen.

Weiter über Pitesti in die 2-Millionen-Hauptstadt Bukarest, den souveränen Mittelpunkt Rumäniens. Ein Spaziergang durchs Zentrum macht jedem klar, wie schön diese Stadt einmal gewesen ist: das „Paris des Ostens". Heute ist sie es nur noch partiell. Gebäude wie die Philharmonie, die Alte Börse, der Triumphbogen glänzen. Daneben aber viel Zerfall. Auf dem großen Platz vor dem Senatsgebäude spürst du den Stolz der dort flanierenden Menschen. Stolz darauf, dass ihnen 1989 die Revolution gelungen ist. Hier, an dieser Stelle befreiten sie sich von dem übergeschnappten Diktator Ceausescu. Neben einer Freiheits- statue und Marmortafeln mit den Namen der Opfer ragt ein trutziges Denkmal vor dem Senatsgebäude in den Himmel. Ich fragte einen Rumänen, wen diese Figur darstelle. Als er Schwierigkeiten mit einer präzisen Antwort hatte, rief er kurzerhand seinen alten Schul- lehrer an und wusste dann: „Maniu, Politiker und Schriftsteller." Aha. Kompliment für das Engagement des Einheimischen!

Bukarest, Haus der Musik

Auf der Straße doppelt so viele Fuhrwerke wie Autos

Wenn du Bukarest Richtung Osten verlassen willst, hast du wieder die Wahl zwischen einer langweiligen Autobahn und einer daneben laufenden hübschen Landstraße. Sie führt durch prächtiges Bauernland. Hier liegt Dorf an Dorf. Auf der Straße doppelt so viele Pferdefuhrwerke wie Autos. Irgendwo hatte ich hier ohne es zu merken eine Kreuzung verpasst, mich verfranzt und landete an der Donau und dann in Calarasi. Ein Stück weiter brachte mich eine Fähre über den Fluss, der hier Dunarea heißt und über 1 km breit ist. Gleich hinter dem Anleger ist die Grenzstation nach Bulgarien. Also rüber. Endlich ging es jetzt aufs Meer zu und am Nachmittag erreichte ich Balcik, fand ein nettes Hotel direkt am Schwarzen Meer und mietete mich für 2 Nächte ein. Balcik wird wegen seiner Kreideklippen auch „Weiße Stadt" genannt. Und „Perle des Schwarzen Meeres". Na ja, ein hübsches Seebad, sogar mit minarettverziertem kleinem Schloss, aber viele Häuser, auch

Balcik

Hotel Holland

Istanbul, mit Blick auf die Suleyman Moschee

ehemalige Hotels, drohen zu verfallen. Für diese Region ist wohl problematisch, dass allen osteuropäischen Touristen jetzt auch der gesamte Rest der Welt offen steht. Jetzt, Anfang September, waren die meisten Hotels nur mäßig gefüllt bis leer – und das bei herrlichstem Wetter.

VIERZIG JUNGFRAUEN...

Ein Ausflug am nächsten Tag brachte mich nach Kavarna und zum Kap Kaliakra, einem strategisch wichtigen Punkt auf einem Felsplateau, 70 Meter über dem Meer, an dem sich über die Jahrhunderte blutige Schlachten abgespielt haben. Ganz vorn auf dem Überhang kennzeichnet eine kleine Kapelle den Punkt, an dem sich – welche Verschwendung – einst 40 Jungfrauen in den Tod stürzten, um der osmanischen Knechtschaft zu entgehen. Die Kapelle ist real. Die Story Legende.

Mein nächstes Tagesziel war Istanbul. Also ging es direkt nach Süden, immer schön am Meer entlang. Die Straße hat meist ein paar Kilometer Abstand zur Küste, einige Male läuft sie aber auch fast durch die Dünen. So kommst du durch die touristischen Hochburgen Albena/Goldstrand, Varna, Bjala, Sonnenstrand, Nessebar – wo der endlose Sandstrand tatsächlich goldig schimmert – und weiter über Burgas, Sozopol nach Carevo. Dort rechts ab

Blaue Moschee

noch 70 km bis zur Grenzstation Malko Tarnovo, davon 50 km kurvenreich durch schönen Mischwald. Die Qualität der Straße allerdings ist saumäßig; Loch an Loch.

Nachdem ich 8 Mal meinen Reisepass und 5 Mal den Kfz-Schein vorgezeigt hatte durfte ich endlich einreisen: in die Türkei. Durch Kirklareli, dann diesmal auf die Autobahn...

Wie bisher an jedem Tag der Reise schien die Sonne von früh bis spät, ließ den Morgen mit etwa 12° C beginnen und sorgte mittags für feine 26 Grad oder sogar mehr. Kaum Wind. Bestes Rollerwetter. Wunderbar!

Hundert km vor Istanbul gibt die Landschaft das erste Mal einen Blick aufs Marmara-Meer frei. Und schon bald ist sie dann erreicht, die 14-Millionen-Metropole, die mit Abstand größte Stadt der Türkei; die einzige der Welt, die sich über 2 Kontinente erstreckt.

Alle Reiseführer empfehlen den Touristen, ihre Autos stehen zu lassen, wenn sie Istanbul erkunden wollen – die Tram, Busse oder U-Bahnen zu benutzen. Istanbul soll in puncto Verkehrsverhalten der Einwohner die Hölle sein. Aber keiner schreibt etwas über Roller. Hm. Das wollte ich wissen. Ergebnis: stimmt, schlimm genug der Verkehr, aber noch nicht so aggressiv wie in Neapel oder Palermo. Trotzdem macht der Hinweis auf die Öffis Sinn: Istanbul eroberst du am besten zu Fuß. Ich begann mit dem 1500 Jahre alten Galata-Turm. Der steht unübersehbar auf einem 140 m hohen Hügel der asiatischen Seite, ist selbst 61 Meter hoch und hat ganz oben einen umlaufenden Balkon. Von dort aus hast du den besten Blick über die Stadt. Und der ist wirklich atemberaubend. Du schaust über Bosporus und das fein geschwungene Goldene Horn auf die Bauwerke, die Kuppeln und Minarette von Istanbul und dir wird klar, warum diese und keine andere Stadt lange Zeit Mittelpunkt der Welt war. Die strategische Lage ist einmalig: wichtigste Handelswege zwischen Asien und Europa führen seit jeher hier durch; und die schmalen Wasserwege zwischen Schwarzem- und Marmara-/Mittelmeer lassen sich leicht blockieren. So war die Stadt über mehrere Jahrhunderte sogar Hauptstadt des Römischen Reiches.

Um die wichtigsten und schönsten Gebäude als Zeitzeugen dieser Epochen zu besichtigen, spazierst du über die Galatabrücke mit ihrem munteren Treiben von Morgenland ins Abendland zurück und triffst auf die Neue Moschee („neu", aber 400 Jahre alt), gehst über den Gewürz- und den Großen Bazar zur wunderschönen Blauen Moschee mit ihren

6 (!) Minaretten, dann zur Hagia Sophia (einst die größte Kirche der Welt, vor knapp 1000 Jahren Ort der Spaltung der christlichen Kirche, später einige Jahrhunderte Moschee, jetzt Museum) und weiter zum Topkapi Sarayi – und du wirst überwältigt sein von diesen Zeugnissen genialer Baukunst. Dabei hast du erst einen kleinen Bruchteil der Sehenswürdigkeiten gestreift. Nimm dir Zeit für Byzanz/Konstantinopel/Istanbul. Es ist ein großes Vergnügen, ohne Hast, ohne Druck durch Reiseleiter („Sie haben jetzt 45 Minuten...") durch diese prachtvolle Stadt zu wandern, das pralle Leben zu beobachten und zu genießen.

Ich verließ Istanbul in östlicher Richtung, hielt also endgültig Einzug in Asien. Das war morgens vor 7 Uhr, Nebel lag noch über dem Wasser und in 2 Minuten war ich auf der zu normalen Zeiten immer verstopften Mehmet-Brücke über den Bosporus hinweg. Einen Schock gab es beim ersten Tankstopp: Donnerwetter, umgerechnet EUR 1,75 kassierten die Türken für den Liter Super 95! Aus den bisher durchfahrenen Ländern war ich an Preise von knapp unter 1 EUR gewöhnt; in Deutschland bezahlte man zu dieser Zeit EUR 1,40 je Liter. Aber bekanntlich gibt es an dieser Stelle kein Feilschen...

TOURISTISCH UNERSCHLOSSEN: DIE NORDKÜSTE DER TÜRKEI

In Adapzari bog ich nach links ab, erreichte in Karasu das Schwarze Meer und konnte nun gemächlich an der Küste entlang nach Osten fahren. Auf diese Strecke hatte ich mich besonders gefreut: der gesamte Tourismus der Türkei spielt sich am Mittelmeer ab, an der Südküste, der „Türkischen Riviera" oder an der Westküste, der Ägäis; in keinem Prospekt der großen Reiseveranstalter findest du ein Angebot für die Strände am Schwarzen Meer. Warum? Na, schaunmermol.

Vor Zonguldak, leere Strände am Schwarzen Meer

Tatsächlich präsentierten sich hier viele kilometerlange schöne, aber brach liegende Strände – mit allen Vor- und Nachteilen. Vorteil, weil du hier ohne den sonst üblichen Rummel in Ruhe baden und entspannt liegen kannst; Nachteil, weil diese Abschnitte ungepflegt sind. Was angespült wird, liegt da eben rum. Die Küste ist zunächst flach, wird dann hügelig und vor Zonguldak stößt du auf steil abfallende Klippen. Hier wird Marmor abgebaut. Das Hinterland ist dicht bewaldet. Viele Haselnussbäume. Die Straßen sind schmal, insgesamt in Ordnung, stellenweise aber in erbärmlichem Zustand. Im Kilimli, einem hässlichen Ort in wunderschöner Lage fand ich ein kleines nettes Hotel, das einzige, das mir während der letzten 60 oder 80 km aufgefallen war.

Und da haben wir eine Ursache für den fehlenden Massentourismus in dieser Gegend: es gibt einfach keine ausreichende Infrastruktur. Das fängt bei den Flughäfen an und setzt sich über das Straßennetz und das Angebot an Hotels und Restaurants fort. Dieser Eindruck bestätigte sich an den nächsten Tagen.

Freunde bestraft man nicht

Die ersten 60 km am nächsten Morgen bis Hisarönü liefen auf einer schlimmen Straße ab. Nur 2 bis 3 Meter breit mit Schlaglöchern ohne Ende. Aber sie führt durch märchenhaft schöne Landschaft am Meer entlang. Steilküste, unterbrochen durch lange, herrliche, leere Strandabschnitte. Da lagen höchstens mal ein paar Fischerboote. Für dieses kurze Stück brauchte ich 2 1/2 Stunden.

Dann wurde die Straße breit und glatt und zwischen Caycuma und Bartin geriet ich in eine Radarfalle. 111 km/h statt der dort zugelassenen 70. Ich war in einer Kolonne von 5 Fahrzeugen gefahren und nun standen wir alle wie begossene Pudel vor der Tafik Polisi. „188 Lira" sagte der Chef der 3 Polizisten. Au weia, das sind rund 125 Euro, damit könnte ich in dieser Gegend eine Woche lang übernachten. Was tun? Bezahlen und weiterfahren? Nö, das wäre phantasielos. Ich wartete, bis alle anderen abgefertigt waren und fing dann ein Gespräch mit dem Chef an. Nach knapp einer Stunde waren wir Freunde fürs Leben. Er hatte mit einiges aus seinem Leben und von seinem Job erzählt; ich ihm von meinem und von meiner Tour. Familienfotos wurden gezeigt. Zum Schluss wies er seinen Adjutanten an, ein schönes Foto von uns beiden zu schießen. Von Geld war keine Rede mehr. Und die Moral von der Geschicht'? Freunde, die bestraft man nicht.

Safranbolu, rechts das Hamam, das türkische Bad aus dem 17. Jahrhundert

Der nette Polizist hatte mir noch einen Tipp für die weitere Route mitgegeben: „Fahr nicht direkt ans Meer zurück, das ist langweilig, fahr über Safranbolu." Also hin. Eine gute Empfehlung! Safranbolu hat sich aus einer alten Karawanenstation entwickelt und war – wie der Name schon sagt – Umschlagplatz für das wertvolle Gewürz Safran, das noch heute in der Nähe angebaut wird. Der Ort besticht durch die Schönheit seiner osmanischen Altstadt, die von der Unesco zum Weltkulturerbe erklärt worden ist. Eindrucksvoll vor allem die stattlichen, eng beieinander stehenden Herrenhäuser, die Moschee und die Karawanserei mit angeschlossenem Hamam, dem türkischen Bad aus dem 17. Jahrhundert, das noch immer in Betrieb ist.

Weiter nach Kastamonu und dann nach Norden Richtung Meer. Ich befand mich im türkischen Hochland, einer Landschaft, 350 bis 1300 m hoch, wie man sie aus Österreich kennt, hier aber nicht erwartet. Mit 20°C war es hier aber rund 6 Grad kühler als am Meer. In Inebolu, einem hübschen Küstenstädtchen fand ich ein erfrischend unprofessionell geführtes Hotel direkt am Meer. Da war am Eingang nicht mal das obligatorische Schild „Otel"; keiner vom reichlich vorhandenen Personal wusste irgend etwas konkret. „Zimmer frei?" „Was kostet?" „Frühstück?"... Jedes Mal zunächst Ratlosigkeit. Nett, einfach – einfach nett. Und erneut preiswert hoch drei.

Auf dem Weg nach Samsun erreichte ich auf enger, kurvenreicher Straße bei Sinop den nördlichsten Punkt der Türkei. Sinop liegt strategisch bedeutend auf einer Halbinsel, wird

Ölwechsel in Samsun

Ein Meile für Angler und Flirtwillige

gekrönt von einer gut erhaltenen Burg, ist umgeben von einer mächtigen Außenmauer und hat einen prachtvollen Naturhafen ganz ohne Beton und den längsten Fjord der Türkei. Phryger, Perser, Römer, Byzantiner, Seldschuken und Osmanen haben hier geherrscht. Diogenes, richtig, der mit der Tonne, wurde hier geboren.

EINE FLIRTMEILE FÜR TEENAGER

In Samsun angekommen fand ich im Nu eine Werkstatt, die mir (mein Display quengelte) innerhalb von 20 Minuten einen Ölwechsel für den braven Burgman hinlegte. Toll. Samsun ist die größte Stadt der Region. Viel Industrie, großer Hafen, viel Geschichte. Von Samsun aus startete Mustafa Kemal Pascha, genannt Atatürk, der „Vater der Türken" 1919 seinen erfolgreichen Befreiungskampf gegen die Besetzung und Zergliederung der Türkei. Natürlich wird er dort – überall sichtbar durch Museen, Standbilder etc. – entsprechend hoch verehrt.

Interessant: am Hafen haben die Stadtplaner eine Meile speziell für Angler und zum Flirten angelegt. In langer Reihe sind Bänke direkt am Wasser platziert. Dazwischen hohe Laternen, bei denen neben den Lichtquellen noch Lautsprecher installiert sind, die lauschige Musik verbreiten. Das Ganze funktioniert perfekt. Rechts und links flanieren die Teenager, werfen sich, je nachdem, begehrliche oder abweisende Blicke zu und wo's gefunkt hat, spielt sich die 2. Runde auf den Bänken ab. Auf anderen Bänken sitzen Angler und starren konzentriert aufs Wasser. Prima Arrangement! Unerwartet in der Türkei.

So, rund 800 km Schwarzmeerküste hatte ich inzwischen abgegrast. Der Wetterbericht sagte für die Region östlich von Samsun – also Richtung Georgien – Dauerregen voraus. Diese Gegend ist sowieso durch ihre Lage am Meer mit dem langgezogenen Pontischen Gebirge im Rücken als Regenloch bekannt; übrigens ein weiterer Grund für fehlenden

Tourismus. Also entschloss ich mich zum Kurswechsel: auf nach Süden in die innere Türkei, auf nach Zentral-Anatolien. Ich fuhr nach Amasya, bekannt für seine Felsgräber, die vor über 2300 Jahren bis zu 12 m hoch aus den Steilwänden des Burgberges herausgemeißelt worden sind. Amasya liegt romantisch in einem Flusstal, bietet viele hübsche Brücken, schöne Moscheen und Koranschulen, den Medresen mit ihren reich verzierten Portalen. Hier wurden einst die Söhne der Sultane

Felsengräber bei Amasya

ausgebildet. Sehenswert auch die alttürkischen Häuser mit ihren Veranden, die über das Wasser des Flusses Yesihrmak ragen. Viel Atmosphäre hat auch Sivas mit seinen tollen Bauwerken aus der Seldschukenzeit.

Der Weg von Sivas nach Ankara führt gut 500 km genau von Ost nach West. Durch eine dünn besiedelte, etwas langweilig wirkende Gegend. Die sanften Hügel schimmern gelb vom verdorrten Gras in der Sonne. In den Ebenen und Tälern floriert die Landwirtschaft. Statistisch arbeitet jeder 2. Türke in dieser Branche.

Schüler fragen mich aus bei der Cay-Pause

Wo immer ich anhielt war mein Burgman die große Attraktion. So etwas hatte man hier noch nicht gesehen. Sofort bildete sich eine Traube meist jüngerer Leute, die mich begeistert mit Fragen bombardierten. Preis? Kubik? Wie schnell? Tauschen gegen mein Fahrrad? Jeder wollte ihn sofort haben. Dabei hatte ich nie das Gefühl, dass kriminelle Hintergedanken mitspielten. Trotzdem klärte ich routinemäßig in jedem Hotel gleich beim Einchecken, wel-

Ankara, die 4-Millionen-Metropole in Zentral-Anatolien

che Unterstellmöglichkeit es für meinen Roller gab. Fast immer ließ sich das Problem lösen – und wenn es in der Eingangshalle neben der Rezeption war. Und nie musste ich dafür einen Aufpreis bezahlen.

Ankara ist nach einer klugen Entscheidung von Atatürk Hauptstadt der Türkei. Er nahm damit Aufmerksamkeit vom verwöhnten Istanbul weg und lenkte sie mitten in das unterentwickelte Anatolien. Hier ist inzwischen eine moderne 4-Millionen-Metropole von europäischem Zuschnitt entstanden. Inklusive der Nachteile: die Stadt ist hoffnungslos überfüllt. Straßen, Geschäftsviertel platzen fast. Im Zentrum gibt es – außer den fest reservierten – praktisch keine Parkmöglichkeiten. Selbst mit dem Roller brauchte ich eine Dreiviertelstunde, bis ich ihn entnervt und vorschriftswidrig auf einem Bürgersteig abstellte um meine Stadtbesichtigung zu Fuß fortzusetzen.

Doch, vor allem auf dem Gebiet Museen hat Ankara einiges zu bieten. Es überwiegt aber der Gesamteindruck: moderne Hauptstadt. Die antiken Bauwerke sind gut versteckt.

ORKAN IN ZENTRAL-ANATOLIEN

Den nächsten Tag werde ich lange in Erinnerung behalten. Erstmals war der Himmel morgens bedeckt. Die Fahrt aus Ankara heraus gestaltete sich chaotisch, obwohl ich erst um 8.30 Uhr los fuhr, in der Hoffnung, dass die Rush hour dann vorbei ist. Sie war es nicht, ist es dort wohl nie. Das Gelände zwischen Ankara und Konya ist steppenartig. Flach wie ein Kuchenteller. Gleich hinter Ankara peitschte ein Orkan der Güteklasse 9 genau von rechts über die Steppe. So stark, dass der Klettbandver-

Konya

Mausoleum des Dichters und Predigers Mevlana, Gründer des Ordens der »Tanzenden Derwische«

schluss meiner Motorrollerjacke ständig aufriss. Hunderte trockene Sträucher und anderes Zeug fegten über die Piste wie in der Geisterstadt eines klassischen Western. Der Burgman lief mit 40 Grad Seitenlage ganz gut, kam nur aus der Ruhe, wenn rechts Bäume oder Häuser standen. Und beim Überholen. Weiße Blüten schossen durch die Luft. Blüten? Ich hielt an und fing einige auf. Sie schmolzen sofort. Schnee, Mitte September in Zentralanatolien. Olé. Aber dieser Spuk dauerte nur wenige Minuten. Schwarze Wolken hatten sich aufgetürmt. Und dann ging es los. Regen wie aus Eimern. Binnen Minuten war ich durchgeweicht, trotz „regendichter" Jacke. Die Temperatur fiel von 24 auf 13 Grad. Was tun? Unterstellen? Da war nix in der Nähe. Außerdem – schließlich hatte ich 2 Wochen lang häufig genug geschwitzt. Also, come on, Kontrastprogramm ist angesagt. Ich fuhr die 280 km nach Konya bei strömendem Regen durch, brach dort aber ab und suchte mir eine Bleibe.

Konya (früher:"Ikonium"), 4000 Jahre alt, traditionsreiches Handelszentrum seit der Zeit der Hethiter. Apostel Paulus predigte hier. Religiöser Mittelpunkt wurde die Stadt aber erst durch den Mystiker, Dichter und Prediger Mevlana, der im 13. Jahrhundert hier den Orden der „Tanzenden Derwische" gründete. Sein Mausoleum, einst Kloster der Derwische wird heute als Museum geführt und enthält außergewöhnlichen, sehenswerten Prunk. Konya ist die mystische Stadt des Islam, ein Wallfahrtsort; manche sagen, der Besuch von Mevlanas Grab habe den Wert einer Reise nach Mekka. Auch in Konya haben die Seldschuken-Sultane schöne Moscheen, Medresen, Skulpturen und Holzschnitzarbeiten hinterlassen.

Siebenschiffige Moschee in Beysehir

Am nächsten Morgen war es noch bedeckt und gleich hinter Konya fing es wieder an zu regnen. Was tut ein deutscher Urlauber, wenn er Sonne will? Richtig, er fährt nach Süden, ans Meer. Genau das tat ich. Nach einer Besichtigung der eindrucksvollen siebenschiffigen Esrefoglu Moschee in Beysehir wendete ich mich nach links und fuhr quer durch das hier bis zu 2500 m hohe Taurusgebirge über Akseki nach Antalya. Die Rechnung ging auf: nach 1 Stunde hörte der Regen auf und 100 km vor Antalya, man konnte das Meer schon riechen, setzte sich die Sonne wieder durch – und blieb mir treu bis zum Ende der Tour.

Überall am Weg – das hatte ich im ganzen Land schon beobachtet – stößt du auf Straßenbauarbeiten. Da wird nicht nur ausgebessert, es werden mit erheblichem Aufwand völlig neue, moderne Straßen geschaffen. In großem Stil, wie ich es bisher nur in den 60-ern in den alten oder in den 90-ern in den neuen deutschen Bundesländern gesehen habe. Aber hier bezogen auf eine wesentlich größere Fläche. Natürlich geht es um eine Verbesserung der Logistik. Und eindeutig soll der Norden touristisch erschlossen werden, auch um eine Alternative zu der im Juli/August zu heißen und in der Kapazität ausgereizten Süd- und Westküste zu schaffen.

Über Antalya viel zu berichten hieße, Eulen nach Athen tragen. Fast jeder, der einmal die Türkei besucht hat, war auch in Antalya. Inzwischen mit 1,5 Millionen Einwohnern zu einer der größten Städte herangewachsen, bleibt es aber doch der schnuckelige kleine Fischer- und Yachthafen,

Hidirfik-Turm in Antalya

Antalya, Hafen

der in Erinnerung bleibt, dazu das prächtig erhaltene römische Hadrianstor und alle Moscheen und Medresi, die dazwischen liegen.

Wer aus Zentralanatolien anreist, dem fällt noch etwas anderes auf: die Welt des Tourismus hat dich zurück. Die Einheimischen sind auch hier nett und freundlich – und zusätzlich ausgestattet mit allerhand verkäuferischem Geschick. Höfliche Gesten verbinden sich jetzt wieder häufig mit einem Hintergedanken, der auf Umsatz hinausläuft. Das ist in Ordnung, das ist in den touristischen Hochburgen der ganzen Welt so. Aber das ist eben nicht die „echte" Türkei. Die erlebst du außerhalb dieser Zentren.

Dazu noch ein Beispiel: es war im Norden, in der Nähe von Düzce. Ich hatte an einer Kreuzung angehalten und mich mit der Landkarte über meine weitere Route orientiert. Damit war ich gerade fertig, alles war klar, da hielt ein alter Lada vor mir. Sofort stieg ein junger Türke aus, etwa 35 Jahre alt, und wollte helfen. In dem Wagen saßen die Großeltern, die Ehefrau und 4 Kinder. Es war an einem Wochenende. Gut, ich ließ mir nochmal den Weg erklären, dann kamen Fragen nach dem Woher und Wohin, zum Zweck der Reise, zu den technischen Daten des Burgman. Dann erzählte er von seiner Familie, von seiner Arbeit in einem Stahlwerk in Eregli. Die ganze Zeit über strahlten uns aus dem Auto, das bei 30 Grad in der Sonne stand, voller Stolz 7 Augenpaare an. Stolz darauf, dass ihr Familienoberhaupt, ihr Sohn, Ehemann, Vater mit einem leibhaftigen Ausländer sprach. Zum Schluss drückte mir der Mann eine Tüte frischer Feigen aus dem eigenen Garten in die Hand. Toll! Mich begeistern diese selbstverständliche Hilfsbereitschaft, diese Uneigennützigkeit, diese ursprüngliche Lebensfreude, abseits von jedem Status-, National-, Religions- oder politischem Denken. Solche Erlebnisse bringen mich immer wieder mit Freude auf den Roller, auf die Piste. Und, Hand aufs Herz, dieses Verhalten ist vielen von uns Bundesbürgern in den letzten Jahrzehnten verloren gegangen, stimmt's?

BIER AUS TASSEN

Ein Wort zum Thema Bier & Co.: Der Islam lehnt Alkohol bekanntlich ab. Folgerichtig gibt es in der Türkei in den Lebensmittelgeschäften kein Angebot. Auch in den Restaurants fragst du vergeblich nach einem Bier oder Wein zum Essen. In Istanbul haben einige clevere Gastronomen das Problem gelöst indem sie die Flaschen tarnen und den Touristen statt Gläsern eben Tassen oder Keramikbecher hinstellen. Ansonsten gibt's Bier an Kiosken, gut gekühlt, zum Mitnehmen. Anders ist es nur in den Urlaubergebieten an der türkischen Riviera. Hier läuft es wie bei uns. Bier zum Essen? Na klar.

Das Getränk der Türken ist Tee, Cay. Der wird von morgens bis abends getrunken, je süßer desto besser. Und hier folgt ein Kniff, wie du ohne Worte Tee bestellen kannst: Du zeigst mit der Hand ein C (für Tee, Cay), nimmst dann so viele Finger hoch wie du Gläser haben willst, drehst dann den Zeigefinger nach unten und machst eine Rührbewegung. Das bedeutet – mit Zucker. Sofort kriegst du dein Glas mit köstlichem Tee serviert und der Chef wundert sich, dass ein Türke aussieht wie du.

Amphitheater in Termessos

Von Antalya aus machte ich Abstecher nach Perge, der alten griechisch-römischen Ruinenstadt; in das Tal der Düden-Wasserfälle; und nach Aspendos, zu dem besterhaltenen römischen Amphitheater von ganz Kleinasien.

Nach Fethiye führen von Antalya aus 2 Wege: am Meer entlang über Kemer, Kas, Patara. Oder durch das Hinterland, durchs Gebirge. Ich entschied mich für die Berge, weil ich mir dort nach über 30°C am Strand Kühlung versprach. Außerdem kommst du so an der antiken Stadt Termessos vorbei. Die thront über 1000 m hoch auf einem steilen Gipfel, ist durch 2 umlaufende Mauern gesichert und trotzte so 333 v. Chr. dem Großen Alexander und ein paar Jahrhunderte später sogar den Römern. Nur einem Erdbe-

Gewürze

ben hielt sie nicht stand – und das legte sie vor rund 1700 Jahren in Trümmer. Was übrig blieb, ein Amphitheater mit tollem Blick auf die Gipfel des Taurusgebirges und sogar bis ins 30 km entfernte Antalya, das Gymnasium mit Hamam, der Artemis-Tempel... lohnt die Besichtigung. Gute Kletterschuhe und Kondition vorausgesetzt. Und wenigstens 2 1/2 Stunden Zeit.

Die Überlegung mit den kühlen Bergen ging allerdings nicht auf. Als die Berge in Richtung Meer wieder flacher wurden zeigte mein Thermometer 38 Grad an. Während der Fahrt. Das waren 10° mehr, als ich es im Juni in der Sahara erlebt hatte!

Fethiye hat sich mit seinem schönen Hafen und seiner tollen Umgebung zu einem, attraktiven, mondänen Urlaubsziel entwickelt. Nur 14 km entfernt liegt die fotogene Lagune Ölüdeniz – bekannt als „blaues Paradies". In kühnem Schwung ragt eine spitz zulaufende Landzunge mit breitem Strand auf beiden Seiten ins Meer. Auf der linken Seite setzt sich der Strand nach hinten noch 3 km lang fort. Die Spitze der Lagune ist nur 80 Meter vom gegenüber liegenden Ufer entfernt. Das Wasser: vorn smaragdgrün, dann türkis, dahinter königsblau. Das ganze Sichtfeld ist eingerahmt von bewaldeten Felsen. Eine wirklich atemberaubende Kulisse. Folgerichtig taucht Ölüdeniz in jedem besseren Prospekt über die Türkei auf – mit dem Nebeneffekt, dass es dort auch jetzt noch proppenvoll war. Na ja, ich ziehe die wunderschönen, von Seekiefernwäldern umrahmten leeren Buchten im Westen von Fethiye vor.

Küstenabschnitt westlich von Fethiye

Bodrum

60 STUNDEN FÄHRE

Mein nächstes Ziel war Bodrum, das alte von Griechen gegründete Halikarnassos, einst Standort des Ur-Mausoleums, eines der Sieben Weltwunder der Antike. Du erreichst Bodrum über Dalaman, Mugla, Milas. Hier hatte ich mich mit meiner Frau und 2 Wochen später mit meinen Segelfreunden verabredet, die per Flugzeug anreisten. Bodrum liegt sehr schön in einer Doppelbucht, präsentiert dazwischen stolz die bestens erhaltene Kreuzritterburg St. Peter und beherbergt auch die nach eigenen Angaben schlicht „beste Open-Air-Disco der Welt". Was schon auf einigen Trubel schließen lässt. Tatsächlich ist die Stadt mit der Jahrtausende alten Geschichte jetzt eine Tourismus-Hochburg, „das St. Tropez der Türkei". Wer seinen Roller dabei hat entgeht dem leicht durch Ausflüge in die Umgebung – vor allem auf die westlich gelegene große Halbinsel, wo auch die besten Badeplätze zu finden sind.

Das Wetter blieb auch Ende September und Anfang Oktober erstklassig und wir erlebten eine schöne erholsame Zeit.

Wieder allein, ging es weiter Richtung Norden, über Milas, vorbei am Bafa-See, Söke, Kusadasi, Özdere, Urla nach Cesme. Keine Frage, die Rückfahrt hatte begonnen, denn Cesme verfügt nicht nur über ein aufs Feinste saniertes genuesisch/osmanisches Kastell und eine hübsche alte Karawanserei – sondern ist vor allem ein umtriebiges Hafenstädtchen, hier sogar mit typisch türkischem Flair. Und da wartete meine Fähre, die meinen braven Burgman und mich durch die Ägäis, um ganz Griechenland herum durch die Adria nach Italien, nach Ancona brachte. 60 Stunden war das Schiff unterwegs und auf der Strecke gab es viel zu sehen. Es ging vorbei an den griechischen Inseln Ikaria, Mykonos, Páros, Mélos, um den Peloponnes herum, an Zákyntos und Korfu vorbei, dann sah man links das italienische Festland, den Absatz des Stiefels. Die See lag ruhig, die Sonne schien, die Fähre glitt wie ein Brett übers Meer. Es dämmerte bereits, als das Schiff am 3. Tag in Ancona anlegte. Noch gut 1500 km bis nach Hause. Ich fuhr noch bis in die Nähe von Carpi und konnte am nächsten Tag, es war der 16. Oktober, bei trotz Sonne schon recht kühlen Temperaturen zwischen 7 und 14 Grad sicher meine Heimat erreichen.

*Cesme, Kastell, rechts
die Karawanserei*

FAZIT:

Insgesamt 8900 km bin ich auf dieser Reise durch 10 Länder mit dem Roller gefahren. Hinzu kommen rund 1700 km per Fähre. Jeder Tag hat Spaß gemacht, war ein Erlebnis für sich.

Es ist wunderbar, die Aufbruchstimmung in jungen EU-Ländern wie Tschechien, Slowakei, Ungarn zu sehen, sie einzuatmen, genauso wie in Rumänien und Bulgarien, die 2007 zur EU stoßen wollen.

Im Norden der Türkei gibt es viele hundert Kilometer touristisch unerschlossene Küstenlandschaft von großer Schönheit und mit ganz eigenem Charme. Noch. Überall im Land wird die Infrastruktur geschaffen, um große Touristenströme an dieses Gebiet heranzuführen. Wer solche Regionen liebt – jetzt hinfahren!

Der Suzuki Burgman 650 ist für solche Touren bestens geeignet. Meine Panne mit der Zündung war offenbar auf einen Fehler zurückzuführen, der inzwischen durch eine Rückrufaktion aus der Welt geschaffen wurde.

Die Fährverbindung Ancona – Cesme ist eine elegante Möglichkeit, mit dem eigenen Roller bequem in die Türkei zu kommen. Wer weniger Zeit hat, fliegt in 4 Stunden hin und leiht sich den Roller vor Ort.

Unterwegs traf ich nur auf freundliche, interessierte, hilfsbereite Menschen, die Zeit hatten und wissbegierig waren. Dabei gibt es in der Mentalität Unterschiede zwischen reinen Touristengegenden und Regionen, die abseits davon liegen.

Meine nächste Reise? Wieder mit dem Roller.

Washington

Walla Walla Lewiston Helena

Portland

Florance

Montana

Oregon

Virginia City

Yellow Stone
National Park

Idaho

Jackson

Wyoming

Nevada

Salt Lake City

Medocino

Salina

San Francisco

Utah Bryce Canyon

Kalifornien

Monterey

Mexican Hat

Tuba City Monument Vally
National Park

Las Vegas

Grand Canyon

Seligman Flagstaff

Santa Barbara

Kingman Williams

Los Angeles

Arizona

San Diego

Phoenix

Yuma

Tijuana

Tucson

Tombstone

Nogales

Santa Ana

Mexiko

USA, DER WILDE WESTEN

LOS ANGELES! HOLLYWOOD! HIGHWAY 1!

SAN FRANCISCO! MENDOCINO! COLUMBIA RIVER!

TRAUMSTRASSE PANAMERICANA! ROCKY MOUNTAINS! YELLOWSTONE PARK!

JACKSON! SALT LAKE CITY!

LAS VEGAS! ROUTE 66! GRAND CANYON!

MONUMENT VALLEY! TUCSON! TOMBSTONE! MEXIKO!

SAN DIEGO! TIJUANA! MALIBU!

Los Angeles wirkt wie verödet. Leer, verlassen. Jedenfalls, was den Bestand an Motorrollern angeht. Sie fehlen im Straßenbild, sind einfach nicht vorhanden. Dabei gibt es kaum irgendwo auf der Welt bessere Voraussetzungen für Rollerfahrer als hier: fast ständig schönes Wetter; breite Fahrstreifen, die sich zum Nach-vorn-wieseln bei Staus geradezu anbieten. Kaum Roller! In anderen Städten sieht es nicht anders aus. Entwicklungsland USA???

Schon bei der Vorbereitung meiner Reise wird bald klar, dass man in den USA keinen Roller mieten kann. Motorräder? Ja, überall. Aber keine Roller! Der Manager des größten Automobilclubs der USA fragt auf meine Anfrage zurück, was ich denn mit dem Begriff „Scooter" wohl meine, „is that a motorcycle?" Haben PiaggioSuzukiHonda & Co die letzten Jahrzehnte in den USA verschlafen? Hm, zumindest ist es ihnen nicht gelungen, die Idee „Motorroller" bei den Amerikanern durchzusetzen.

Was tun? Auf ein Motorrad setzen? Nein. Den eigenen Roller über den großen Teich schaffen? Geprüft, zu teuer.

Also: Kaufen und nach der Tour wieder verkaufen. Das Internet hilft. Als Stichwörter Herstellername, Dealer, USA in die Suchmaschine eingeben und schon ist die Basis für Kontakte geschaffen. Bei Suzuki zum Beispiel stößt du auf einen „Dealer Locator": du gibst den Ort deines Starts ein, dazu die maximale Entfernung vom Zentrum dieser Stadt. Bei Los Angeles, Radius 50 Meilen kommen 6 Seiten voller Händleradressen. Den ersten 5 schicke ich eine E-Mail und bitte um Angebote. Einer davon kristallisiert sich als beweglich und interessiert heraus und hat auch eine Lösung für die nötige Versicherung.

Also auf nach L. A. Der Flug ist problemlos und billig, die Zeitverschiebung von minus 9 Stunden lässt sich leicht abschütteln. Am nächsten Morgen ist Feilschen beim Händler angesagt – und dann steht er vor mir: ein Suzuki Burgman 650, blau-metallic, Kilometerstand null, blitzendblinkend, wunderschön. Das gleiche Modell, das ich zuhause fahre. Mein Eigentum für die nächsten 6 Wochen. Preis: 7547 $, das entspricht rund 6000 € und liegt damit ein gutes Stück unter dem Preis in Deutschland.

„A TOP-CASE? WHAT'S THAT?"

Ein Problem ergibt sich nur beim Bezahlen per Kreditkarte. Obwohl ich vorsorglich bei der Bank mein Kreditlimit hatte heraufsetzen lassen, läuft die Buchung nicht durch. Nach einem guten Dutzend Anrufen haben wir die Ursache: eine Aufsichtsstelle in den USA blockiert den Vorgang, weil der Betrag über 5000 $ liegt. Inzwischen hat Bob, mein Händler, einen hochroten Kopf, ist genervt und kurz davor, auf das Geschäft ganz zu verzichten. Wir vertagen. In der Nacht fällt mir die Lösung ein. Am nächsten Tag splitten wir die Summe in 2 Teilbeträge, buchen also zweimal ab – und schon rattert das Kartengerät zufrieden, die Zahlung ist erledigt.

Kurios wird es, als ich Bob nach dem vorher bestellten Topcase frage.

„Ah, yeah, a topcase. What's that?" Nanu, dies ist ein großer amerikanischer Händler, der hat mehrere hundert Maschinen und viel Zubehör in seinem Verkaufsraum stehen – und weiß nicht, was ein Topcase ist? Als ich ihm ein Foto zeige ist er verblüfft, schüttelt den Kopf und versucht, mir Satteltaschen zu verkaufen. Klar, Cowboys nehmen Satteltaschen. Ich nicht. Amerika, das Land der begrenzten Unmöglichkeiten??

Aber sonst bin ich zufrieden. Das Gepäckproblem löse ich, indem ich meine Reisetasche

auf den Rücksitz schnalle. Schultergurt unten durchgezogen und mit der Sitzbank festgeklemmt, 2 Gummispanngurte. Der Rucksack kommt vorher unter die Bank. Fertig.
Dieter hat es einfacher: er hatte von Deutschland aus ein Motorrad gemietet. Eine 850-er Honda Shadow, weinrot/schwarz, ein Chopper. Sieht toll aus. Und hat einen super Sound, als hätten dafür Mozart, Fats Domino und Karajan zusammen gearbeitet. Und, natürlich, mit Satteltaschen.

Meine erste Fahrt geht quer durch die Stadt zu Chris, dem von Bob empfohlenen Versicherungsagenten. Er hat gut vorbereitet, nach 14 Minuten ist alles unterschrieben, kopiert und bezahlt. 279 $ für 1 Jahr. Nach der Reise schickt er mir einen Scheck über 223 $ nach Hause. Die Versicherung hat also nur ganze 56 $ gekostet.
Noch immer ist Vormittag. Da ist noch reichlich Zeit für Hollywood. Also hin. Den „Walk of Fame" abzuschreiten, das hat schon was. Das ist eine Gänsehaut-Meile. Inzwischen gelte ich als eher hart gesotten, kann aber nicht verhindern, dass mir öfter Schauer den Rücken rauf oder runter laufen. Dein Blick ist schräg nach unten gerichtet, du läufst über die Sterne mit den Namen vergangener oder frischer Stars. Bei vielen Künstlernamen knallen dir spontan Erinnerungen durchs Hirn. Musikfetzen, Berichte, ganze Filmszenen laufen da in Sekundenschnelle vor deinem geistigen Auge ab, und schon ist sie da, die Rührung. Schön! Ganz schlimm wird es vor Mann's Chinese Theatre, wo sich ausgewählte Stars seit den 20-er Jahren mit Händen und Füßen und Fingerschrift in noch weichen Betonplatten verewigen. Das System funktioniert. Hollywood weiß halt mit der Gefühlswelt des Publikums umzugehen.
Das Wahrzeichen von Hollywood, die berühmten großen 9 Buchstaben, können wir meilenweit entfernt auf dem bewaldeten Hügel sehen. Okay, die heben wir uns für später auf.

L.A., Walk of Fame

Santa Barbara

Am nächsten Morgen geht die Tour endgültig los. Über Santa Monica und Ventura auf dem Highway 1 North nach Santa Barbara – immer direkt am Pazifik entlang. Die Mopeds laufen rund und sauber, es macht wieder Spaß, obwohl – der Himmel ist dicht wolkenverhangen und die Temperatur hält sich mit 16 Grad zurück. Immerhin, es regnet nicht; wie auch - schließlich heißt es in dem Lied: „Well, it never rains in Southern California".

Santa Barbara präsentiert sich als hübscher, mondäner Badeort mit stilvollen historischen Häusern, feinen Geschäften. Das Cannes von Kalifornien. Eher teuer. Aber ein Motel mit vernünftigen Preisen ist schnell gefunden.

Weiter Richtung Norden. Lompoc, Morro Bay – mit Penetranz weisen viele Schilder am Weg auf das Hearst Castle hin. Hearst? Richtig, das ist dieser Zeitungsverleger, der vor 100 Jahren ein Medienimperium aufbaute, zu großem Reichtum und viel Macht kam. Orson Welles diente er als Vorlage für seinen berühmten Film „Citizen Kane". Hearst hat sich ein riesiges Märchenschloss mit über 100 Zimmern auf einen Hügel gesetzt und es mit viel Sinn für schlechten Geschmack mit teuren Kunstwerken gefüllt. Sehr amerikanisch! Ein Besuch lohnt sich allemal.

Weiter über Big Sur und Carmel nach Monterey. Der Highway 1 lässt sich hervorragend fahren. Jede Meile ist lohnend. Herrliches Hinterland mit ungenutzter blühender Landschaft, dann wieder saftiges Bauernland, grün und rapsgelb. Schon jetzt, Ende April wird hier der Kohl geerntet. Und immer wieder der Blick auf das

Highway 1

Halfmoon Bay bei San Gregorio

raue, noch kalte Meer, das hohe Wellen Richtung Land schickt. Die Küste ist grün und hügelig, stellenweise gibt es schroffe hohe Felsen. Die Straße windet sich mit tausend Kurven und ständigem Auf und Ab vorwärts. Schön! „Big Sur ist das Gesicht der Erde, wie es der Schöpfer haben wollte" schrieb Henry Miller, der hier lange wohnte. Allerdings bleiben uns die tief hängenden Wolken erhalten. Ab 80 m Höhe fahren wir durch Waschküche.

ZWISCHEN ALCATRAZ UND CHINATOWN

Über Santa Cruz erreichen wir San Francisco und quartieren uns direkt an der Lombard Street ein. Oh, San Francisco: wie viel Vorinformation, wie viel Erwartung bringt jeder Tourist mit in diese Stadt! Stichwörter wie Cable Cars, Golden Gate, Alcatraz, Hippies, Gays, Chinatown geistern dir durchs Hirn und am liebsten möchtest du alles auf einmal sehen und erleben. Die Lombard Street ist allein schon ein Erlebnis. In engen Kehren schlängelt sie sich an ihrem östlichen Ende talwärts Richtung Meer. Einmalig. Sie war Kulisse bei Verfolgungsjagden in 100 Actionfilmen. Nicht weit entfernt ist der Telegraph Hill mit dem Coit Tower von dem aus du eine herrliche Sicht auf das Stadtpanorama hast und auf die Bucht und die Gefängnisinsel Alcatraz und auf die vielen Brücken und auf das offene Meer. Und auf Fisherman's Wharf. Gerade dort knallt das Leben zu jeder Tages- und Nachtzeit. Hafenatmosphäre. Fischlokale an allen Ecken. Dazu italienische, vietnamesische, französische

San Francisco, Chinatown

Küche – nichts, was es dort nicht gibt. Live-Bands, Break Dancer & Co sorgen für Stimmung und das Publikum macht begeistert mit, lässt sich anstecken, ist fröhlich, lacht, kauft, konsumiert. Und abends? Gehen wir nach Chinatown, den Stadtteil, der chinesischer wirkt als Peking und wo es alte Leute gibt, die hier schon seit Jahrzehnten leben, sich aber ausschließlich Chinesisch miteinander unterhalten und zumindest so tun, als würden sie Englisch gar nicht verstehen. Prima essen kannst du hier. Wir fahren die 5-Brücken-Tour. Über die zweiteilige Oakland Bay Bridge, dann noch mal über eine Bucht nach San Rafael und nach Sausalito mit seinen tollen Läden und seinem phantastischen Blick hinüber nach San Francisco. Ja, und dazwischen prunkt sie, präsentiert sich mächtig und dennoch leicht, vor allem aber wunderschön: Die Golden Gate Bridge. Welch Anblick! Lachsrot ist dieses Schmuckstück angepinselt; und wenn die Sonne draufscheint wirkt sie wirklich wie vergoldet. Fahr nicht gleich drüber! Fahr erstmal rechts in das bergige Naturschutzgebiet. Dort gibt es auf mehreren Ebenen die Plätze, von denen aus du die besten Blicke auf dieses technische Meisterwerk, die blaue Bucht und die in feinem Farbkontrast dahinter liegende weiße Stadt San Francisco hast. Atemberaubend. Ist das die schönste Stadt der Welt? Vielleicht. Eigentlich auch unwichtig. Aber wenn du dort sitzt und schaust, zweifelst du keinen Moment daran.

Bye-bye San Francisco. Die nächste Station mit Gänsehaut-Appeal ist Bodega Bay. Weckt dieser Ortsname Erinnerungen in Ihnen, liebe Leserin, lieber Leser? Genau! Hitchcocks Schocker „Die Vögel" wurde dort gedreht. Nie werde ich die Szene vergessen, wo die Vögel eine Tankstelle attackiert hatten, das Benzin über den Boden läuft und ein ahnungsloser Autofahrer sich nach dem Tanken gedankenlos per Streichholz eine Zigarette anzündet... Also, die Tankstelle steht immer noch an derselben Stelle und sorgt für wohlige Schauer, den Rücken runter.

Golden Gate

Die Straße bleibt schön. Highway Number One, auch Pacific Coast Highway genannt – das klingt im Zusammenhang mit den USA nach einem autobahnähnlichen Ungetüm mit 10 Fahrspuren. Keine Sorge, dies ist eine wunderbare Strecke, direkt am Pazifik entlang, über viele Berge, durch Täler und Wälder, über hunderte von Meilen nur mit einem Fahrstreifen je Richtung, mit durchgezogenem Strich in der Mitte, also ohne Überholmöglichkeit. Die maximale Geschwindigkeit wird durch Schilder vorgegeben. Langsame Fahrzeuge werden aufgefordert, die „Turnouts" zu benutzen: das sind kleine Ausbuchtungen an der rechten Straßenseite, die es alle paar Meilen gibt. Das klappt. Allerdings ist der Highway jetzt nur schwach befahren. Die Amis bevorzugen offenbar den parallel laufenden Freeway; der ist breiter, gerader, schneller.

ENDLICH GEFUNDEN: DAS GIRL AUS MENDOCINO

Über Gualala und Manchester erreichen wir Mendocino. Ein hübscher kleiner, nobler Ort über dem Meer mit vielen Läden für Kunst und Kunstgewerbe. Beim Einchecken im Hill Hotel erwähne ich den Schlager „Mendocino" aus den Siebzigern. Die Dame an der Rezeption fängt sofort an zu singen, ich stimme ein, der Text wird gesummt oder „gelalat", aber beim Refrain klingen wir auf Anhieb wie tausend Mal geübt. „An jeder Tür klopf' ich an, doch keiner kennt mein Girl in Mendocino" sang einst Michael Holm. Also, ich habe das Mädchen gefunden. War gar nicht schwer, so viele Häuser hat der Ort nicht. Sie ist jetzt 52 Jahre alt und trägt auch diese Kleidergröße. Hallo Michael, wenn Du noch interessiert bist, melde Dich, ich habe ihre Adresse.

Mendocino

Die Amerikaner gucken, wenn wir irgendwo absteigen. Wir? Nein, wir sind uninteressant. Auch Dieters Chopper reizt nicht. Der Hingucker ist mein Roller. So etwas haben die Leute noch nicht gesehen. Es kommen nicht hauptsächlich Jugendliche, wie in Marokko oder Tunesien erlebt. Nein, ausgewachsene Mannsbilder, Motorradfahrer, Rocker nähern sich. Etwa in der Kategorie „Wow man, what the fuck is that a bike?" Dann folgen präzise Fachfragen, die Antworten werden anerkennend abgenickt. Erstaunen gibt es beim Thema „Speed". Und ein leichtes Zucken nur beim Preis. Trotzdem: 4 Mal hätte ich das Ding unmittelbar verkaufen können. Aber ich brauche den Burgman noch.

Hinter Leggett vereint sich der Highway 1 mit dem Freeway 101, bleibt aber attraktiv. Dann fährst du 50 km lang auf der „Avenue of the Giants". Mit „Giganten" sind die riesigen, uralten Mammut-Bäume gemeint, die den Weg säumen. Bis zu 100 Meter hoch sind diese Prachtkerle. Da gibt es auch ein lebendes Exemplar, durch das man sogar mit einer fetten Limousine hindurch fahren kann. Durch den Stamm! Und hinter Arcata führen 80 km Straße durch den Redwood National Park. Fein, dass diese mächtigen Bäume jetzt geschützt werden. Es ist noch nicht lange her, da wurde in Minuten gna-

Avenue of the Giants...

110

denlos umgelegt, was vorher in Jahrhunderten gewachsen war. In einer verfallenden Holzfäller-Siedlung treffen wir auf den letzten dort lebenden Veteranen und palavern ausgiebig mit ihm. Er stammt von Deutsch-Tschechen ab und erzählt uns, dass sein Großvater in überraschenden Situationen immer einen Satz ausrief, der er uns jetzt in schauerlichem Deutsch präsentiert und übersetzt haben will: „Oh, du lieber Gott im Himmel!" Wir können helfen.

ehemalige Holzfällersiedung

Die Küste hat hier eine steile Abrisskante. Große Felsbrocken liegen im Meer und laden zum Schnorcheln ein. Dazwischen immer wieder lange feine Sandstrandabschnitte, oft um die Mündung von Creeks herum, die sauberes kaltes Wasser von den Bergen liefern und für eine tolle Kulisse sorgen.

Der Übergang von Kalifornien auf Oregon ist kaum wahrzunehmen. Unser Motel finden wir in Gold Beach an der Goldküste, die immer mal wieder in den Schlagzeilen auftaucht, wenn dort ein Tsunami den Menschen ihre Grenzen aufzeigt.

ENGEL – DIE GIBT'S!

In Florence verlassen wir die Küstenstraße, sagen dem Pazifik vorerst ade und wenden uns nach Osten, ins Land hinein. Bis Veneta, dann Richtung Norden über Monroe und Dayton auf Portland zu.

Und da passiert es dann an einer Kreuzung: bei Grün sehe ich im letzten Moment einen Wegweiser rechts ab zu unserem Tagesziel Portland und biege

Mündung Myers Creek

Washington, ausgedienter Straßenkreuzer *Bauernmarkt bei Orofino*

noch schnell ab. Dieter bekommt das nicht mit, fährt geradeaus. Ich lande nach 100 m auf dem 12-spurigen Freeway 5, ohne eine Möglichkeit zur Umkehr. Also warte ich auf dem Seitenstreifen. 38 Grad in der Sonne, ich im Vollzeug. Rush hour. Der Verkehr brodelt vorbei, Dieter kommt nicht. Später erzählt er, dass er 1 km Luftlinie entfernt in einer ähnlichen Situation auf mich wartete. Nach 30 Minuten gebe ich auf und suche mir in Portland ein Hotel. Was tun? Mein Handy habe ich zwar im Gepäck, aber es verweigert in den USA seinen Dienst. Dieters Handy funktioniert, ist aber nicht auf Empfang und die Mailbox ist ausgeschaltet. Mein Hotel ist eine recht miese Absteige, aber am Empfang sitzt ein Engel. Der hilft. Erst Stunden später, am Abend erreichen wir Dieter, der inzwischen am anderen Ende der Stadt ebenfalls Quartier genommen hat. Der Rezeptionsengel tut noch mehr: nach Feierabend lädt die nette Frau mich in ihr Auto ein und zeigt mir den richtigen Weg durch das Hochstraßengewirr, auf dem ich am nächsten Morgen Dieters Bleibe finden werde. Nochmals Dank, Madam!

Wieder vereint geht es in östlicher Richtung an dem mächtigen Columbia River entlang über The Dalles, Pendleton, rüber in den US-Staat Washington nach Walla Walla und weiter über Pomeroy nach Clarkston. Eine tolle Etappe. Unvergesslich allein das Farbenspiel an den steilen Ufern des Columbia River. Und dieser Boden! Die Erde dampft geradezu vor Fruchtbarkeit, vor Gesundheit, vor Ergiebigkeit und Leistungsbereitschaft. Leicht nachzuvollziehen, dass die ersten Siedler, die vor gut 160 Jahren dieses Land erreichten begeistert waren und es ohne viel zu fragen in Besitz nahmen.

Unsere Maschinen laufen erstklassig. Für meinen nagelneuen Burgman habe ich in San Francisco artig die vorgesehene 1000-km-Inspektion machen lassen. Es zeigt sich, dass die Straßenlage des Rollers durch den Rucksack unterm Sitz und die darüber stehende schwere Tasche sogar deutlich besser geworden ist als wenn ich mit Topcase fahre: der Schwerpunkt liegt tiefer und das wirkt sich gerade in scharfen Kurven positiv aus. Auch das morgendliche Beladen geht in weniger als 2 Minuten über die Bühne. Dieter braucht fast eine Stunde, um die fest arretierten Satteltaschen zu füllen und seinen Seesack, den Rucksack und weitere Ausrüstung mit vielen Gurten und Bändern auf den schmalen Rücksitz zu schnallen. Und manchmal kriegt der ganze Kram dann nach einer halben Stunde Fahrt Schlagseite und alles muss nachgespannt werden.

Überhaupt ist der Burgman diesem hübschen Motorrad in der Tourentauglichkeit klar überlegen: In der Wendigkeit; der Shadow hat einen zu großen Wendekreis. Im Anzug; der Shadow kommt nicht von der Ampel weg, klebt am Berg. In der Spritzigkeit und Spitzengeschwindigkeit; jenseits der 120 km/h und beim Überholen ist die Beschleunigung dieses Motorrades nur noch mit der Sanduhr zu messen. Vor allem aber beim Verstauen von Gepäck; der Rücksitz des Shadow ist viel zu schmal und es fehlt an Ösen zum Durchziehen der Gurte. Also mein Eindruck: das ist ein netter Untersatz um nachmittags mal effektvoll um den Häuserblock zu knattern, vielleicht auch noch für einen Wochenendtrip. Aber nix für eine große Tour. Mein Burgman gefällt mir von Tag zu Tag immer besser. Immerhin, Dieter ist nicht unzufrieden und das ist die Hauptsache.

Ha, noch eine Besonderheit hatte mein Roller: hinten, an der Stelle, wo normalerweise das polizeiliche Kennzeichen sitzt, prangt bei meinem Burgman nur ein Werbetext meines Händlers. Wegen der zeitlich begrenzten Anmeldung ist das in Verbindung mit meinen Unterlagen okay, hatte mir Bob versichert. Da gab es auch nie ein Problem; und ein netter Vorteil ergibt sich bei allen Radarfallen, Parkuhren und ähnlichen Unbequemlichkeiten. Mein Burgman bleibt anonym, läuft inkognito.

Clarkston wird nur durch den Snake River von Lewiston getrennt. Und dieser Schlangenfluss, bekannt aus vielen alten Western, bildet gleichzeitig die Grenze zwischen den Staaten Washington und Idaho. Eine hübsche Brücke führt hinüber. Und schon bist du im Reservat der Nez Perce-Indianer. Die schmale Straße dort

Prima Nummernschild

hindurch windet sich mit nur 3 Meter Abstand und ohne Leitplanke dazwischen am Clearwater River, später am Lolo Creek und dann am Lochsa River entlang, nimmt jede Flussbiegung mit und es geht beständig leicht bergauf. Es wird kalt.

In dieser Gegend haben 1805/06 die Entdecker Lewis und Clark im Auftrag von Präsident Jefferson die Gegend westlich des Mississippi erforscht, einen Weg zum Pazifik gesucht und gute Kontakte zu den Nez Perce aufgebaut. Die beiden werden noch heute sehr verehrt; überall stehen Hinweistafeln, die die Schritte und Erkenntnisse dieser Männer erläutern – und natürlich sind die beiden Städte aus denen wir gerade kommen (Clarkston und Lewiston) nach ihnen benannt.

Der Lochsa fließt uns mit erheblicher Geschwindigkeit entgegen. Er kommt direkt aus den Rocky Mountains und ist auf seiner gesamten Länge eine einzige Stromschnelle. Das war mal ein Goldsucher-Revier. Heute ist es ein Eldorado für Wildwasserfahrer und für Angler. Ein Rudel langohriger Rehe läuft ohne Hast über die Straße und beäugt uns leicht gelangweilt, aber völlig ohne Scheu.

KÄLTE, SCHNEE...

Am Lolo-Pass haben wir zum ersten Mal spürbaren Kontakt mit den Rocky Mountains. Wir treffen auf 50 cm Schnee, eine hübsche Gebirgskette im Hintergrund, die uns so schnell nicht mehr verlassen wird – und auf die Grenze nach Montana.

Ein ordentliches Motel finden wir in Helena. Nur knapp 30.000 Einwohner hat die Stadt mit der langen Goldgräbergeschichte, aber immerhin, Helena ist die Hauptstadt von Montana. Wir fragen eine Gruppe Einheimischer nach dem Zentrum, der Downtown, der Altstadt, der Fußgängerzone. Verständnislose Gesichter, Gegenfragen, was wir denn

Lolo-Pass, Grenze Idaho-Montana

meinten, Hände zeigen in unterschiedliche Richtungen. Schließlich gehen wir selbst auf die Suche. Anhaltspunkt: die Kirche mit dem höchsten Turm. Ergebnis: es gibt in Helena keinen Marktplatz, keine Einkaufsstraße, keine Kneipen, Theater etc., wo man sich trifft. Nur eben große Einkaufszentren an der Peripherie mit riesigen Parkplätzen. Recht seelenlos. Hoffentlich ist das keine Perspektive für Deutschlands mittelgroße Städte; Anzeichen dafür zeigen sich hier und da bereits.

*Norris Bar, links = Chef,
rechts Stammgast*

Es bleibt kalt. Seit gestern befinden wir uns auf einer ausgedehnten Hochebene, fahren in rund 2000 m Höhe. 10 Grad, also einen weiteren Pullover unter die Jacke. Montana ist phantastisch: weites Land, blaue Berge am Horizont (wirklich, blau!), kaum Siedlungen, Natur pur. Herrlich, dieses isländische Grün der Hügel. Die Straßen sind leer. Bei Three Forks, wo durch die Vereinigung von 3 Flüssen der Missouri entsteht, suchen wir zum Aufwärmen Norris Bar auf. Der Wirt fragt uns aus, will alles über unsere Tour wissen. Er ist mit einer deutschstämmigen Frau verheiratet. Als wir zahlen wollen sagt er „absolutely nothing" und lässt keinen Widerspruch zu.

Wir fahren nach Virginia City und das benachbarte Nevada City. Ihre Blüte hatten diese Orte in der Zeit des Goldrauschs vor rund 140 Jahren. Aus dem Alder Creek dort wurde Gold im Wert von 300 Millionen $ gewaschen. Das ergab viel Stoff für hunderte von Romanen und Western. Als alles ausgebeutet war, entstanden Geisterstädte; die sind aber heute noch so gut erhalten oder rekonstruiert, dass sie eine gute Kulisse zum Fotografieren abgeben.
Wir passieren den Hebgen Lake: dick zugefroren, auf der ganzen riesigen Fläche. Und plötzlich grasen auf dem Grasstreifen neben der Straße wilde Bisons. Ein schönes Bild. Die waren schon mal fast ausgestorben. Hier sind sie so zahm, dass wir sie fast streicheln können. Offenbar sind sie aus dem Yellowstone Park weggelaufen, unserem nächsten Ziel,

115

Bisonherde im Yellowstone Park

nachdem wir den Targhee Pass überquert haben. In West Yellowstone nehmen wir Quartier für 2 Tage.

Der Yellowstone Park ist riesig, etwa 100 x 100 km, gehört zu Wyoming und ist ein Naturparadies. Der älteste Naturschutzpark der Welt. Nur, der südliche Teil ist gesperrt. Die Pässe sind vereist und zugeschneit. Deshalb versuche ich an der Kasse über die 20 $ Eintrittspreis zu verhandeln. Halber Park = halber Preis? Natürlich erfolglos. Aber über dieses lustige Gespräch kommen wir für 50 $ an eine Dauerkarte für sämtliche US-Nationalparks. Die hat sich schon bald bezahlt gemacht.

Hunderte Büffel und Elche laufen über den Weg oder lungern auf den Wiesen herum und lassen sich von uns Eindringlingen nicht stören. Grizzlys gibt's in diesem ältesten Schutzpark der Welt auch; uns zeigen die sich aber nicht.

Hinten rechts steigen dicke Dampfschwaden auf. Also hin. Da blubbert, pupst, sprudelt, rülpst und stinkt es nach Schwefel. Geysire, Pools mit über 100 Grad Wassertemperatur. Farben, von grellblau bis feuerrot – wie man sie der Natur kaum zutraut. Schlammvulkane, Seen, Wasserfälle, Wälder, Canyons, Berge, es macht viel Spaß, dort herumzustöbern. Und alle 70 Minuten versammeln sich die wenigen Besucher, die sich bei der Kälte in den Park getraut haben bei Old Faithful, dem mächtigsten Geysir. Der tut seinen Job und schleudert pünktlich und mit viel Getöse seine heißen Fontänen 50m hoch Richtung Himmel. Gewaltig!

Old Faithful

In der Nacht sinkt die Temperatur auf minus 11, am Morgen sind es noch minus 3 Grad, aber die Sonne scheint. Wir fahren zu den Grand Tetons, hübsch geformten Gipfeln, die sich gewaltig als schneebedeckte, gut 3000 m hohe Gebirgskette der Rocky Mountains präsentieren. Ich frage eine Barfrau, ob es stimmt, dass der Name „Teton" von einem typisch weiblichen Attribut abgeleitet ist. Sie wird rot (tatsächlich!), bestätigt und beschimpft die Franzosen,

Jackson, Million Dollar Cowboy Bar

die diese Wortschöpfung (Titten) geprägt haben. Sie sei dagegen! Aha. Nun, die Gipfel sind wirklich geformt wie das, was die Damen in ihren Blusen spazieren tragen, sind aber größer.

In Jackson fühlen wir uns sofort wohl. Ein hübsches Städtchen. Endlich wieder eine Einkaufsstraße; hochgelegte, nach Westernart gebretterte Bürgersteige; nette Läden, die Million Dollar Cowboy Bar, wo du auf einem Pferdesattel vor der Theke sitzt... Für die 4 bogenförmigen Tore aus Geweihen, durch die du den kleinen Stadtpark betrittst, mussten 7500 Elche ihr Gehörn hergeben; und wahrscheinlich noch mehr als nur das.

In Jackson treffen wir endlich auf den Highway 89, die Traumstraße „Panamericana", die von Alaska bis nach Feuerland längs durch den ganzen amerikanischen Doppelkontinent führt und der wir jetzt folgen.

Beim Start wieder minus 3 Grad. Hört das denn nie auf? Unser Gepäck ist spürbar leichter geworden; so viele Klamotten wie möglich tragen wir am Körper.

Nie wieder werde ich ohne geographische Landkarten auf Tour gehen; diese normalen Straßenkarten sind zwar schön übersichtlich, sie zeigen aber die Gebirge nur unzureichend. Die Rocky Mountains habe ich unterschätzt. Das „Rückgrat der Erde" nennen die Indianer die Rockies. Das hätte mir zu denken geben sollen.

PARIS, IDAHO

Wir befinden uns immer noch auf über 2000 Meter Höhe, gestern am Teton-Pass waren es sogar 2700 m. Aber schließlich fahren wir gen Süden, der Wärme entgegen, die Stimmung ist top und die Landschaft wunderschön.

Highway 89, South, die Panamericana

Über Alpine, den Salt River Pass, noch mal ein Stück durch Idaho, Montpelier, Paris (wirklich: 576 Einwohner, kein Eiffelturm), an den Bear Lake. Der Bärensee ist hellblau-türkis wie die Riviera, salzig, umgeben von einem breiten Sumpfstreifen. Nur an der Südseite kommst du direkt ans Ufer und kannst deine Pause einlegen.

Unsere europäischen Verkehrszeichen sind in den USA weitgehend unbekannt. Hier sagen dir Texttafeln unmissverständlich, was du zu tun und zu lassen hast. Das geht bis hin zu klaren Strafandrohungen. Beispiele: Müll in die Landschaft = 1000 $ Strafe. Fahren ohne Gurt = 94 $ Strafe. Das wirkt. Die gewiss nicht leicht zu disziplinierenden Amis fahren angeschnallt, die Landschaft ist sauber.

Apropos Amerikaner: ich war mit einigen Vorurteilen in die Staaten gefahren und konnte die jetzt Stück für Stück begraben. Die Amerikaner sind, von Ausnahmen immer abgesehen, ein aufgeschlossenes, fröhliches, lockeres, hilfsbereites Volk. Siehst du auf der Straße jemanden freundlich an, lächelt er und grüßt dich. Bleibst du stehen, tut er das auch, sagt sein „Hello, how are you" und ist bereit für einen Smalltalk. Das funktioniert auch mit weiblichen Wesen, auch mit jungen, hübschen, solchen, die in Deutschland in solchen Situationen immer starr geradeaus blicken weil sie denken, sie würden „angemacht".

Wir sind jetzt in Utah. Bevor wir in Brigham City Station machen, noch ein Abstecher zur Golden Spike National Historic Site. Am 10. Mai 1869 wurde dort der letzte Bolzen (Spike) in eine Schwelle geschlagen – und die Eisenbahnverbindung von Ost nach West, vom Atlantik bis zum Pazifik, war vollendet. Ein gewaltiger Schritt für die Entwicklung der Vereinigten Staaten.

Golden Spike National Monument

Salt Lake City, Tempel   *Great Salt Lake, Überbleibsel aus der Steinzeit*

Deshalb nahm man einen Bolzen aus purem Gold. Folgerichtig wurde der kurz darauf geklaut, dann aber, jetzt gut behütet, ersetzt. Heute ist der 10. Mai, also Jubiläumstag, freier
Eintritt zum Museum, zur Filmvorführung und zu dem Gelände, wo blitzende Oldtimer-
Lokomotiven auf ihre Bewunderer warten. Ha, alles eine Frage der Planung.
Gleich vor diesem denkwürdigen Punkt beginnt der Great Salt Lake, ein Überbleibsel aus
der Eiszeit. 145 km lang, 64 km breit, 25 % Salzgehalt, mehrere Inseln; im Nordwesten
kannst du von Insel Antelope aus wie im Toten Meer bewegungslos im Wasser liegen und
Zeitung lesen. Tolle Farben, Lebensraum für viele seltene Tierarten. Große Teile des Salz-
sees fallen regelmäßig trocken. Du sinkst leicht ein, wenn du solche Flächen aus Sand und
Salz betrittst und es knirscht. Das Ganze erinnert an den Chott el Djerid in der Sahara.
Natürlich fahren wir nach Salt Lake City, Mittelpunkt der Mormonen, der Heiligen der letzten Tage. Eindrucksvoll, was die Anhängerschar von Joseph Smith und Brigham Young da
mitten in der Wüste für eine Stadt entstehen ließen. Blitzsauber, bunt und frisch, voller
Blüten und Blumen, eine ganz eigene, unverwechselbare Architektur der Tempel und öffentlichen Gebäude. Aber das eigentlich Sensationelle sind die dort lebenden Menschen.
Nie zuvor habe ich an einem Ort derart offene, lockere, gelöste, freundliche, entspannte,
sichtbar bestens gestimmte, glückliche Menschen erlebt, die einfach Leichtigkeit aus-
strahlen. Warum die so sind? Ich weiß es nicht. Eigentlich müsste die Frage wohl lauten,
warum wir alle nicht so sind. Irgend etwas machen die Mormonen offenbar richtig. An der
Vielweiberei kann es nicht liegen; die ist schon vor über 100 Jahren abgeschafft worden.

Red Canyon, Highway 12

Immerhin gingen wir an dem Wohnhaus des ehemaligen „Promoters" Young vorbei. Nett. Gleich daneben die Hütte für seine Frauen. Viele viele Zimmer hatte die...

Auf der Panamericana weiter nach Süden. Schön schmal ist diese Straße, kurvenreich und deshalb recht langsam. Gut so, das sorgt für Platz und Abstand. Parallel läuft die scheußliche vielspurige Interstate 15, die nimmt den ganzen Warenverkehr und die Eiligen auf. Unser Highway 89 ist etwas für Genießer. Tatsächlich kommen uns hauptsächlich Leute entgegen, die ähnlich ausgerüstet sind wie wir, also auch on tour. Übrigens: der Begriff „Panamericana" ist den Amis weitgehend unbekannt. Anders als zum Beispiel bei der „Route 66" wird das Thema auch nicht kommerziell genutzt. Keine Schilder, keine Hotelkette gleichen Namens, keine T-Shirts, nichts. Mein Eindruck: da liegt noch eine Geschäftsidee brach.

Unser Motel in Ephraim ist ganz ohne Personal. Eine Tafel gibt Auskunft, was das Zimmer kostet, wo der Schlüssel hängt, wo die Eismaschine steht, wo du das Geld reinstecken sollst. Das klappt.

Jetzt kriegen wir die ersehnte Wärme. Morgens noch zaghafte 4 Grad, aber am Nachmittag verstauen wir bei 32° C begeistert Klamotten. Wir fahren durch feinste Landschaft. Über Salina, Sigurd, Marysoale, Pinguitch zum Kodachrome Basin State Park. Utah wirkt wie geleckt: saubere Städtchen, schmucke Häuser, strahlende Menschen. Wir fahren durch den Red Canyon und sind baff und hingerissen von den Farben und Formen.

Kodachrome gehört zu den weniger bekannten Attraktionen. In vielen Reiseführern taucht dieses Ziel gar nicht auf. Aber es ist sogar einen großen Umweg wert. Du kletterst hinauf zum Eagle View und gewinnst einen unvergesslichen Blick über die farbenprächtigen bizarren Felsen, die weite Prärie. Als Zugabe warten Chimney Rock, eine einzeln in der Ebene aufragende turmhohe Felsnadel, neben der du dich klein wie eine Ameise fühlst. Und Shakespeare Arch, eine von der Natur geformte Brücke aus tiefrotem Gestein.

VON 11 GRAD AUF 44

Heute stehen der Bryce Canyon und Zion auf dem Programm. Beides Nationalparks. Und beide warten mit so viel Schönheit auf, dass man schweigsam wird, ergriffen davon, was die Natur hervorbringen kann. Im Bryce Canyon ist es die fein ziselierte Architektur der Schluchten,

Bryce Canyon

Bögen und Säulen, die die Erosion in Millionen von Jahren geschaffen hat. Und, absolut faszinierend, die Farbenpracht, angeführt von einem kräftigen hellen, fast unwirklichen Rot der Felsformationen. Jede Kamerastellung führt hier zu einem lohnenden Motiv. Gleichzeitig werden aber die Grenzen erreicht, das Bild einer Landschaft durch Fotografie zu erfassen und zu transportieren. Dies kann nur vor Ort erlebt werden.

Während der kurzen Fahrt vom Bryce zum Zion Park, die dauert nur gut 1 Stunde, wird es richtig warm. Bei 11 Grad sind wir morgens in Cannonville gestartet, am Nachmittag sind es 44° C. In einem Streckenabschnitt klettert das Thermometer auf einem einzigen Kilometer Länge um 12 Grad. Gut, dass es in Utah keine Helmpflicht gibt. Das Ding landet ganz schnell hinten, festgeschnallt auf dem Gepäck.

Während Bryce durch seine verspielte Leichtigkeit überzeugt, beeindruckt Zion mit Wucht.

Zion

Mächtig steigen rechts und links vielfarbige Felsen auf, 800 Meter tief zieht der Canyon seine vom Virgin River gekerbte Bahn. Gut nachvollziehbar, dass die Mormonen diesem Areal die Bezeichnung „Zion" verpassten. So stellten sie sich das Himmelreich vor.

Über Hurricane, Mesquite, durch das bezaubernde Valley of Fire halten wir Einzug in Las Vegas, Nevada, Welthauptstadt des Glücksspiels. Zwei Nächte im Motel Super 8 gebucht, gleich beim Strip um die Ecke; geduscht, und schon geht's hinein ins Vergnügen.

Wow, was für eine Stadt. Der „Strip", der Las Vegas Boulevard: voll! Die Restaurants, Theater, Shows: voll! Die hundert Casinos rechts und links: voll! Voll an den Automaten, voll an den Tischen, auch an denen mit den hohen Einsätzen. Daran ändert sich nichts.

Nicht am Abend, nicht in der Nacht, nicht morgens, nicht am nächsten Tag. Vegas brummt. Das ist die unlogischste Stadt der Welt. Jeder, der hierher kommt um zu spielen weiß, dass er Geld verlieren wird. Die paar Glückspilze, die tatsächlich mit einer dicken gewonnenen Summe wieder abziehen, spielen statistisch keine Rolle. Die Leute verlieren, verlieren, gewinnen mal zwischendurch, verlieren aber auch das gleich wieder.

Las Vegas, Hotel Luxor

Aber sie haben Spaß dabei, Nervenkitzel. Sie kommen im nächsten Jahr wieder, verlieren erneut, kommen erneut. Dieses Karussell dreht sich seit über 60 Jahren mit zunehmendem Erfolg. Gigantisch. Spielt Geld keine Rolle? Hotels, erst vor 6 oder 10 Jahren gebaut werden gnadenlos flach gewalzt, im Handumdrehen entsteht an dieser Stelle ein neuer Palast mit neuem Konzept und den 10-fachen Kosten. Und die Rechnung

Las Vegas von oben, Karussell fahren in 250m Höhe

geht auf. Doch, die unlogischste Stadt. Auch die amerikanischste? Sicherlich, obwohl: auf dem Strip begegnen dir Russen, Japaner, Chinesen, Begüterte aus allen Teilen der Welt, die mit der gleichen Selbstverständlichkeit ihre Kohle einsetzen und Verluste mit – zumindest äußerlich – demselben Gleichmut hinnehmen wie die Amerikaner. Und die sichtbar genauso viel Spaß an dieser Stadt haben.

Na, für mich war das auch nicht der erste Vegas-Besuch und, versprochen, ich komme wieder; immerhin habe ich fast 4 Stunden gespielt, bevor meine budgetierten 20 $ weg waren. Ob es Spaß gemacht hat? Ja, jede Menge. Wo sonst kannst du in 250 Meter Höhe Karussell fahren, hast New York, Venedig, das alte Rom, die Ritterzeit, Paris, Ägypten – alles auf einem Fleck, findest 128.000 Slot Machines, Hotels mit über 5000 Zimmern und, und, und...? Ach ja, und hier finde ich den einzigen Rollerverleih der gesamten Tour: Fuffis für 24 $ pro Stunde. Also wenn ich das hochrechne, mal 24 Stunden und mal 42 Tage --- nein, doch lieber kaufen.

LAS VEGAS? TOLL! HIN!

Über Henderson erreichen wir den Hoover Dam, das Riesen-Bauwerk, das eine Stadt wie Las Vegas mit ihrem gigantischen Bedarf an Wasser und Energie überhaupt erst möglich gemacht hat. Weiter durch die endlose karge Steppe Arizonas nach Kingman. Hier beginnt der längste noch erhaltene Abschnitt der legendären Route 66, der Straße, die ab 1926 die erste durchgehende Verbindung von Chicago bis zum Pazifik brachte, die Mother Road schlechthin. Leider setzte der Mythos um diese Strecke erst Jahrzehnte später ein, zu einem Zeitpunkt also, als die Straße, von kleinen Teilabschnitten abgesehen nicht mehr existierte, längst von vielspurigen geradlinigen Interstate Freeways ersetzt war.

Kingman, Nachwuchs-Mopped

Route 66, Seligman

Aber die rund 120 km lange Strecke von Kingman über Huckberry und Valentine nach Seligman präsentiert sich wie vor 80 Jahren und lässt sich erstklassig fahren. Hunderte Shops rechts und links versuchen mit oder ohne Phantasie aus dem Mythos „66" ein Geschäft zu machen. Sie verkaufen T-Shirts, Straßenschilder, Feuerzeuge und vieles mehr mit entsprechendem Aufdruck, vor allem aber Harley Davidson-Utensilien wie Lederwesten, Gürtel mit bräsigen Schlössern, Hüte... Mit sicherem Gespür für Kitsch finden sich auf der Strecke und besonders in Seligman herausgeputzte Restaurants, Tankstellen und Läden, dekoriert mit Cowboys, Pin-up-Girls aus Pappmaschee, Oldtimern, alten Kutschen und ähnlichen Requisiten.

Über Ash Fork kommst du nach Williams und gleich dahinter führt dich eine Abzweigung steil nach Norden zum Grand Canyon. 450 km lang, bis zu 30 km breit – Kenner bezeichnen diese bis zu 1730 Meter tiefe Erdspalte als das größte Naturwunder der Welt. Nun, schließlich sind wir im Mutterland der Superlative. Wer den Canyon wie wir einen ganzen Tag lang abrast und an den besten Plätzen Aus- und Einblicke auf sich wirken lässt, zweifelt nicht an diesem Anspruch. Der von

Grand Canyon

Grand Canyon, im Watchtower, Navajo-Kunst   *Navajo Siedlung*

oben eher harmlos wirkende Colorado River ackert hier seit 6 Millionen Jahren und hat durch sein unablässiges Strömen diese Landschaft geschaffen. Jeder Architekt muss da vor Neid erblassen. Vom östlichen Rand des Canyons, dem Desert View vom Watch Tower aus sieht man es am besten: die ganze Gegend war einmal eine Ebene. Nur die Kraft und Beständigkeit des Colorado hat dieses erhabene Naturereignis bewirkt.

Am Nachmittag verwandelt die schräg stehende Sonne die „Schlucht der Schluchten" mit ihren Felsabbrüchen, hundert Schichten, Winkeln, Plateaus in ein Schauspiel von Licht und Schatten von fast unwirklicher Schönheit; wieder ist kaum mit Worten zu erfassen, welche Eindrücke dabei entstehen. Das muss man selbst gesehen, selbst erlebt haben.

NAVAJOS

Der Watch Tower wird übrigens von den Navajos betrieben. Sie verkaufen dort handwerklich hergestellten Schmuck sowie Teppiche, Decken und Ähnliches. Und die nächsten 2 Tage bleiben wir auf Indianergebiet. Das Navajo-Reservat beginnt am Ostrand des Grand Canyon und zieht sich bis nach New Mexico hinein. Das Gebiet ist größer als das Flächenland Niedersachsen! Wir schärfen unsere Sinne für das was dort abgeht. Die folgenden Orte wie Cameron sind Navajo-Dörfer; unser Motel in Tuba City – nur Navajos im Service, auch die Läden und Restaurants, die wir abends besuchen werden von den Nachkommen der Ureinwohner geführt. Hinter Cow Springs besuchen wir das Navajo National Monument – und kurz darauf erreichen wir das berühmte Monument Valley. Jeder kennt es, auch wenn er noch nie in der Nähe war. In hundert Western dienten die Monuments als imposante Kulisse. Das San Juan Inn hielt für John Wayne eigens eine Suite reserviert.

Der Anblick der in der Sonne leuchtend roten, einzeln aufragenden Felsen lässt einen erneut verstummen. Atemberaubend schön! Tafelberge, Felsnadeln aus Sandstein, von

Monument Valley

Wind und Wetter in Jahrmillionen eigenwillig bizarr geformt. Auf dem Schotterweg zu den entfernteren Monuments bleibt Dieters Shadows schon bald im Sand stecken; er fährt nach kräftigem Schieben in die Zivilisation des Visitor Centers zurück, das wieder von Navajos betrieben wird. Der Burgman kommt gut mit der Strecke zurecht.

Unser Quartier finden wir in Mexican Hat, einem netten Dorf direkt am San Juan River. Mexican Hat, woher der Name? Die Vermieterin weist mit dem Arm nach Norden. Und tatsächlich, ein paar Meilen außerhalb strahlt ein riesiger feuerroter Fels in der Abendsonne, dessen Spitze aussieht wie ein umgestülpter Sombrero. Olé!

Über Bluff, Mexican Water, Kayenta umrunden wir das Monument Valley, dann sind wir wieder auf unserem Highway 89, der Panamericana und setzen unsere Tour nach Süden fort. Viele Navajo-Siedlungen haben wir passiert. Meist wohnt dort jeweils nur eine einzige Großfamilie. In transportierbaren Fertighäusern, Baracken, Wohnwagen. Man spürt den geringen wirtschaftlichen Status der Ureinwohner und deren Nomaden-Historie. Stillgelegte Reifen-, Autoreparaturwerkstätten und kleine Tankstellen zeigen, dass es ih-

nen für solche Geschäfte offenbar an Fortune fehlt. So bleibt es bei einfachen Verkaufsständen mit Schmuck, Taschen & Co, direkt an der Straße.

Gleich südlich von Grey Mountain besichtigen wir das Wupatki National Monument. In einer herrlichen Prärielandschaft sind die Ruinen von 800 Jahre alten Pueblos der Anasazi-Indianer zu bestaunen; auf einem Hügel mit weitem Blick in die Ferne. Hier betrieben die Indianer auch schon Ackerbau. Das Gelände ist so westernlike, dass es niemanden wundern würde, käme im nächsten

Mexican Hat Rock, Namensgeber für den Ort

Moment eine Schwadron Blauberockter mit einem Scout an der Spitze angeritten. Nun, immerhin wurden hier 1969 Teile des Kultstreifens „Easy Rider" gedreht.
Apropos: in den USA grüßen sich alle Biker. Selbst auf Interstate-Autobahnen winken sie dir über 8 Fahrspuren und einen breiten Mittelstreifen hinweg zu und vermitteln dir das gute Gefühl, dass du im Notfall nicht allein bist.

Billig : teuer

Doch unsere Moppeds ziehen zufrieden ihre Bahn. Mein Burgman hatte in Las Vegas seine 6000-km-Inspektion bekommen. Die Bikes verlangen nur mehrmals am Tag ihre Mahlzeiten in Form von Sprit. Und der gehört zu den wenigen Gütern, die in den USA billig zu haben sind. Umgerechnet freundliche 0,61 € zahlen wir für den Liter. Die Amis schimpfen trotzdem: vor 3 Jahren mussten sie nur ein Drittel davon berappen. In Deutschland kostet das Zeug zu dieser Zeit 1,38 €.
Billig ist auch das Telefonieren, jedenfalls per Telefonkarte. Ich erstehe so ein Ding für 5 $ und kann damit 84 Minuten lang ins deutsche Festnetz telefonieren. Ansonsten ist alles recht teuer. Ein paar Beispiele aus der Gastronomie incl. Tax (Steuer) und normalem Tip (Trinkgeld, obligatorisch):

	$	= EUR
• Frühstück	10,00	7,80
• Mittagessen	15,00	1,70
• Abendessen	17,00	13,30
• 1 Bier	3,50	2,75

Im Lebensmittelgeschäft:

• Flasche oder		
• Dose Bier	2,30	1,80
• Flasche Wein	10,00	7,80

Uns ist das auf Dauer zu viel, deshalb organisieren wir uns um: Frühstück? In den meisten Motels stehen Kaffeemaschinen. Beutel mit Kaffee oder Tee liegen daneben. Das kostet nichts. Ein Donut dazu, erledigt. Mittagessen? Entfällt. Vielleicht eine Banane oder ein Apfel. Das soll gesund sein. Abends? Okay, einmal am Tag gibt's was Kräftiges. Aber es muss nicht jedes Mal ein Restaurant sein. Das Fast-Food-Angebot ist riesig, abwechslungsreich und kostet nur die Hälfte.
Und das Übernachten? Wir bevorzugen Motels, das ist die preiswerteste Form (außer campen). Dort mieten wir 2-Bett-Zimmer und zahlen nach Feilschen im Durchschnitt 65 $, entspricht 50 EUR. Das geht dann durch 2 Zahler. Die Betten haben überall „King-Size-Format", man bekommt also 2 Doppelbetten. Zwei Einzelzimmer würden etwa 100 $ kosten.

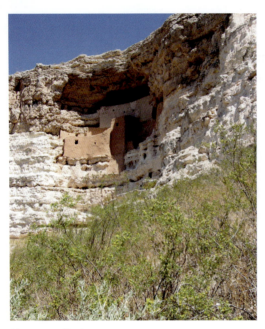

Montezuma Castle

Die Kategorie „Bed & Breakfast" ist deutlich teurer und Hotels sowieso.

Die Überlegung, die USA seien ein billiges Urlaubsland, weil jetzt für 0,78 € 1 Dollar zu haben ist, geht also an der Realität vorbei. Mit ein bisschen Anpassung und Einschränkung kommst du aber gut über die Runden. Und die Schönheit des Landes wiegt ohnehin alles auf.

Ein kurzes Stück hinter Flagstaff erwartet uns ein Kontrastprogramm: nach langer Zeit endlich wieder ein Wald, der Oak Creek Canyon. Die Straße führt von 2300 m Höhe auf vielen Serpentinen in das kühle Flusstal hinab und bringt dich in die schicke Künstlerkolonie Sedona. Weiter über Cottonwood zum Montezuma Castle. Der Name ist irreführend. Nix Montezuma, es handelt sich erneut um eine Hinterlassenschaft der Indianer. Bestens erhaltene Ruinen einer mehretagigen Wohneinheit, die in eine hohe Felshöhle eingepasst ist und durch Leitern erreicht wird, die bei Angriffen eingezogen wurden und so eine Burg entstehen ließen. Ein weiteres Beispiel für die hohe Kulturstufe der Ureinwohner.

Kurz vor Arizonas Hauptstadt Phoenix tauchen sie völlig überraschend direkt neben der Fahrbahn auf, verblüffen dich durch ihre Größe, Schönheit und Vielzahl: Saguaro-Kakteen, dieser Typus, der in Western unverzichtbar ist, wenn Mexikaner im Spiel sind; bis zu 200 Jahre alt, 5 Meter, manche 15 Meter hoch, attraktiv verzweigt; tausende; manche mit Löchern im oberen Teil, von Spechten gekonnt geformt, die hier ihre Nester bauen. Und jetzt im Mai mit zauberhaften Blüten dekoriert. Sie begleiten uns über viele Kilometer, zeigen sich, soweit das Auge reicht. Toll!

42 Grad, als wir in Phoenix einlaufen. Eine moderne 3-Millionen-Metropole. Schön? Nein. Die Stadt ist so stark expandiert, weil sie im Winter so hübsch warm ist und die 50° C, die im Sommer häufig überschritten werden durch klimatisierte Wohnungen und Fahrzeuge beherrscht werden. Eine Rentnerhochburg. 11 Millionen Runden Golf werden hier pro Jahr gespielt.

Es ist schon seit Tagen sehr heiß. Die Zunge klebt dir am Gaumen. Die Feuchtigkeit wird dir geradezu aus dem Leib gesaugt. Also mehr Pausen. Jedes Mal ist ein Liter Cola oder Ähnliches fällig und im Nu verschluckt. Eine Stunde später klebt die Zunge wieder...

Tombstone, Gunfight am O.K.Corral, live

GUNFIGHT? TÄGLICH, 14 UHR

Weiter nach Süden durch Tucson und Benson nach Tombstone. Hier mieten wir uns für mehrere Tage ein, wollen den witzigen Ort als Ausgangspunkt für die Attraktionen der Umgebung benutzen. Tombstone! Klingelt es bei Ihnen, liebe Leserin, lieber Leser, wenn Sie diesen Namen hören? Richtig, der Ort taucht in vielen Western auf, zuletzt mit Kevin Costner. Im Mittelpunkt steht dabei eine Begebenheit, die sich am 26. Oktober 1881 abgespielt hat: der Gunfight am O. K. Corral. Marshal Wyatt Earp mit seinen beiden Brüdern

sowie Doc Holliday auf der einen Seite standen in einer blutigen Schießerei die Clanton- und McLaury-Brüdern gegenüber. Innerhalb von 30 Sekunden wurden 30 Schüsse abgefeuert. Natürlich gewannen „die Guten", jedenfalls per Saldo; aber nur Wyatt Earp kam ganz ungeschoren aus dem Gunfight heraus. Der Doc kassierte einen Bauchschuss, ein Earp-Bruder einen ins Bein. Von den Gegnern überlebte nur einer den Tag. Eine wunderbare Geschichte, sorry! Nicht nur für Hollywood, sondern auch für Tombstone. Schon der Ortsname („Grabstein") ist ja Programm. Nach-

Tombstone City

129

Tombstone City

dem der ehemals reiche Silberminenort zur Geisterstadt mutiert war, haben der legendäre Gunfight sowie viel Phantasie und Unternehmungsgeist das Kaff ins 20. und 21. Jahrhundert herüber gerettet. Mit viel Erfolg. Tombstone hat nachvollziehbares Western-Flair. Da ist die Hauptstraße: Sand statt Asphalt, wie sich's gehört. Da sind die höher gelegten Bretter-Fußwege rechts und links; da sind die Häuser mit den typischen Fassaden, stimmungsvolle Läden, Kneipen, Hotels. Da ist Big Nose Kate's Saloon – und Kenner wissen, dass Kate, die das erste Bordell der Stadt eröffnete, Doc Hollidays Geliebte war. Und da ist vor allem der O. K. Corral, wo jeden Tag (jeden!) vor dem zahlenden Publikum der Gunfight nachgespielt wird. Und da der ja real nur eine halbe Minute gedauert hat, wird das Ganze ein bisschen aufgeblasen. Und mit dem Ticket steht dir auch das Museum offen und du kriegst den Nachdruck der Original-Zeitung, die 1881 am Tag nach der Schießerei erschien, die zu allem Überfluss Epitaph (Grabschrift) heißt und in der alles haarklein geschildert wird...

Wir konsumieren das alles und haben Spaß dabei. Das Leben kann so einfach sein. Apropos Leben: natürlich hat Tombstone auch einen Friedhof. Und wie könnte es anders sein – da finden sich alle Namen und Daten der Gunfighter auf einfachen Holzkreuzen wieder. Hollywood lässt grüßen.

Bisbee, einst durch Gold-, Silber- vor allem aber Kupferfunde die reichste Stadt der Gegend ist nur 60 km entfernt. Also hin. Schöne alte Backsteinhäuser, eine berühmte Brauerei, die Kneipen der Miner, Künstlerecken und sogar versprengte Überbleibsel der Hippie-Generation belohnen den Besuch. Zurück über Douglas und an der mexikanischen Grenze entlang über den Mule Pass, Sierra Viesta, Huachuca City nach Tombstone. Ein klasse Abstecher.

Ich will nach Mexiko, unbedingt. Dieter „darf" nicht, sein Mietvertrag schließt das Nachbarland aus; er hat aber ein anderes heißes Ziel: White Sands im US-Staat New Mexico, hinter dem Rio Grande. Also trennen wir uns und verabreden uns für den übernächsten Tag wieder in Tombstone. Ich fahre über Sonoita und Patagonia nach Nogales zur Grenze. Ohne Passkontrolle durch. Nur Fragen zu meiner Fahrzeugversicherung. Ein Officer bringt mich zu seinem Chef, der mir ein Formular vorlegt. Mein polizeiliches Kennzeichen? Ich habe keins, zeige und erkläre ihm das. Aha, schwierig. Wie lange ich bleibe? 1 Tag. Er zögert einen Moment, wischt dann das Formular weg, steht auf, reicht mir die Hand und sagt: "Paah, welcome to Mexico!" Na bitte. Nogales ist reiner Touristenort. Die Grenze verläuft mitten durch die Stadt. Die meisten Besucher lassen ihr Auto auf dem riesigen Parkplatz auf der amerikanischen Seite stehen und

Nogales, Mexico

kommen zu Fuß rüber. Viele Billigangebote bei Textilien, Souvenirs und vor allem Arzneimitteln. Ich will mehr typisches Mexiko sehen und fahre ins Land hinein nach Imuris, San Ignatio, Magdalena, Santa Ana. Gesamteindruck: nett, nichts Ungewöhnliches, Aufregendes oder gar Bedrohliches. Hektisches Leben in den Städtchen; es wird gewunken, lauter freundliche Leute bei einer Cola-Pause. Schilder wie in Kalifornien „1000 $ Strafe für Müllsünder" könnten, knallhart durchgesetzt, der Optik der Landschaft helfen. Oder, einfacher ausgedrückt: da liegt viel Dreck rum.

8 Kilometer Rückstau vor der amerikanischen Grenze als ich zurück fahre. Ich reihe mich

Nogales, Grenze Mexico/USA

brav ein. Nach 4 Minuten siegt die Frechheit. Wozu hat man schließlich ein Mopped! Also hübsch rechts und links vorbei an allem was 4 oder mehr Räder hat bis zum Schlagbaum. Die Mexikaner winken mich sofort durch. Aber der amerikanische Grenzer wird todernst als er meinen Pass durchblättert: „Was haben Sie in Jordanien gemacht?" „Wieso haben Sie ein Visum für Syrien?" Meine Erklärungen lassen ihn

Tuscon

kalt. Hört der überhaupt zu? Er wühlt erst mein gesamtes Gepäck durch, dreht jedes Paar Socken um bis er zu dem Schluss kommt, dass ich wohl doch kein Terrorist bin.

Nach anderthalb Stunden bin ich wieder in Arizona und finde ein hübsches Hotel in der Künstlerkolonie Tubac. Es heißt „Secret Garden" und hat eine Kapazität von 2 Zimmern. Ich miete 50 Prozent.

Ganz in der Nähe ist die missionarische Arbeit der Jesuiten und Franziskaner in dieser Region dokumentiert. Ich besichtige die wirklich sehenswerte Missionskirche Tumacacori aus dem 17. Jahrhundert und fahre weiter nach Tucson. Tucson: mit welch westerngeprägten Erwartungen kommt man in diese Stadt. Vor 100 Jahren war dieses Nest in der Wüste Sonora ein Tummelplatz für Revolverhelden und allerlei zwielichtige Gestalten – auch durch seine Nähe zu Mexiko. Heute? Ähnlich wie in Phoenix eine schnell wachsende Großstadt ohne Flair. Nichts erinnert mehr an die abenteuerliche Vergangenheit.

Weiter durch die ansehnliche Kakteen-Wüste voller Saguaros und über den Colossal Case Mountain Park zurück nach Tombstone.

Schilder mit der Aufschrift „Blowing Dust Area" warnen unterwegs vor Sandstürmen. Gefährlich sind auch kleine Wirbelstürme, die auf der Strecke immer wieder entstehen. Man sieht sie schon von weitem. Sie haben nur etwa 3 Meter Durchmesser, drehen sich kraftvoll um die eigene Achse, wirbeln dabei Sand, Staub, Dreck, Plastiktüten, Stachelbüsche auf. Sie halten sich minutenlang an einer Stelle, wandern dann in irgendeine unvorhersehbare Richtung weiter, brechen später zusammen, entstehen an anderer Stelle neu. Einige Male bin ich durch so eine Erscheinung hindurch gefahren; keine Chance, sie zu umgehen. Die drücken hinten nach rechts und gleichzeitig vorn nach links. Oder umgekehrt. Die Sandkörner stechen wie Nadeln auf der Haut und ein paar schaffen es in den Mund, so dass du hinterher mit den Zähnen knirschst. Die Stachelbüsche verpassen dir eine Ohrfeige. Also: fester Griff am Lenker - und durch.

Dieter kommt mit frischen Eindrücken und tollen Fotos aus White Sands zurück. Die Dünen dort sind tatsächlich weißer als Schnee. Sie bestehen hauptsächlich aus Gips, erstrecken sich über ein riesiges Gebiet und bilden einen wunderbaren Kontrast zur Umgebung und der spärlichen Vegetation.

Wir nehmen Abschied von Tombstone, passieren erneut Tucson, neh-

White Sands

men das Casa Grande mit, ein weiteres National Monument; ein Dorf aus Lehmziegeln ist dort zu besichtigen, im Mittelpunkt ein vierstöckiges, 10 Meter hohes Haus, jetzt liebevoll vor Verfall geschützt. Die Hohokam-Indianer erbauten es um 1250. Die Zeittafel dieses Stammes endet im 16. Jahrhundert.

Bei all diesen aufwändigen Einrichtungen rund um Hinterlassenschaften der Ureinwohner

Cowboy-Denkmal

wird das schlechte Gewissen der Amerikaner spürbar, das sie wegen der häufig recht rüden Methoden gegenüber den Indianern während der Zeit der Besiedlung wohl haben. Das ist jedenfalls mein Eindruck.

Weiter Richtung Westen. Es bleibt abwechslungsreich. Bei Aztec besichtigen wir eine Rinderfarm mit über 3000 Stück Vieh. Die Cowboys sind begeistert über unser Interesse, führen uns bereitwillig überall herum und bestaunen ihrerseits den Burgman. Ein paar Meilen weiter: Dateland. Eine Computerwelt? Nein, es geht um Datteln (Dates) aus einem großen Palmenwald. Und dann kommen wir an Yuma vorbei, direkt an der mexikanischen Grenze. George W. Bush war letzte Woche hier, hat 6000 Soldaten zusätzlich stationiert, um das Problem „illegale Einwanderer" in den Griff zu bekommen.

Kalifornische Wüste

DIE KALIFORNISCHE WÜSTE

Auf der Karte entdecken wir eine parallel zur Interstate 8 verlaufende kleine Straße: zunächst die S 34 nach Norden am Colorado River entlang, dann auf dem Highway 78 nach Westen. Endlich wieder Landschaft pur. Die Straße führt uns geradewegs in die kalifornische Wüste – und lässt uns staunen. Zunächst Steinwüste mit trockenen braunen Kakteen, später soweit das Auge reicht feinste Dünen, Rieselsand wie in der Sahara; eine Herausforderung für jeden, der eine Kamera dabei hat. Und ein Eldorado für Buggie- und Quad-Fans. Toll und unerwartet.

Wir übernachten in Brawley, besuchen am nächsten Morgen als Kontrastprogramm den Salton Sea; salzig, wie der Name schon sagt, aber voller Fische und Pelikane, die versuchen, das zu ändern.

Feinste Landschaft auch zwischen Brawley und Ramona. Die Kakteen haben hier Blüten angesetzt, präsentieren sich in voller Schönheit. In der ehemaligen Goldgräberstadt Julian ist gerade ein großes Bikertreffen. Aus allen Himmelsrichtungen brausen Jungs und auch ein paar Mädels in den abenteuerlichsten Aufmachungen heran. Bei einem Kaffee beobachten wir das muntere Treiben der Rocker mit ihren auf Hochglanz gewienerten Maschinen.

Julian, Bikertreffen

In San Diego finden wir ein günstiges Motel direkt am Hafen und mieten uns für 3 Tage ein. San Diego macht Spaß: nicht so viel Trubel wie in San Francisco oder Los Angeles, aber sauber, abwechslungsreich, mit vielen Stränden, Attraktionen, Einkaufsmöglichkeiten. Ein Tag am Mission Beach mit seinem quirligen Leben; Besichtigung des Flugzeugträgers Midway, der in Korea und Vietnam dabei war; lange Spaziergänge in der Downtown, zur Horton Plaza, im Hafen. Und, wegen

San Diego

der Nähe drängt sich das auf, noch mal ein Abstecher nach Mexiko, nach Tijuana.

Dann steht L. A. wieder auf dem Programm. Der Kreis schließt sich. Doch dort ist noch so viel zu sehen und zu erleben. Also auf zur Marina del Rey und zum Venice Beach. Auf zum Sunset Boulevard, wunderbar zu fahren, bis ganz runter nach Santa Monica. Auf zum Getty Center, diesem Museumspalast der Superlative, einmalig gelegen auf einem grünen Hügel mit herrlichem Blick auf Los Angeles und auf Bel Air und voller prominenter Kunstwerke von Breughel über Rubens und Rembrandt bis zu Degas – es fehlt nichts; von dort auf dem Mulholland Drive noch einen Trip durch die Millionärshügel. Auf nach Malibu mit seinen schönen Stränden und weiteren Traumvillen; dutzende Surfer liegen dort im Wasser auf der Lauer – und obwohl es fast windstill ist an diesem Tag liefert der Pazifik alle 30 Sekunden zuverlässig eine Welle ab, die die Jungs elegant Richtung Ufer gleiten lässt. Von Pamela ist nichts zu sehen.

L.A., Blick vom Getty-Center auf Bel Air

135

L.A., Blick vom Getty-Center auf Bel Air

Noch mal auf nach Hollywood, auf der Suche nach dem Wahrzeichen, den großen Buchstaben des berühmten Schriftzuges. Gar nicht so leicht, dort hin zu finden und ganz kommt man sowieso nicht dran. Immerhin aber bis auf eine vernünftige Fotografier-Entfernung. Dort oben treffen wir auf eine Gruppe Harley-Fahrer, die sich deutsch unterhalten. „Wo kommt Ihr denn her?" „Hannover und Kassel." Oh, Mann, wie wir! Die Welt ist klein geworden. Da gibt es viel zu erzählen...

Schließlich steht für mich noch eine nette Aufgabe an: ich muss meinen Burgman verkaufen. Vorsorglich hatte ich von Bob einen Passus in den Kaufvertrag setzen lassen der besagt, dass er das Ding nach 6 Wochen zurück kauft. Zum Preis nach Liste. Hm. Dabei ist meine Verhandlungsposition natürlich etwas ungünstig, denn Bob weiß, dass am nächsten Tag mein Flieger nach Deutschland abgeht. Also versuche ich noch etwas: ich putze den Burgman auf Hochglanz, fahre damit zu einem anderen Händler; bei Suzuki of Hollywood biete ich das schöne Stück zum Verkauf an. „5000 Dollar" sagt der Chef nach kurzem Feilschen. Es ist an einem Freitag. „Okay, ich denke darüber nach, komme am Montag wieder." Am nächsten Tag bin ich bei Bob. Ergebnis nach langem Gespräch: „4525 Dollar, keinen Cent mehr." Byebye Bob, schade. Am Montag dauert es bei der Konkurrenz nur 12 Minuten und ich halte meinen Scheck in der Hand. Gut so. Morgen geht's ab nach Frankfurt.

Malibu, nicht tot, nur fett und faul

136

FAZIT:

Wow, das war eine tolle Tour. Vollgestopft mit einmaligen Erlebnissen und Eindrücken. Ein erhebliches Stück von „Gods own County" haben wir gesehen. Amerikas Wilder Westen ist schön. Faszinierend die Vielfalt und die Gegensätze der Landschaften: rauer Ozean – liebliche Strände; sanfte Hügel – schroffe, verschneite Gebirge mit 4000 m Höhe; blühende, saftige Böden – saharaähnliche, vegetationslose Wüsten; nostalgische Westernsiedlungen – pulsierende Metropolen; romantische Seen – riesige Salzwüsten...

Dazu Naturwunder wie der Grand Canyon, Monument Valley, Yellowstone, Bryce oder Zion...

Ebenso differenziert war das Wetter mit Temperaturen von minus 11 bis plus 46 Grad.

Der Motorroller ist das richtige Fahrzeug, um dich zu diesen Plätzen zu bringen und dir die Eindrücke ungesiebt zu vermitteln. Motorroller sind in den USA kaum verbreitet. Du kannst keinen mieten. Fans müssen deswegen keineswegs auf ihr Lieblingsgefährt verzichten. Die Methode kaufen : verkaufen funktioniert, wenn sie gut vorbereitet wird. Unterm Strich bezahlte ich deutlich weniger als Dieter, der ein Motorrad gemietet hatte. Selbstorganisierter Urlaub in den USA ist relativ teuer; mit ein paar Einschränkungen und Anpassungen an die Verhältnisse aber durchaus bezahlbar. Und gemessen an der Qualität der Eindrücke absolut empfehlenswert.

Die Amerikaner? Zugegeben, ich hatte ein paar Vorbehalte; die verflüchtigten sich nach kurzer Zeit. Die Leute sind locker hoch drei, freundlich, hilfsbereit, stolz auf ihre Staaten. Sie sind begeistert, wenn Touristen ihre Freude an dem Land zeigen. Natürlich gibt es wie überall Ausnahmen.

Der Zeitraum Ende April bis Anfang Juni ist ideal. Auch die Route ist erstklassig. Jedoch würde ich das nächste Mal die Tour genau anders herum fahren – also von L. A. zunächst nach Osten bis zum Highway 89, dann nach Norden bis Montana, nach Westen zum Pazifik und auf dem Highway 1 zurück. Vorteil: in Arizona, Utah ist es dann noch nicht so heiß, in den restlichen Gebieten nicht mehr so kalt.

Exakt 11130 km bin ich gefahren. Meine längste Tour bisher. Der Burgman nahm die Strecke ohne Murren, mit spürbarem Behagen. Ein sehr geeignetes Fahrzeug. Meine nächste Reise? Wieder mit dem Roller.

Noch etwas? Ach ja, als erstes werde ich mir mal wieder ein paar alte Western reinziehen.

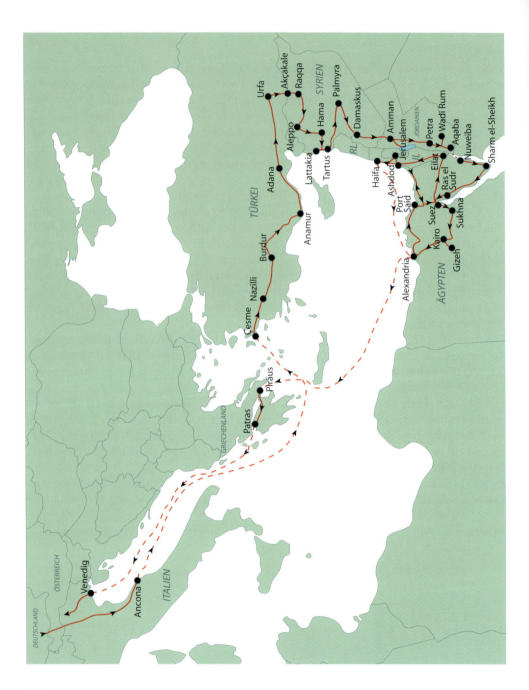

Urfa
Akçakale
Raqqa
SYRIEN
Palmyra
Aleppo
Hama
Damaskus
Amman
Wadi Rum
JORDANIEN
Lattakia
Tartus
Petra
Aqaba
Sharm el-Sheikh
Adana
Haifa
Jerusalem
Eilat
Nuweiba
Ashdod
Ras el
Sudr
Anamur
Port
Said
Suez
Sukhna
Burdur
Kairo
Gizeh
Alexandria
ÄGYPTEN
Nazilli
TÜRKEI
Çeşme
Piräus
Patras
GRIECHENLAND
Venedig
ÖSTERREICH
Ancona
ITALIEN
DEUTSCHLAND

ORIENT: DER MITTLERE OSTEN

TÜRKEI SYRIEN **JORDANIEN** ÄGYPTEN **ISRAEL**

Ein guter Motorroller erweitert den möglichen Aktionsradius erheblich. Diese Tour führte mich auf die Spuren der Pharaonen, von Erzvater Abraham, von Moses, Alexander dem Großen, Jesus Christus, Johannes dem Täufer, der Apostel, von Harun al Rashid, den Kreuzrittern und vielen weiteren mehr. Über 10.000 Kilometer war ich unterwegs.

Selcuk, Säulen des byzantinischen Aquädukts

Die Reise beginnt am 20. April und zwar recht gemütlich und bequem. Nach Ancona in Italien zukommen ist kein Problem; von München aus sind das gerade mal knapp 800 Kilometer. Und du kannst dir Zeit nehmen, denn die Fähre läuft erst um 22 Uhr aus. Ziel: Cesme, am westlichsten Zipfel der Türkei. Dafür braucht sie 56 Stunden. Also 3 Mal schlafen und 2 volle Tage bei Sonne, einem ansehnlichen Unterhaltungsprogramm und freundlichen 2 bis 3 Windstärken an Bord des großen Schiffes. Eine richtige kleine Kreuzfahrt durch die gesamte Adria, vorbei an Italien, Kroatien, Montenegro, Albanien, der Insel Korfu, dann hinein in die Ägäis mit ihrer Inselwelt, an ganz Griechenland vorbei – die reinste Erholung.

Nur 3 Biker sind an Bord. Einer, ein netter Italiener, will mit seiner 25 Jahre alten BMW 80 RS Indien umrunden: quer durch die Türkei, über den Iran und Pakistan. Alle Achtung! 3 Monate hat er für seine Reise eingeplant. Eine Idee für künftige Touren?

Morgens um 8 Uhr sitze ich dann in Cesme startklar auf meinem vollgepackten Burgman. Die Sonne scheint. 25 Grad. Los! Ich komme nur gut 50 Kilometer weit; hinter Urla gerate ich in eine Radarkontrolle. Die Höchstgeschwindigkeit in der Türkei beträgt für Bikes 70 km/h, selbst auf Autobahnen. Das klingt weltfremd, erklärt sich aber wohl daraus, dass fettere Roller oder Motorräder hier kaum verbreitet sind. Ich versuche zu verhandeln, kann den Preis ein Stück drücken, muss aber zahlen. Mist! Aber das passiert während der gesamten Tour kein zweites Mal.

Ich bleibe auf der Nebenstrecke (parallel läuft eine Autobahn), erreiche Selcuk, sehe dort die Säulen des byzantinischen Aquädukts auf denen Störche nisten, schaue mir die riesige Johannes-Basilika an, die vor knapp 1500 Jahren über dem Grab des Apostels Johannes erbaut wurde. (Na, wie sagte schon Martin Luther: „Von den 12 Aposteln sind allein 18 in Spanien begraben.") Vom Selcuker Artemis-Tempel, der zu den Sieben Weltwundern der Antike zählte, sind nur noch ein paar Steinhaufen zu sehen.

ZU VIELE FRAUEN

Weiter über Aydin zum Übernachten nach Nazilli. Bewusst wähle ich einen Ort abseits der Touristenpfade aus. Nach dem Duschen lande ich bei meinem Spaziergang durch die Stadt in einem netten, schattigen Lokal, in dem wie hier üblich nur Männer sitzen und bestelle ein Bier. Es kommt nach 5 Sekunden, wenn auch ohne Schaum. Ich zahle gleich, will anschließend meinen Rundgang fortsetzen. Es kommt anders. Der Wirt bringt mir mein Geld zurück und weist auf einen Nachbartisch, an dem 4 Männer sitzen. Sie winken mich an ihren Tisch. Okay. Ich versuche, die nächste Runde auszugeben – aussichtslos. Dafür steht ein frisches Bier vor mir, als das erste noch halb voll ist. Hm. Kurze Zeit später sind wir noch zu dritt am Tisch und Bülent beginnt zu erzählen. In gutem Französisch. Meins ist recht flach, aber ich verstehe. Er hat 7 Jahre im Elsass gearbeitet, liebt dort eine Frau und hat mit ihr eine Tochter. Beide Damen wollen keinen Kontakt mehr mit ihm. Was soll er nur machen?! Mir fällt nur ein, ja, hinfahren, herholen die beiden. Aber dafür reicht das Kleingeld nicht. Außerdem ist er hier verheiratet und hat 2 Kinder. Ach so. Aber er liebt doch nur die Französin. Jetzt fließen die Tränen in Strömen. Der dritte Mann am Tisch ist sein Cousin und wie auf Kommando weint er nun auch. Ich versuche mitzuhalten, was aber misslingt. Aber 2 Biere später ist die Stimmung wieder hoch, denn inzwischen haben wir beschlossen, dass wir alle Brüder sind und dass die Türkei jetzt in die EU kommt. Bülent und Cousin begleiten mich ins Hotel, wir scheiden als Freunde fürs Leben. Wunderbar.

Ach richtig, ich muss Merkel und Brüssel noch über unsere EU-Entscheidung informieren, damit die nötigen Schritte eingeleitet werden.

Nur gut 60 km südöstlich von Nazilli liegt Aphrodisias. Schon der Name ist verlockend. Er stammt aus der Römerzeit. Ein Tempel wurde vor 2000 Jahren der Liebesgöttin geweiht.

Gut erhaltene Teile davon sind noch heute zu besichtigen. Dazu prächtige Marmor-Statuen und Sarkophage, Thermen, 2 antike Theater, die Ruinen des Odeons und des Bischofpalastes, und ganz eindrucksvoll: ein riesiges, 262 m langes Stadion für über 30000 Zuschauer; es gilt als besterhaltene antike Arena der Welt.

Weiter über Tavas, Serinhiser, Yesilova nach Burdur. Eine feine Strecke durch fruchtbares Bauernland und viele Dörfer.

Aphrodisias, Tor zum Aphrodite-Tempel

141

Vor Serinhiser, Moschee und schneebedeckte Berge

Unterwegs wird es merklich kühler; es geht bergauf, die Strecke führt durch eine Hochebene, am Horizont tauchen schneebedeckte Gipfel auf. Mehrere große Seen liegen am Weg. Der Salda Gölü ist von einem strahlend weißen Sandstrand umgeben. Im Sommer ergibt das ein tolles Baderevier.

Für mich immer wieder faszinierend: die Architektur der Moscheen. Große, an weibliche Formen erinnernde halbrunde Kuppeln, hier meist mit glänzendem Metall gedeckt, so dass sie in der Sonne blitzen. Daneben die dünnen, bleistiftförmigen Minarette; die Spitzen oft aus farbigem Glas. Das ergibt schöne Lichtreflexe. Die Muezzin mussten zwar moderner Lautsprechertechnik weichen – trotzdem, der fordernde melodiöse Ruf, der regelmäßig ertönt ist außergewöhnlich suggestiv, anziehend. Die Messen sind immer gut besucht. Es kommen alle Alters- und Standesgruppen.

Jetzt geht es noch weiter ins Gebirge. Am Morgen gerade noch 11 Grad. Gut, dass ich zuhause zum Schluss meine Pullover und die dicken Socken doch wieder eingepackt habe. Über Isparta, Egidir, Sakikaraagac, Beysehir, Bozkir nach Hadim. Vorbei an großflächigen Seen, am Ende der Strecke eine nette Gebirgsfahrt auf enger Serpentine. Rundum die Schneegipfel des Geyik- und Enseler-Gebirges. Das Panorama hat viel Ähnlichkeit mit den Rocky Mountains in Montana. Hadim liegt 1500 m hoch. Als ich im Dorf kein Hotel sehe, geleitet mich die Polizei zur einzigen Herberge hoch über dem Ort. Der Blick aus meinem Zimmer ist großartig. Ich zahle umgerechnet 8 € für die Übernachtung. Der nächste Tag führt mich auf einer schmalen kurvenreichen Straße durch eine fantastische Gegend. Berge, Pässe, Almen, toll! Es bleibt kalt in dieser Höhenlage. Aber schon 40 km vor Anamur ist vom Pass aus das Mittelmeer zu sehen und bald darauf auch zu riechen. Und da sind kilometerlange und –breite weiße Flächen, die in der Sonne glänzen. Schnee? Unmöglich, da unten gibt es 27 Grad. Nein, es sind die Plastikplanendächer von hunderten Treibhäusern, die mehrmals im Jahr frische Tomaten, Bananen & Co produzieren. Das erinnert an Andalusien, westlich von Almeria.

Kap Anamur, der südlichste Punkt Kleinasiens

Endlich Anamur, mit dem Kap, dem südlichsten Punkt Kleinasiens – in unseren Breiten wohl eher bekannt durch das gleichnamige deutsche Hilfsschiff, das meist mit positiven, mal auch mit kritischen Meldungen in den Medien auftaucht. Ich besichtige die antike griechische Vorgängerstadt Anamurion, von der noch die Reste des Odeons der Basilika und der Totenstadt sehenswert sind.

Am östlichen Ende von Anamur liegt direkt am Meer Mamure Kalesi, ein mächtiges, bestens erhaltenes Kastell, das im Laufe der Geschichte Römer, Nomadenfürsten, armenische Könige, Kreuzritter, Osmanen und schließlich Türken beherbergte.

Übernachtung im Motel Sydney in Gözce Köyü. Das gehört einem Berliner und ist mit viel Sachverstand gebaut. Ich bin erster Gast der Saison und werde mit viel netter Aufmerksamkeit behandelt.

Jetzt geht es am Meer entlang, weiterhin auf geschichtsträchtigem Boden: Silifke wurde von Alexanders General Seleukos gegründet; 10 km nördlich ist die Stelle, an der unser Kaiser Barbarossa, Chef des 3. Kreuzzuges, im Jahr 1190 im Fluss Göksu ertrank. Hatte er

Adana, Moschee mit sechs Minaretten, sonst nur in Istanbul

vergessen, seine Rüstung abzulegen? Und ein paar Kilometer weiter östlich Kiz Kalesi, die Mädchenburg – mit einer Legende, die richtig schön ans Herz geht. Also: Vater ist Sultan. Eine Wahrsagerin prophezeit ihm, dass Tochter durch Schlangenbiss sterben wird. Um sie zu schützen lässt Vater Wasserburg Kiz Kalesi für Tochter bauen, 150 m vom Strand entfernt. Aber niemand entgeht seinem Schicksal. Als Tochter flügge ist, schickt Verehrer ihr Obstkorb. Tochter freut sich, greift zu – aber unter den Früchten lauert Schlange, tut ihren Job, Ende.

ARBEIT FÜR LIZ TAYLOR UND RICHARD BURTON

Gut 100 km weiter liegt Tarsus. Apostel Paulus wurde hier geboren – ja wohl noch als Saulus, oder wie war das? Ein Brunnen erinnert an ihn. Und Tarsus war Treffpunkt des berühmtesten Liebespaares der Antike: Kleopatra und Markus Antonius wollten zusammen ein neues Reich aufbauen, scheiterten, nahmen sich später das Leben. Also Geschichte pur, wohin man auch blickt.

Weiter nach Adana mit seiner noch recht neuen riesigen Moschee, der einzigen mit 6 Minaretten – außer der Blauen Moschee in Istanbul. Über Osmaniye (ein paar km südlich liegt Issos; richtig, wo 333 vor Chr. die Keilerei Alexander der Große gegen die Perser stattfand) und Gaziantep erreiche ich Urfa und überquere dabei erstmals den Euphrat. An einem Bach bei Gaziantep treffe ich auf eine Gruppe Frauen, die mit großen Holzschlegeln Schafwolle waschen. Normalerweise wenden sich in diesen Breiten Frauen sofort ab und bedecken ihre Gesichter, wenn sich Fremde nähern. Aber diese hier sind offen, locker, fröhlich – und so kann ich eine Serie toller Fotos von dieser Szenerie schießen; Wolle waschen, wie vor 100 und wie vor 1000 Jahren.

Tanken ist teuer in der Türkei. Der Liter Super 95 kostet umgerechnet 1,70 €. Aber fast an jeder Tankstelle bekomme ich einen Tee angeboten. Im Glas, mit viel viel Zucker, lecker. Meist nehme ich an. Versuche, den Cay zu bezahlen stoßen auf absolute Ablehnung.

Männer sieht man bei dieser Arbeit nicht

Die Leute von der Tanke setzen oder stellen sich dazu, wollen palavern. Der Burgman löst Verblüffung und Begeisterung aus. Roller sind in der Türkei durchaus verbreitet; jedoch meist Fuffis oder bis maximal 125/150 ccm. Viele sind made in China. Maxiroller sind hier völlig unbekannt. Als erstes interessiert der Preis. Umgerechnet sind das etwa 18000 neue Lira; viele rechnen noch mit der alten türkischen Währung, dann kostet das Stück 18 Milliarden. Unerreichbar für die meisten.

Urfa (einst: Edessa) hat eine Historie, die sich bis zu den Sumerern zurück verfolgen lässt. Erzvater Abraham wurde hier geboren, lebte hier und wäre hier um ein Haar auch fast auf dem Scheiterhaufen gestorben. Aber ein göttliches Wunder ließ im entscheidenden Moment eine Quelle entstehen, die das Feuer löschte. Die glühenden Kohlen verwandelten sich in Fische, deren Nachkommen sich noch heute im Abraham-Teich tummeln und als heilig verehrt werden. Die Abraham-Moschee unterhalb der Zitadelle ist sehenswert und präsentiert sogar exakt die Stelle, an der der Erzvater des Alten Testaments das Licht der Welt erblickte. Ich spaziere herum, sehe mir alles an, schlendere durch den uralten überdachten Bazar, bin wohl der einzige Tourist, werde überall angestarrt und zum Cay eingeladen – eindeutig, ich bin im Orient angekommen.

Und 50 km weiter südlich, kurz vor der syrischen Grenze liegt das biblische Harran, benannt nach Abrahams Bruder. Schön anzusehen sind dort die traditionellen Trullis, Häuser aus Stampflehm mit bienenkorbförmigen Kuppeln.

Hier sollte Abraham gekillt werden, per Scheiterhaufen. Aus den glühenden Kohlen wurden Karpfen

Raqqa, Altstadt,
hier bin ich ein absoluter Exot

Bis nach Akcakale, der Grenzstation ist es nur noch ein Katzensprung. Anderthalb Stunden dauern die Grenzformalitäten, obwohl ich alle Unterlagen parat habe: Pass mit syrischem Visum, Internationalen Kfz-Schein, Internationalen Führerschein, Carnet de Passages (das verhindern soll, dass man sein Fahrzeug im Land verkauft). Aber dann endlich bin ich in Syrien. Und laufe sofort die nächste Tankstelle an, denn als alter Geizkragen bin ich mit fast leerem Tank eingefahren; schließlich kostet der Saft mit 0,59 € hier nur etwa ein Drittel des türkischen Preises. Der Schock folgt sofort: „Bleifrei? Nein!" Wo? „Ich kenne nur eine Station in Aleppo." Das ist über 200 km entfernt und da will ich jetzt gar nicht hin. Was tun? Ich tanke 5 Liter verbleit, stelle den Burgman auf manuelle Schaltung um, fahre langsam und untertourig (5. Gang bei 50 km/h) und hoffe, dass der Kat nicht anfängt zu glühen. Es funktioniert. Erleichterung, als ich in Raqqa ankomme. Der Tankwart dort hat bleifrei. Behauptet er jedenfalls. Ich lasse volllaufen.

Erster Eindruck von Syrien: in der Entwicklung eine halbe Generation hinter der Türkei zurück. Straßen bisher ziemlich mies, sehr einfache Häuser, viel Müll in der Landschaft.

Raqqa ist eine wichtige syrische Stadt am Euphrat mit großer Vergangenheit. Harun al Rashid, bei uns bekannt durch die Erzählungen aus tausendundeiner Nacht, wirkte hier lange als Kalif. Aber Raqqa wirkt grau und eher unsauber. Viel unverputzter Beton. Jedoch – die Stadt ist voller sehr freundlicher, begeisterungsfähiger Menschen. Als Ausländer – und dann auch noch auf einem Mopped bin ich hier ein absoluter Exot. Wo ich auch anhalte, sofort bildet sich eine Traube aufgeregter Leute um mich, die alles wissen wollen. Wie heißt Du? Woher? Wohin? Und dann die Fragen zum Burgman. Diese Begeisterung steckt an.

Kasr al-Banat, das Märchenschloss

Bauernmarkt in Tell´ Annz

Ich besichtige die riesige, wunderschöne, gepflegte Moschee Kasr al-Banat (Mädchen-schloss), fahre dann zum Euphrat und lasse mich am Ufer nieder. Ja, in dieser Region zwi-schen Euphrat und Tigris stand die Wiege der menschlichen Kultur und Zivilisation. Es ist schon ein erhabenes Gefühl, hier zu sitzen und seiner Phantasie freien Lauf zu lassen.

Auf nach Aleppo! Die Straße ist gut, führt zunächst am Euphrat und am Assad-Stausee vorbei. Nach 30 km beginnt scheinbar endlose Wüste. Keine Dünen wie auf Sahara-Post-karten, sondern fester Sand auf flachem Boden, soweit das Auge reicht – nur unterbro-chen durch unzählige Telegrafenmasten und –Leitungen. In Tell'Annz gerate ich auf einen großen Wochenmarkt mit viel typischem prallem arabischem Leben. Orient-Atmosphäre pur.

Aleppo, Souk und eine feine Vespa

Und dann Aleppo: eine der ältesten Städte der Welt. Im 12. Jahrhun-dert schrieb Ibn Djubair: „Die Stadt ist so alt wie die Ewigkeit, dennoch neu, obwohl sie nie aufhörte zu be-stehen."

Mitten in der Stadt ragt ein steiler, 60 Meter hoher Felsen empor. Dem verdankt Aleppo seine Existenz, denn von dort aus konnte man sich hervorragend gegen Angrei-fer verteidigen. Folgerichtig thront darauf eine prächtige Zitadelle. Heute ermöglicht sie eine grandi-ose Aussicht auf die darunter lie-gende Stadt mit ihren rotbraunen

147

*Alles klar, links geht´s nach Kal at Dja` bar.
Oder was!?*

Häusern, den dutzenden Moscheen, Türmen, Souks, Medresen und „sogar" Kirchen. Toll! Und dann gibt es ein für mich besonderes Erlebnis mit Gänsehaut-Effekt, während ich gerade auf einer Mauer sitze und auf das Häusermeer schaue. Plötzlich rufen alle Moscheen der Stadt gleichzeitig aus hunderten von Lautsprechern mit unterschiedlichen Texten ihre Gläubigen zum Gebet. Gewaltig! Das übertönt sogar den Verkehrslärm.

VERKEHRSZEICHEN? WOZU?

Apropos Verkehr: Es gibt nur wenige Verkehrsschilder hier. Ampeln? Doch, hier und da. Rot oder Grün werden mehr als nette Empfehlung verstanden. Jeder fährt hier so, dass er dabei das Maximale für sich herausholt, ohne nun unbedingt einen Unfall zu produzieren. Blinker werden generell nicht benutzt; das würde einen Fahrer ja festlegen. Kommunikationsmittel Nr. 1 ist die Hupe. Es dröhnt in Aleppo von früh bis spät aus allen Himmelsrichtungen. Beherrschendes Verkehrsmittel sind die gelben Taxis, die schon mal die Grundversorgung an Lärm sicherstellen, denn jeder Fußgänger ist ein potentieller Kunde und wird angehupt. Die reichlich vorhandenen Polizisten kümmert das alles nicht. Jedoch – insgesamt klappt das System ganz gut. Trotz vieler sehr enger Straßen kommst du gut voran, musst aber permanent nach allen Seiten aufpassen, hellwach sein.

Später sitze ich in Aleppos Altstadt in einem Café und beobachte die Leute, speziell die Frauen beim Einkaufen. Es ist warm, 28 Grad im Schatten. 70 Prozent der Damen sind von oben bis unten schwarz gekleidet: Mantel (Hänger), der geht runter bis auf die Füße; Kopftuch, das auch den Hals verdeckt; zum Teil nur mit Sehschlitz, bei anderen bleibt das halbe Gesicht frei; viele ziehen ein Tuch total über das Gesicht – dann sind auch die Augen nicht zu sehen. Alles schwarz. Dazu schwarze Strümpfe, schwarze Schuhe, schwarze Handschuhe. Von den restlichen 30 % tragen die meisten Frauen auch Kopftücher und Wollmäntel, aber in anderen dunklen Farben.

Hier wird der Facheinzelhandel noch gepflegt. Straßen, 200 oder 300 Meter lang, nur mit kleinen Läden für Autozubehör. Da kriegst du garantiert den passenden Dichtungsring oder Keilriemen. Straßen, nur mit Restaurants oder nur mit Läden für Hochzeitskleidung, einer neben dem anderen...

Ich fahre über Hama, Masyaf und Baniyas nach Lattakia ans Meer. Hama ist berühmt für seine riesigen hölzernen Wasserräder, die entlang des Flusses Orontes mit ihrem Knarren und ihrer attraktiven Optik für eine besondere Atmosphäre sorgen. Bis zu 20 m hoch sind diese Ungetüme und es gibt noch über 100 davon. Mit großer Gelassenheit aber viel Getöse verrichten die Schöpfräder seit Jahrhunderten ihre Arbeit, bewässern den trockenen Boden der Umgebung, machen ihn fruchtbar.

Hama, einen Cay - na klar

Westlich von Hama wird die Landschaft bergig und grün. Ein Gebirgszug verläuft parallel zum Meer von Nord nach Süd. Wald und fruchtbares Bauernland. Auf halber Strecke liegt Masyaf mit seiner alles überragenden byzantinischen Festungsanlage. Allein der Blick von dort oben lohnt die Besichtigung. In Lattakia finde ich ein schönes Hotel direkt am Meer und stürze mich in die Fluten. Sehr erfrischend nach den langen Wüstenfahrten. Syrien verfügt über 175 km Mittelmeerküste. Nur auf dem Teil von Lattakia nach Norden sind hübsche Ecken zum Baden zu finden. Der südliche Teil dient Industrie und Wirtschaft.

Nicht weit von meinem Hotel liegt Ugarit. Hier wurde die Tontafel gefunden, die eine der größten Erfindungen der Menschheit dokumentiert: Das Alphabet. Die Tafel stammt aus dem 14. Jahrhundert vor Chr. Bis dahin gab es nur Wortzeichen und Silbenschrift. Erst die Entwicklung des Alphabets mit nur 22 oder 30 Zeichen brachte die Durchsetzung von Schrift und Schreiben auf breiter Basis.

Auf dem Weg nach Homs locken 2 Sehenswürdigkeiten: das Castel Blanc in Safita und der Krac des Chevaliers. Ich nehme beide mit. Castel Blanc überrascht durch seine Aufteilung. Unten Kirche – immerhin schon mit Schießscharten – oben eindeutig Burg. Die Krönung des Themas „Kreuzritterburgen" ist aber mit Abstand der Krac des

Krac des Chevaliers

149

Lolo-Pass, Grenze Idaho-Montana *Lolo-Pass, Grenze Idaho-Montana*

Chevaliers. Prachtvoll gelegen auf dem Djebel Khalil, bestens erhalten, riesig in den Ausmaßen, ist die Burg ein Muss für alle Syrien-Reisenden. Da gibt es mehrere Ebenen, Fallgitter, Pechnasen, Rittersäle, Kapellen, Türme, Brunnen, Wassergräben, Innenhöfe, gotische Kreuzgänge und natürlich wunderbare Ausblicke aus der Vogelperspektive auf die Umgebung.

Das nächste Ziel verspricht einen weiteren Höhepunkt: Palmyra! Kurz hinter Homs beginnt wieder Wüstensteppe, 100 km lang. Flach, ganz sanfte Bodenwellen, fester Sand, Stachelbüsche und die offenbar unvermeidlichen Telefonleitungen. Eine gute Straße führt hindurch, schier endlos. Einige kleine Dörfer werden sichtbar. Wie leben die Leute in dieser

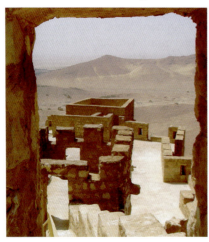

Palmyra, Zitadelle

kargen Gegend? Also hin. Auf einer Schotterstrecke, etwa 3 km von der Straße links ab. Nach 2 km sind rechts von den Lehmhütten Zelte zu sehen. Aha, also Beduinen? Aber die haben braune Zelte, aus Ziegenhaar. Diese hier sind sandfarben. Dann werden hinter den Zelten Panzer sichtbar und in den Zelten sehe ich Bewegung von Uniformierten. Noch nie habe ich so schnell gewendet. Militär! Schnell weg, bevor die beschließen, dass ich eine feindliche Invasion bin.

Das nächste Dorf ist ein echtes. Sofort bin ich von Kindern umringt, die durcheinander schreien. Ich sehe Ziegen, Schafe und Hühner. Man sagt, eine Schafherde ernährt allemal eine Familie.

10 Kilometer vor Palmyra plötzlich schroffe Berge ohne jede Vegetation. Und dann auf dem

höchsten Punkt die Zitadelle Ibn Maan. Von dort oben gibt es einen herrlichen Blick auf Palmyra, die „Oase mit der ewigen Vergangenheit". Links die neue Stadt, rechts die Altstadt, „von Dämonen erbaut", mit endlosen Säulengängen, dem Baal-Tempel, Thermen, Nympäum, Tetraphylen, Hadrianstor, Agora, Basilika, Kirche, Palast, Mauern, Türmen, Toren, Theater... Davor die Kamel-Rennbahn, dahinter ein großer Palmenwald, der Namensgeber für Palmyra war. Dieses Panorama ist überwältigend,

Moment mal, Warsteiner, das ist doch Heimat...

auch wenn man heute auf Ruinen blickt. Um wie viel stärker muss der Eindruck vor 2000 Jahren gewesen sein, als die Oasenstadt in ihrer ganzen Pracht glänzte. Dabei muss man sich vorstellen, dass ein Reisender früher 5 Tage brauchte, um von Aleppo oder Damaskus nach Palmyra zu kommen. 5 Tage lang sah er nur Sand und Steine und erblickte dann diesen Luxus, diese unwirkliche reiche Pracht.

Eine Freude, diese Stadt zu besichtigen; die reichlich vorhandenen Zeugnisse der Geschichte bringen die Phantasie in Schwung, man kann sich gut vorstellen, wie das Leben hier in der Antike ablief.

DER PRÄSIDENT GIBT SICH DIE EHRE

Am Nachmittag hat sich der Platz unterhalb der Zitadelle völlig verändert. Ballonteams aus aller Welt sind gekommen, bauen ihre Heißluftballons für ein Festival auf. 38 große Ballons. Die Aktion wird unterstützt von der Regierung und gesponsert von einigen Firmen. Präsident Assad erscheint und spricht freundliche Worte. Heute ist Beleuchtungsshow. Auf Funkkommando werfen alle Teams gleichzeitig ihre Brenner an – das ergibt ein tolles Bild. Die eigentliche Ballonfahrt soll morgen in aller Frühe stattfinden. Ich entdecke einen Ballon mit Warsteiner-Beschriftung, marschiere hin und treffe auf Peter und Ina aus Wesel am Niederrhein. Die Welt ist klein. Wir quatschen miteinander und sie laden mich ein, morgen mit aufzusteigen. Lust? Na klar. Pünktlich um 5 Uhr sind alle da, aber ein heftiger Wind ist aufgelaufen: 20 Knoten. Der Organisator beschließt: nein, kein Start, zu gefährlich, dafür übermorgen in Damaskus. Schade!

Auch mein nächstes Ziel ist die Hauptstadt, ist Damaskus. Weitere 250 km durch die Wüste. Bei kräftigem Seitenwind. Sandkörner fliegen mir ins Gesicht. Das piekt, als würden dir die

Die Herde und ihr Chef

Barthaare einzeln ausgerissen. Endlose Wüste. Unterwegs treffe ich auf eine Herde Kamele und ein Dutzend Schafherden. Auf diesem kargen Boden laufen die herum und sehen dabei zufrieden und wohlgenährt aus. Was fressen und saufen die nur? Soviel ist sicher: deutsche Schafe würden unter diesen Bedingungen in einen Wollmilchfleischproduktions- und Gebärdauerstreik treten.

Wow, heiß ist es. Schon seit Tagen. Das digitale Thermometer an meinem Roller kann nur bis 50 ° C anzeigen. Ist es heißer, erscheinen nur 3 Striche. Während der Fahrt ist es angenehm: 26 - 32 Grad. Aber wenn ich den Burgman abstelle sind nach kurzer Zeit die Striche zu sehen. Also über 50 Grad. Schatten gibt es nicht. Aber Durst, Durst, Durst. Du hast das Gefühl, in deinem Mund würde alles anschwellen. Der Kaugummi funktioniert bei dieser Hitze nicht mehr. Das Zeug bleibt an der Zunge kleben. Inzwischen weiß ich, was gegen Durst hilft. Es ist weder die braune amerikanische Prickelbrühe, noch etwas andersfarbiges Ähnliches. Es ist Wasser. Kühles klares Wasser. Ohne Kohlensäure, ohne Geschmackszusätze. 3 Flaschen à 2 Liter trinke ich jetzt pro Tag.

In langen Zügen. 5 Minuten und eine Flasche ist leer. Köstlich! Die Körperzellen saugen die Flüssigkeit geradezu gierig auf, durch die Poren verabschiedet sich ein Teil wieder. Die Toilette brauchst du nicht häufiger als sonst auch. Der Hunger hält sich in Grenzen. In Palmyra habe ich 1 Kilo Datteln gekauft. Die besten, die ich je genossen habe. Riesig sind die. Zwei oder drei Stück davon, dazu 2 Liter Wasser – und du bist fit für Stunden.

Noch anspruchsloser ist der Burgman. Der murrt nicht, der

Café Bagdad

surr nur, nimmt nichts übel, weder Hitze noch Sand oder Schlaglöcher. Der läuft und vermittelt mir
auch in dieser ungewohnten Welt
durch die ich allein fahre ein gutes
Gefühl von Sicherheit.

Wäsche waschen ist jetzt täglich
angesagt. Gut, dass ich einen
Stöpsel für das Waschbecken eingepackt habe. In fast allen Hotels
fehlte bisher so ein Ding – und
dann wird das Waschen schwierig. Das Trocknen dauert in diesen
Breiten nur eine knappe Stunde.

Okay, also rechts...

Und nun Damaskus, „das Paradies
des Orients, der Ort, wo graziöse und leuchtende Schönheit sich entfaltet... Kommt her
an den Hochzeitsplatz der Schönheit und haltet eine Mittagsrast... Wenn das Paradies
auf Erden ist, dann ist Damaskus ohne Zweifel ein Teil davon." So schrieb Ibn Djbair im
12. Jahrhundert. Mit Aleppo, Harran und Jericho zählt Damaskus zu den ältesten ständig
bewohnten Städten der Welt. „Auch" Damaskus gilt als Geburtsort Abrahams und Ort der
Bekehrung des Paulus. (Wie sagte schon Luther...)

Ein preiswertes Hotel ist schnell gefunden. Dort treffe ich auf mehrere Iraker, die sich wegen des Krieges hierher geflüchtet haben. Insgesamt gibt es zurzeit in Syrien 1,8 Millionen
Flüchtlinge aus Irak. Das sind
gut 10 % der syrischen Bevölkerung. Wir führen lange gute
Gespräche miteinander.

Dann geht's zu Fuß in die Stadt.
Über Jahrhunderte war Damaskus die Hauptstadt der arabischen Welt, die damals von
Indien bis nach Spanien reichte. Absolutes Glanzlicht ist die
Omayyaden-Moschee. Beein-
druckend sind ihre gewaltigen
Ausmaße, ihre überzeugende,
eher schlichte Architektur, ihre
reiche Ausstattung, vor allem
die großflächigen Mosaiken an

Damaskus, Altstadt

Jordanien, Amman, Blich von der Zitadelle

den Eingängen, an der Galerie im Hof – eine Augenweide. Dargestellt sind Paradieslandschaften. In einem Schrein im Betraum ruht als Reliquie das Haupt von Johannes dem Täufer. Die Syrer betreten die Moscheen häufig mit ihrer ganzen Familie und bleiben oft den ganzen Tag. Tücher werden ausgebreitet, Picknickkörbe ausgepackt, die Kinder spielen. Zwischendurch wird zur Andacht der Betraum aufgesucht, es wird meditiert, gebetet, Schwätzchen werden gehalten.

Am nächsten Morgen ziehen tatsächlich die Heißluftballons des Festivals über die Stadt. Fein, dass es doch noch mit einem Start geklappt hat.

Ich fahre Richtung Süden nach Jordanien, in die Hauptstadt, nach Amman. Wieder knapp 2 Stunden Abfertigungszeit bei brütender Hitze an der Grenze. Und dann wieder eine Wüstenfahrt bis in die Metropole. Amman (das frühere Philadelphia) ist ebenfalls uralt und wie Rom auf 7 Hügeln erbaut, die bis 1000 m hoch sind. Sehr schön und gut erhalten ist das Römische Theater. Den besten Blick hat man vom Djebel al Qala'a, von der großen Zitadelle.

Von Amman aus unternehme ich einen Abstecher ans Tote Meer. Zuvor kommst du nach Betanien, ein von Baptisten erschlossenes Gebiet am Jordan, das dich in engen Kontakt mit biblischen Ereignissen bringt. Eintritt! Na gut, dafür bringt mich ein Bus mit Guide an die historischen Plätze des weitläufigen Geländes. Dann bin ich direkt am Jordan, eine hölzerne Terrasse macht den Zugang leicht und der Führer weist auf einen Punkt, an dem Johannes der Täufer gewirkt hat. Eine Leiter führt ins Wasser, ich steige hinein. Auch Jesus Christus ist hier von Johannes getauft worden.

Der Jordan ist hier nur etwa 5 Meter breit. Das gegenüber liegende Ufer gehört schon zu Israel. Das

Hier hat Johannes der Täufer gewirkt

palästinensische Jericho ist nur 7 km entfernt. Eine wahrhaft biblische Location. Man wird ganz still hier.

Dann weiter zum Toten Meer. Für 2 Stunden bin ich Gast im Hotel Mövenpick, ein Boy bringt mich im Golfwagen ans Wasser, gibt mir Handtücher, da stehen bequeme Liegen, wunderbar. Also hinein – und wirklich, Schwimmbewegungen sind unnötig, du kannst dich rücklings aufs Wasser legen und einschlafen,

Im Toten Meer

die 30 % Salz darin lassen dich nicht untergehen. Der Hintergrund für dieses Phänomen ist simpel: du befindest dich am weltweit tiefsten Punkt der Erdoberfläche (- 400 m). Der Jordan fließt im Norden in das Gewässer herein, aber nichts fließt hinaus. Viel Wasser verdunstet oder versickert, was bleibt sind die Mineralstoffe: Salze. Baden hier ist ein besonderes Erlebnis und macht Spaß, vorausgesetzt, du kannst hinterher duschen. Im Mövenpick kein Problem.

Jetzt noch eine Fahrt durch herrliche hügelige Wüste über den Berg Nebo (hier ist Moses gestorben) nach Madaba. Der Blick reicht heute mühelos über die Hänge des Jordantals auf das Tote Meer, auf Jericho, auf Jerusalem und Bethlehem. Hauptattraktion von Madaba ist die 1500 Jahre alte Palästina-Karte, ein 15 x 6 m großes Mosaik, das die ganze Region vom Nildelta bis zum Libanon, vom Mittelmeer bis zur Arabischen Wüste abbildet. Mittelpunkt ist der Berg Nebo.

Wüste zwischen Totem Meer und Madaba

Nettes Erlebnis am nächsten Morgen. Ich tanke in Al Jiza, freue mich, dass es bleifreies Benzin gibt, schaue auf die Anzeige, zahle 15 Jordanische Dinar, fahre weiter. Dann meldet sich mein Hinterkopf: Moment mal, das sind etwa 17 €. Das Zeug kostet hier nur 0,65 € je Liter, das geht doch nicht auf; so viel passt nicht in meinen Tank! Ich fahre 5 km zurück, der junge Tankwart kommt mit Tränen in den Augen aus seinem Kabuff und zahlt mir sofort die Differenz zurück, ohne dass ich etwas erklären muss. Er hatte den Irrtum gleich bemerkt, ihn aber geschehen lassen – und hatte dann sofort ein schlechtes Gewissen. Aha, da wo an unseren Tanksäulen der Betrag steht, wird hier die Literzahl angezeigt. Aufpassen!

MOSES, SODOM UND GOMORRHA

Zwei Straßen führen von Amman Richtung Aqaba: der bequem-langweilige Desert Highway und der 30 km westlich laufende King's Highway. Für Rollerfahrer kommt natürlich nur der Königsweg über Dhiban, Al Karak, At Tafila infrage, denn rechts und links dieser Straße spielt sich Jordanien wirklich ab. Du fährst durch goldene, bergige Wüste, durch Schluchten, durch Bauernland, piniengesäumte Alleen – großartig. Moses führte auf diesem Weg die Kinder Israel aus Ägypten heraus, Alexander benutzte ihn mit seinen Truppen. Römer, Byzantiner, Kreuzritter, Lawrence von Arabien mit seinen Beduinen zogen hier entlang. In Al Karak ist die große, knapp 1000 m hoch auf einem Berg gelegene Kreuzritterburg zu besichtigen.

Wendest du dich jetzt gen Westen Richtung Totes Meer, erreichst du nach kurzer Fahrt die Stellen, an denen sich einst Sodom und Gomorrha befanden. Die biblische Party lässt sich allerdings nicht fortsetzen, dazu fehlt das Angebot. Dafür gibt es viel Schwefel und Salze zu sehen – und auch die Salzsäule, zu der Lots Frau erstarrt ist, weil sie sich umgedreht hatte. Allerdings weiß ich von einem früheren Besuch, dass auf der israelischen Seite, nur ein paar Kilometer weiter, eine weitere Frau-Lot-Salzsäule auf Besucher wartet...

Die größte Sehenswürdigkeit Jordaniens überhaupt – das ist Petra. Petra, die rosarote Stadt, Petra, die 2000 Jahre alte Hauptstadt der Nabatäer, Petra – das Weltwunder. Schon 10 km vor Petra verwandelt sich die Landschaft von grünem Flachland wieder in Wüs-

Petra, Blick vom Hotel Saba´a

te mit hohen, golden schimmernden Bergen. Du bist im Wadi Musa, dem Mosestal. Doch das Wunder ist zunächst unsichtbar. Du gehst durch eine enge, verwinkelte Schlucht, nur 2 oder 3 Meter breit ist der Weg. Rechts und links von dir ragt der Fels lotrecht in den Himmel. Lang ist der Weg. Doch plötzlich taucht vor dir eine gemeißelte rosa Fassade auf, zunächst siehst du nur ein Stückchen davon, dann kommst du auf einen großen, von Felswänden umschlossenen Platz und stehst vor dem mächtigen, aus dem Stein gehauenen, fein ziselierten sogenannten Schatzhaus des Pharao. Also, wem es bei diesem Anblick nicht warm oder kalt den Rücken herunter läuft, der hat keine Gefühle mehr. Rechts vom Schatzhaus schließen sich hunderte weitere Grabmale und Wohnhöhlen der alten Felsenstadt Petra an, alle mit großer Kunst aus dem vielfarbigen rotgrundigen Kalkstein geschlagen. Straßen, Opferplätze, Obelisken, Brunnen, Tempel, Theater, Bäder – du kommst aus dem Staunen nicht mehr heraus. Petra, das ist eine optimale Verbindung von der Schönheit der Natur mit menschlichem Können, Kreativität und Kunst. Im Juli 2007 wird die Felsenstadt Petra tatsächlich in die Reihe der Neuen Sieben Weltwunder aufgenommen.

Nach diesem Höhepunkt fahre ich weiter nach Süden, nach Aqaba ans Rote Meer. Aqaba ist Jordaniens einzige Stadt am Meer. Deshalb hat der Hafen eine große wirtschaftliche Bedeutung. Aber es bleibt auf dem rund 20 km

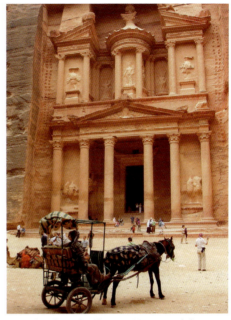

Das Schatzhaus des Pharao in Vormittagslicht

langen Küstenstreifen bis zur Saudi-Arabischen Grenze auch genügend Platz für Badestrände. Also hinein in das kristallklare Wasser mit den traumhaften Korallenriffen.

Von meinem Hotelzimmer aus kann ich 4 Länder sehen: rechts, nur wenige hundert Meter entfernt liegt das israelische Eilat. Ein Stück weiter nach Süden beginnt Ägypten. Und links: Saudi-Arabien. Jetzt ein Abstecher in das nur etwa 60 km entfernte Wadi Rum – ein weiteres „Muss" für Jordanien-Reisende. Wadi Rum, das ist eine der schönsten Wüstenlandschaften der Welt. Ein trockenes, ebenes Flusstal, eingefasst von wild zerklüfteten farbigen Felswänden. Riesig in der Ausdehnung mit vielen Seitentälern. Absolut surreal mutet das an. Mit dem Roller kommst du schnell hin. Aber nicht hinein. Das geht nur gegen entsprechende Löhnung auf einem Kamelrücken, mit dem Jeep oder per pedes. Beduinen führen dich. Es lohnt sich. Das Größte ist es, dort einen Sonnenuntergang zu erleben; zu beobachten, wie die Farben des Sandes, der Felsgipfel sich verändern, weich werden – und die Schatten immer länger...

Lawrence von Arabien kam immer wieder hierher zurück, hat das Naturwunder sehr poetisch beschrieben („unermesslich, vom Echo widerhallend und göttlich...") – ja, auch der Film über ihn von 1962 mit Peter O'Toole wurde hier gedreht. Auf der Rückfahrt gerate ich in einen Sandsturm, genau von der linken Seite. Der Sand fegt nur bis zu einer Höhe von 80 cm heran, deshalb kaum Knirsch zwischen den Zähnen. Und der Burgman? Ignoriert

Aqaba, Blick vom Hotel

das einfach, macht seinen Job. verlangt aber mit seinem Display seit gestern einen Ölwechsel. Der Moppedladen in Aqaba traut sich nicht heran. Also heben wir uns das auf für Ägypten. Gleich nach meiner Ankunft in Aqaba frage ich mich im Hafen schlau für die Fortsetzung meiner Tour. Ich will mit der Fähre nach Nuweiba auf dem Sinai, Ägypten. Ergebnis: Ja, täglich 12 Uhr. Ich soll um 9 Uhr da sein. Pünktlich bin ich zur Stelle, marschiere zum Ticket-Office. Der Knabe am Schalter blickt kaum auf, schickt mich mit einer Handbewegung zum nächsten Schalter. Der Kerl dahinter schickt mich wieder zurück. Der Erste murmelt Unverständliches, wird erst rege, als ich ihn anschreie: „Ticket, at once!" Er füllt ein paar Formulare aus, will meinen Pass behalten, bis ich bezahlt habe. Wo? Im 2. Stock. Ich komme mit Quittung zurück, okay, Pass zurück. Jetzt noch eine Gebühr für das Mopped, oben. Im 2. Stock: nein, erst zum Zoll. Der hat 2 Büros, eins unten, eins oben. Zwei Mal werde ich hin und her geschickt, dann platzt mir der Kragen. Die Schalter sind alle verglast, mit einer winzigen Öffnung in Höhe meines Bauchnabels. Wenn ich von dem Geplapper überhaupt etwas verstehen will, muss ich mich tief bücken und ein Ohr an das Loch in der Scheibe halten. Außerdem sind die Schalter nicht vernünftig beschriftet. Ich verlange, den höchsten Vorgesetzten dieses Gebäudes zu sprechen, sofort! Das klappt, ich werde in ein hübsches großes Büro geführt. Netter Mann. Ich schildere meine Eindrücke und gebe Empfehlungen für touristenfreundliche Abläufe. Er gibt mir in allen Punkten Recht und stellt mir einen Mann an die Seite, der mich zu allen restlichen Stationen begleitet, bis alles unter Dach und Fach ist. Na also. Zwischendurch erfahre ich, dass die Fähre erst um 15 Uhr auslaufen soll.

Es kommt schlimmer: erst um 2.30 Uhr nachts verlässt die Fähre den Hafen von Aqaba. Morgens um 5.30 Uhr Anlegen in Nuweiba auf dem Sinai. Und siehe da, hier gibt es eine Touristen-Polizei. Ein freundlicher Officer nimmt mich an die Hand, bringt mich zu allen erforderlichen Stellen und führt dort die Gespräche. Das dauert nur eine halbe Stunde – und während die anderen Einreisenden, alles Araber, noch schwitzend auch die letzte Unterhose im Koffer umdrehen und den letzten Lippenstift aufdrehen müssen, bin ich längst

158

fertig. Die Ernüchterung kommt dann doch noch: für meinen Aufenthalt in Ägypten ist ein extra Kennzeichen fürs Mopped vorgeschrieben, das über mein deutsches gehängt wird. Und der Kerl, der das managt, kommt erst um 9 Uhr. Also noch mal warten. Ein ganzer Tag verloren wegen 3 Stunden Schiffspassage. Was soll's. Dafür hatte ich 26 Stunden lang Gelegenheit zu beobachten, wie sich die arabischen Passagiere in solchen Situationen verhalten. Es sind über 300 Jordanier, Kuwaiter, Ägypter, fast alle ohne Fahrzeuge. Sie bleiben ruhig, gelassen, unaufgeregt. Nicht die

...mit ägyptischen Kennzeichen geht´s weiter

Spur von Ärger wird da spürbar. Sie breiten ihr Tücher und Decken auf dem Hafengelände aus, hocken sich im Schneidersitz drauf, palavern miteinander und warten mit Engelsgeduld ab, bis es irgendwann weiter geht.

In Nuweiba finde ich ein wunderhübsches Hotel-Resort, direkt am Meer, neben dem Hilton – für ganze 20 € incl. Frühstück. Jetzt, Mitte Mai ist das Haus noch leer. Nur eine Handvoll Zimmer sind vermietet. Das Personal hängt herum und freut sich über jeden Gast. Viele große Hotels in der Nachbarschaft haben noch geschlossen.

Die nächste freudige Überraschung gibt's an der Tankstelle: der Liter Super bleifrei kostet 0,19 € und der Ölwechsel (3 Liter 10W 50) ist nach 20 Minuten erledigt und reduziert meine Reisekasse incl. Arbeitslohn nur um knapp 20 €.

WÜSTE, GEBIRGE, WADIS

Der Sinai – das ist erstens eine riesige Halbinsel, bestehend aus Wüste, Gebirgen und trockenen Wadis, begrenzt im Westen vom Golf von Suez, im Osten durch den Golf von Aqaba. Und zweitens biblisches Gelände: hier, mitten im südlichen Sinai, am Djebel Musa, dem Mosesberg, ist der Ort der Verkündung, nahm Moses die Zehn Gebote in Empfang, sprach Gott durch den Brennenden Dornenbusch zu ihm.

Also auf zum Katharinenkloster am Fuße des Mosesberges. Eine herrliche Fahrt durch Berge und Wüste. Es geht beständig bergauf, die Temperatur sinkt von drückenden 32 ° am Meer auf angenehme 24 Grad. Mittags bin ich am Kloster, 1570 m hoch. Eine phantastische Landschaft. Die Farben der Felsen reichen von schwarz über dunkelgrün, grau und braun bis rot. Im Kontrast dazu der leuchtend gelbe Sand. Wunderbar!

Und am späten Nachmittag: Baden im Roten Meer – mit Blick auf Saudi-Arabien. Das Was-

Das Rote Meer, glasklar

ser: glasklar, am Strand mit 23 Grad schon recht warm. Mit Maske, Schnorchel und Flossen überwindest du am besten die flachen etwa 300 Meter bis zum Riff, das mit funktionierenden Korallen und leuchtenden Fischen in allen Größenordnungen das gesamte Programm bietet, das dich in eine andere Welt führt.

Am nächsten Tag dann ein Ausflug Richtung Norden an der schönen gebirgigen Küste entlang nach Taba an der israelischen Grenze – und zurück durch den Coloured Canyon. Der macht seinem Namen alle Ehre, lässt seine über 1000 m hohen Felsen in herrlichen Farben leuchten und bringt es fertig, im Tal zwischen endlosem Sand und Geröll plötzlich Oasen mit Palmen und Eukalyptusbäumen zu präsentieren.

Ein Wort zur Bekleidung und zum Thema Helm: In der Türkei, in Syrien, Jordanien und Ägypten fahren 95 % der wenigen Biker ohne Helm. Bei langen Strecken setze ich das Ding noch auf. Aber sobald ich mein Hotelzimmer bezogen habe und die Gegend erkunde, sind T-Shirt, Jeans, Flipflops und Kappe ohne Schirm angesagt. In Jordanien hält mich mal ein Polizist an und verlangt mit ernster Miene, ich soll den Helm aufsetzen. Ich frage ihn nach dem nächsten Ort, er schaltet sofort um auf freundlich und ich fahre ohne Helm weiter.

Mein nächstes Ziel heißt Sharm el Sheikh. Ich fahre durch eine attraktive Gebirgslandschaft, die unterbrochen wird durch kurze flache Wüstenabschnitte. Gut 30 km vor Sharm el Sheikh verschwindet die Felsenkulisse rechts und links, ich fahre durch eine Wüstenebene. Von Westen peitscht Starkwind heran, so stark, dass meine rechte Wange schlabbert. Sandsturm! Der Burgman zeigt sich unbeeindruckt.

Meine braune Cargohose, die mit den vielen Taschen, färbt sich von der Sonnenstrahlung allmählich in Richtung rot. Oder ist das Dreck? Sand? Nein, sie bleibt rötlich, auch nach der nächsten Wäsche.

Sharm el Sheikh an der Südspitze des Sinai ist eine internationale Touristenhochburg mit über 200 Hotels. Das Taucherparadies schlechthin. Den attraktivsten Küstenabschnitt mit dem schönsten Riff davor haben sich die großen internationalen Luxus-Hotelketten ge-

Eingangsportalkunst am Ras Mohammed

Sharm el Sheikh, Old Market

sichert, die nebeneinander wie an einer Perlenschnur aufgereiht sind. Ich versuche es im Novotel, in Deutschland als eher mittelpreisig bekannt: 300 $ pro Nacht. Nein danke. Ein Taxifahrer erklärt mir, wo Häuser in meiner Preislage zu finden sind. Am Nachmittag erkunde ich im Hafen Abfahrtzeiten und Preise der Fähre nach Hurghada für mein Mopped und mich.

Doch zunächst genieße ich den Ort, den munteren Old Market, fahre auf die Korallen-Halbinsel Ras Mohammed, Ägyptens ersten Nationalpark - und stürze mich ins Rote Meer.

Als ich 2 Tage später abreisefertig vor dem Hafenportal stehe, folgt die nächste Überraschung: ja, mich kann man gern befördern, den Burgman nicht. Ich versuche einiges, es ist aussichtslos. Gibt es eine weitere Fähre vom Sinai nach Westen? Nein.

Es bleibt nur eine Möglichkeit: durch den Tunnel nördlich von Suez. Also noch mal übernachten und dann 360 km Wüstenfahrt am Golf von Suez entlang. Auch gut. Hinter Sharm zieht sich die Gebirgskette zurück, der flache Sandstrand wird 30 km tief! Also Wüste satt. Die Straße ist gut. Ägypter überholen auch schon mal im Dreierpack. Vor El Tur kommen mir auf gleicher Höhe 2 LKW nebeneinander entgegen, die sich gerade überholen und die ihrerseits noch von einem PKW überholt werden. Die 3 nehmen auch meinen gesamten Fahrstreifen ein. Was tun? Bloß nicht lichthupen, das macht die nur noch nervöser. Ich bremse, fahre ganz nach rechts, aber nicht in den Sand – die 3 rauschen im Zentimeterabstand an mir vorbei. Das war bisher die einzige kritische Situation.

Hinter El Tur ist der Hamam Musa, eine heiße Schwefelquelle, wo schon Moses...

Ich übernachte in Ras el Sudr direkt am Meer und muss am nächsten Morgen – den Hotelchef auf dem Sozius - den Rezeptionisten in seinem Haus im Dorf aus dem Bett klingeln, weil der Kerl meinen Pass weggeschlossen hat. Und den brauchst du hier dauernd, weil alle paar Kilometer eine Straßensperre zu überwinden ist, an der du je nach Laune der Wächter, das Ding vorzeigen musst. Die Sicherheitsmaßnahmen der Ägypter können einem schon mal auf die Nerven gehen. Es sind nicht nur die Straßensperren mit Uniformierten (Polizei und Militär) und Zivilen (Geheimdienst). Auch in jedem Hotel schiebt die Tourismuspolizei rund um die Uhr Wache. Bei jedem Betreten des Hotels musst du durch einen Metalldetektor marschieren und dein Gepäck wird gecheckt. Etwas lästig ist das schon. Andererseits sorgt es für Sicherheit in einem Land, für das der Tourismus ein ganz wichtiger Wirtschaftsfaktor ist. Und ein paar schlimme terroristische Übergriffe hat es in der Vergangenheit ja gegeben.

BUNDESWEHR WIRKT NACH

Dann durch den Ahmad Hamdi Tunnel, der den Sinai mit Alt-Ägypten und gleichzeitig Asien mit Afrika verbindet. Der ist nur 2 km lang, führt unter dem Suez-Kanal hindurch. Ich fahre durch das alte, ziemlich schmutzige und laute Suez, ein Stück an der Westseite des Golfs entlang nach Süden und finde mit Mühe bei Sukhna eine neue Straße in Richtung Kairo. Gebührenpflichtig! Vor der Sperre habe ich auf einem Schild gelesen, dass Polizei, Militär und Ambulanzen gebührenfrei sind. Mal sehen, ob die alte Kreativität noch funktioniert. Am Kassentisch beginne ich einen Schwatz mit dem Personal und erzähle beiläufig, dass ich vor 40 Jahren bei der deutschen Bundeswehr war. Natürlich versteht niemand ein Wort, deshalb füge ich hinzu: „that's the german military forces." „You German Military?" „Yeah, once." Sie beraten sich, dann verschwindet einer in einem Kabäuschen, kommt mit einem Zettel wieder, drückt 2 Stempel drauf, winkt mich durch. Na bitte. Den Zettel habe ich in den nächsten Tagen noch 4 Mal vorgezeigt und brauchte nie zu zahlen. Es geht doch.
Nach gut 130 km Fahrt durch die östliche Arabische Wüste erreiche ich den Nil.
Der Nil – die Lebensader Ägyptens. Der längste Fluss der Welt. Ohne den Nil wäre Ägypten, wäre seine Kultur, seine Jahrtausende lange Vormachtstellung in der Welt nicht denkbar gewesen. Ägypten besteht zu über 90 % aus Wüste. Das Leben spielt sich auf dem schmalen fruchtbaren Streifen rechts und links des Nils ab. Der Nil ist Ägypten. Ägypten ist der Nil.
Ich fahre durch Kairo, die 20-Millionen-Metropole, die „Mutter der Welt". Viel habe ich über die chaotischen Verkehrsverhältnisse dieses Molochs gehört – es sollen weltweit die schlimmsten sein. Nun, nachdem ich mit meinem Roller Neapel, Palermo und Istanbul heil überstanden habe, fühle ich mich recht stark. Schaunmermal. An einem Vormittag und einem Nachmittag fahre ich kreuz und quer durch Kairo. Ja, es ist wirklich schlimm. Aber mit viel Anpassung und noch mehr Aufmerksamkeit kann ich durchaus mithalten. Dabei helfen die rasante Beschleunigung und die gute Wendigkeit des Burgman. Hauptleidtragende des Kairoer Verkehrschaos' sind die Fußgänger. Die werden von den Autofahrern einfach nicht beachtet. Die armen Leute rennen wie Toreros über die Straßen, weichen aus, die Autos zischen mit 10 cm Abstand an ihnen vorbei, schlimm. Anfangs hielt ich

einige Male an, um sie vorbei zu winken. Das klappt nicht. Fußgänger sind das nicht gewöhnt, springen zurück – und hinter dir kreischen die Bremsen und heulen die Hupen.

Bei diesen Ausflügen durch Kairo sehe ich viele imposante Bauwerke der Stadt; aber auch den Verfall, der hinter schönen Fassaden anscheinend unaufhaltsam fortschreitet.

Ich fahre nach Gizeh, zu den Pyramiden. Der Eindruck der 3 in schönster Harmonie parallel aufragenden Pyramiden Cheops, Chephren und Mykerinos ist absolut überwältigend. Die Ehrfurcht vor der Leistung der alten Ägypter steigt kontinuierlich, je mehr man sich mit der Geschichte ihrer Entstehung beschäftigt, mit ihrem Alter, ihren Ausmaßen, mit den technischen Hilfsmitteln der damaligen Zeit. Und je länger man sich auf dem Gelände aufhält, die Sphinx, die Sargkammern, die kleinen Pyramiden der Königinnen, das Museum, die Reste des Totentempels besichtigt. Man stelle sich vor: als Kleopatra dem Caesar die Pyramiden zeigte, waren die schon 2500 Jahre alt. Und erst mit dem Eiffelturm – gerade mal 120 Jahre alt – gibt es

Cheops, so groß ist die ja gar nicht

ein Bauwerk das höher ist als die Cheops-Pyramide!

Die Besichtigung ist eine anstrengende Angelegenheit. Auf das riesige Gelände dürfen keine Privatfahrzeuge. Dafür kannst du ein Kamel oder ein Pferd mieten. Ich albere am Eingang mit den Polizisten herum, fotografiere sie mit dem Burgman, argumentiere „I have my own camel" und werde schließlich mit Roller durchgewinkt. Das spart Kondition, erschließt mir die gesamte Fläche und ist die Grundlage für tolle Fotos.

Sphinx und Cheops

Sakkara, Guckloch zur Statue

Die Pyramiden von Gizeh haben mich infiziert. Ich will mehr davon. Also fahre ich am nächsten Morgen an einem Nil-Kanal entlang Richtung Süden nach Saqqara, nach Memphis und nach Dashur. Auch hier gelingt es jedes Mal, den Burgman mit auf das Gelände zu bekommen. So sehe ich die ältesten Pyramiden der Welt (4700 Jahre alt), kann in die Rote Pyramide hinein krabbeln bis in die Grabkammer, kann mich auf dem Boden von Memphis, der ehemaligen Hauptstadt Ägyptens bewegen und die riesigen Statuen des größten aller Pharaonen, Ramses II. besichtigen (er regierte 65 Jahre lang, wurde 91 Jahre alt, für damalige Verhältnisse wahrhaft biblisch).

Ich verabschiede mich von Kairo und nehme Kurs auf Alexandria, die „Wiege der Weisheit". Eine eher langweilige Fahrt auf der Autobahn, vorbei an den Klöstern und Einsiedeleien des Wadi Natrun. Im Rückspiegel fällt mir auf, dass die Gummistraps über meinem Rucksack schlaff herunter hängen. O weh, meine Motorradjacke ist weg. Die hatte ich über den Rucksack geschnallt – und zwar offenbar unsachgemäß. Zurück fahren? Aussichtslos, das gute Stück ist vielleicht schon vor 100 km davon geflogen. In der Innentasche sind meine Zweitschlüssel für Mopped, Topcase und Schlösser. Ich warte 20 Minuten an Straßenrand in der Hoffnung, dass jemand sie gefunden hat und sie jetzt mir richtig zuordnet, nix. Man lernt nie aus. Also weiter.

Alexandria, Moschee am Hafen

Alexandria, die zweitgrößte Stadt des Landes liegt noch immer exponiert am Mittelmeer, hat aber ihre Blütezeit längst hinter sich gelassen. Einst glänzte die Stadt mit Prachtbauten auf die sogar die Weltmacht Rom neidisch war. Kleopatra konnte zwar Caesar und Marc Anton noch mit ihren weiblichen Reizen ablenken, doch danach wurde die Stadt von Rom vereinnahmt. Dort, wo einst der 110 m hohe Leuchtturm von

Der Suez-Kanal

Die beiden wohnen direkt am Kanal

Pharos thronte, eines der Sieben Weltwunder der Antike, ist heute das allerdings auch sehr fotogene Fort Qaitbay zu besichtigen.

Mein Plan ist, in Alexandria ein Schiff zu finden, das den Burgman und mich zurück nach Europa bringt. Wohin, ist mir egal. Seit dem Irak-Krieg gibt es keinen Fährverkehr mehr. Aber es müsste doch möglich sein, einen Frachter zu finden. Mein Optimismus erhält schon am Eingangsportal zum Hafen einen Dämpfer. Ohne Ticket kein Hineinkommen. Ich versuche es bei mehreren Travel Agencys. Ohne Erfolg. Die schicken mich zur Egyptian Company. So richtig zuständig fühlt sich dort auch niemand, immerhin kopiert einer meinen Pass und weitere Unterlangen und fängt an zu telefonieren. Schließlich sagen mir Ibrahim und Mehmed, sie würden sich kümmern, ich solle morgen wiederkommen. Ergebnis nach 24 Stunden: ich soll fliegen und den Roller als Frachtgut verschicken. Nein danke, diese Version hatte ich schon vorher ausgeschlossen und das wussten sie. Ibrahim, etwas lahm: vielleicht ginge es ab Suez. Uff, das liegt ja nicht mal am Mittelmeer!

Ich beschließe, nach Israel zu fahren. Für diese Möglichkeit hatte ich extra einen zweiten, noch jungfräulichen Reisepass dabei, weil in vielen arabischen Ländern die Visa verfallen, wenn sie im Pass auf einen israelischen Stempel stoßen.

Aus dem Internet hatte ich eine Firma im israelischen Ashdod notiert, die ein paar Passagierplätze auf einem Frachtschiff anbietet, das jede Woche nach Monfalcone bei Triest fährt. Also zunächst zurück auf den Sinai. Das ist eine hübsche Strecke quer über das gesamte Nil-Delta über Idha, Damahur, Tanta, El Mahalla al Kubra, Damietta, dann auf der Dammstraße nach Port Said und weiter am Suez-Kanal entlang bis El Qantara. Dort führt seit 2001 eine schöne, riesige Brücke über den Suezkanal und gleichzeitig wieder von Afrika nach Asien – auf den Sinai. Noch 200 km durch die Wüste über Bir el Abd und ich bin in El Arish. El Arish hat schöne Strände, gilt als das Urlaubsrevier der Gegend, aber es sind keine Touristen zu sehen, alles ist leer, bis auf die Einwohner.

Strand von Eilat

DREIMAL EL ARISH

Den nächsten Tag werde ich lange nicht vergessen. Eigentlich sollte es ein ruhiger Vormittag werden: nach Ashdod sind es nur 170 km. Aber es kommt anders. Am Grenzübergang Raffah erfahre ich, dass die Grenze geschlossen wurde – offenbar wegen Rangeleien im unmittelbar dahinter liegenden Gaza-Streifen. Keine Chance, durchzukommen. Es gibt nur einen einzigen weiteren Grenzübergang zwischen Ägypten und Israel: Taba, am Golf von Aqaba. Also zurück nach El Arish, dann links Richtung Quseima. Nach 50 km eine Straßensperre, Militär. Nein, für Ausländer gibt es hier kein Weiterkommen. Lange Diskussionen, Telefonate, ich mache Theater, verlange ein Gespräch mit Präsident Mubarak; es bleibt beim Nein. Also wieder nach El Arish, von dort zurück nach El Qantara, dann am Suezkanal entlang über Ismailiya, am Bittersee längs bis auf die Höhe von Suez, über den Mitla-Pass, Nakhl und El Thamad nach Taba. Das waren 986 ungeplante Kilometer an diesem Tag, allesamt durch die Wüste. Für die hübschen Taba Heights durch die ich fahre und die südlich von Taba nahe der Küste gelegene Pharao-Insel mit der prächtigen Kreuzritterburg habe ich kaum ein Auge. Schließlich will ich noch über die Grenze nach Israel.

Die Grenzformalitäten liegen mit 1 1/2 Stunden im Rahmen – und dann bin ich in Eilat, dem israelischen Urlaubs- und Tauchparadies am Roten Meer, nur ein kurzes Stück von Aqaba entfernt. Es ist halb neun am Abend, als ich auf Quartiersuche gehe und zum ersten Mal auf dieser Tour stoße ich auf ausgebuchte Hotels. Schließlich lande ich in einem großen Youth Hostel. Bestens durchorganisiert, sauber, erstklassiges Frühstück. 18 € pro Nacht. Naja, 6 Mann im Zimmer – macht 108 €, nicht schlecht. Rechnen konnten die Jungs hier schon immer.

Überhaupt, nach 4 Wochen arabischer Welt kommt mir der Übergang nach Israel vor, wie eine Rückkehr vom 19. ins 21. Jahrhundert. Hier ist alles geordnet, geregelt, Straßen und Landschaft sind sauber, die Häuser entweder neu und modern oder aufs Feinste saniert. Der Straßenverkehr läuft diszipliniert ab, selbstverständlich herrscht jetzt wieder Helmpflicht. Die ganze Verkehrsführung ist vorbildlich. Wer sich hier verfährt, muss blind sein. Hier könnten sich deutsche Planer manche Anregung holen. Das ganze Land glänzt wie frisch gewienert. Trapattoni würde wohl sagen: „Israel hat fertig."

Ich fahre durch den Negev nach Norden, eine Wüste, die über die Hälfte der israelischen Landfläche einnimmt. Optisch ist das wie eine Fortsetzung des Sinai oder von Jordanien. Und tatsächlich reicht der Blick von den Aussichtspunkten weit in die Nachbarländer hinein. Bis auf den Negev ist Israel grün, bergig/hügelig, fruchtbar. Der Anspruch „Gelobtes Land" ist gut nachzuvollziehen. Über Beer Sheva erreiche ich Ashdod und finde am Hafen die Firma, die ich aus dem Internet kenne. Es ist Freitag um 13 Uhr, Feierabend! Klar, morgen ist Sabbat, der wöchentliche jüdische Ruhetag. Immerhin ist der Pförtner so nett, den Chef der Firma anzurufen, dem ich mein Anliegen schildere. Okay, sagt er, Sonntag 8 Uhr. Also 2 Übernachtungen in Ashdod. Der Ort ist hübsch, aber langweilig.

Jerusalem, junge orthodoxe Juden vor der Zitadelle

Auf nach Jerusalem, das sind nur gut 70 km. Ich fahre kreuz und quer durch die uralte, seit Jahrtausenden umkämpfte Hauptstadt, gehe auf der Via Dolorosa den Leidensweg Jesu nach, besichtige die Zitadelle mit dem Davidsturm, stöbere im Bazar herum, genieße den Blick vom Ölberg auf die Altstadt mit dem goldglänzenden Felsendom im Mittelpunkt.

Die Via Dolorosa

Pünktlich um 8 Uhr stehe ich am Sonntag bei der Firma in Ashdod auf dem Flur. Der Chef ist nicht da, aber eine ältliche griesgrämige Tante, die mich mit der Frage nervt, ob ich wohl eine Passage reserviert habe. Nach 5 Minuten ist mir klar, dass ich hier nicht weiter komme.

Ich fahre nach Haifa, Israels größte Hafenstadt. Über Tel Aviv, Jaffa mit dem ältesten Hafen der Welt, weiter über Netanya, Caesarea mit sei-

Haifa Haifa mit Bilck auf den Bahai-Schrein

nem herrlichen, gut erhaltenen römischen Aquädukt. An einer Ampel in Haifa spreche ich einen Rollerfahrer an und der führt mich zur Firma Caspi Shipping. Dort treffe ich auf Francis. Der hilft. Ja, am Donnerstag geht ein Frachter nach Piräus, eventuell schon morgen, aber der Veranstalter sitzt in Griechenland, da ist heute arbeitsfrei und morgen gibt's auch keinen Kontakt, Feiertag, Pfingstmontag! Ich kniee vor ihm nieder, bitte ihn, trotzdem dort anzurufen. Er tut's und nach 20 Mal Klingeln hat er tatsächlich die richtige Verbindung. Eine halbe Stunde später ist alles klar. Das Ganze ist zwar sauteuer, aber auch ein Abenteuer: als einziger Passagier 3 Tage und 3 Nächte auf dem Frachtschiff Maria G, 142 m lang, 20 m breit, 7,3 m Tiefgang, 6900 BRT, 30 Jahre alt. Morgen geht es los.

2 SCHIFFE WERDEN KOMMEN

Genug Zeit, mich ein wenig in Haifa umzusehen. Die gepflegte Stadt am Hang des Karmelgebirges brummt von geschäftigem Leben. Während in Jerusalem gebetet und in Tel Aviv gefeiert wird – wird hier gearbeitet. So sagt der Volksmund. Den schönsten Blick über die Stadt auf den Hafen und aufs Meer hast du von speziellen Aussichtspunkten in der Oberstadt am Mount Carmel. Mit gefühlten 50 % Steigung geht es über Treppen nach oben; bequemer ist es mit dem Carmelit Subway, einer hübschen unterirdischen Seilbahn. Das Panorama von oben ist unvergesslich. Schon der Blick auf den Bahai-Schrein mit seiner filigranen goldenen Kuppel inmitten einer feinen, terrassenförmig angelegten Gartenanlage ist den Aufstieg zum Berg Karmel wert. Nachts wird dieses Wahrzeichen Haifas kunstvoll angestrahlt – eine Augenweide. Am nächsten Morgen dann zu Francis, der mich gekonnt durch alle Sicherheits- Kontroll- und Zollformalitäten an Bord der Maria G lotst. Nachmittags Ablegen in Haifa. Ziel: Piräus. Und jetzt wird's kurios: Zwischenstation ist Alexandria.

Das hätte ich einfacher haben können. Maria G fährt diese Route jede Woche. Und das wusste in Alexandria niemand? Nun, die Ägypter waren offenbar vor 4000 Jahren besser organisiert als heute.

Ich beziehe eine schöne Außenkabine. Für die Passagiere gibt es ein Esszimmer, einen Fernsehraum mit fetten Ledersesseln und ein Spielzimmer. Da ich der einzige Gast bin also alles für mich. Ein Steward serviert mir 3 Mal täglich ordentliches Futter. So lässt sich leben. Die Sonne scheint, Maria G schippert mit 16

Maria G in Haifa

Knoten bei mäßigen 2 bis 4 Windstärken östlich an Kreta vorbei längs durch die Ägäis auf Piräus zu, den Hafen von Athen. Da ist viel Zeit zum Faulenzen, zum Lesen, zum Beobachten der Mannschaft bei der Arbeit und zum Revuepassierenlassen meiner Tour.

Morgens um halb zehn bin ich im Industriehafen von Piräus mit den griechischen Einreiseformalitäten fertig, sitze endlich wieder auf meinem Mopped – und ab geht's zum nächsten Fährhafen, nach Patras. Eine wunderschöne Fahrt, zunächst an der Ägäisküste entlang, dann über den Isthmus, der den Peloponnes zur Insel gemacht hat und dann auf einer

Einlaufen Piräus

kurvenreichen alten Straße von Dorf zu Dorf an der Nordküste des Peloponnes am Golf von Korinth entlang. Eine reizende Gegend. Schon gut 10 Kilometer vor Patras fällt dein Blick auf die mächtige, durch ihre Konstruktion aber leicht wirkende neue Brücke über den Golf von Patras. Fähren nach Italien laufen von Patras täglich aus. Meine legt um Mitternacht ab. 38 Motorräder sind mit an Bord, plus mein Roller. Im Hafen von Igoumenitsa, wo die Fähre morgens Zwischenstation macht, brummen wie ein Bienenschwarm weitere sage und schreibe 70 Motorräder auf das Schiff. Sie hatten einen LKW-Konvoi

169

Venedig, Markusplatz

mit Hilfsgütern für Albanien begleitet und sind jetzt auf der Rückfahrt. Da gibt es viel zu erzählen.

Und am nächsten Morgen legen wir in Venedig an. Von Venedig nach Hannover? Das ist Routine.

FAZIT:

Seit ewigen Zeiten streiten sich die Menschen über die Frage, was wohl die zweitschönste Sache der Welt sei. Hier kommt die Antwort: Mit dem eigenen Motorroller fern der Heimat bei feinstem Wetter durch einsame Traumlandschaften rauschen. Eindeutig, das ist es!

Neben den schönen Fahrten hat diese Reise mich mit vielen wundervollen Menschen zusammen gebracht. Türken, Syrer, Jordanier, Ägypter – wo immer ich anhielt war ich sofort umringt von fröhlichen, offenen, wissbegierigen, stolzen Menschen, die mich ausfragten, sich freuten, mir auf die Schulter klopften. Der Hinweis „aus Deutschland" verstärkte diese positive Resonanz. Da gab es Applaus! Deutschland hat in den arabischen Ländern ein tolles Image. Es ist wohl an der Zeit, dass wir wieder stolz auf unser Land sein können. Nie habe ich das Wort „Welcome" so häufig gehört, wie auf dieser Reise. Nie gab es auch nur im Ansatz eine kritische oder gar feindselige Situation. Im Gegenteil: diese Menschen nehmen dich in ihren Kreis auf, beschützen dich.

Ich halte ja an, um dort eine Burg zu besichtigen, etwas zu essen oder zu trinken, einen Spaziergang durch den Bazar zu unternehmen oder was immer. Würde ich nach diesem

Begrüßungspalaver anfangen, meine Schlösser auszupacken um den Roller zu sichern – das würde sie beleidigen. Und es ist einfach nicht nötig. Diese Gruppe achtet darauf, dass nichts passiert. Würde sich jetzt jemand an meinem Eigentum vergreifen – der fände sich wohl im Krankenhaus wieder. Eine andere Situation ergibt sich, wenn du dein Mopped über Nacht irgendwo abstellst. Jetzt fehlt der Bezug zu deiner Person, die Szene wird anonym und damit kritisch. Aber: die Hotels werden rund um die Uhr bewacht. Ich parkte den Burgman immer im Sichtfeld der Wächter und war dabei auch nicht kleinlich mit dem Trinkgeld. Nichts passierte.

Insgesamt war ich 10960 Kilometer mit dem Roller unterwegs. Hinzu kommen rund 4000 km auf Schiffen. 6 1/2 Wochen dauerte die Reise. Der Burgman ist für eine solche Tour das absolut geeignete Fahrzeug. Zuverlässig und genügsam vom ersten bis zum letzten Tag. Eine Beziehungskiste im besten Sinne. Ich erwischte mich dabei, dass ich mit ihm sprach, wie das wohl Cowboys mit ihren Pferden tun.

Das bereiste Gebiet steckt voller Zauber, voller positiver Überraschungen. Es bietet einen erheblichen Kontrast zu allem, was du von zuhause kennst und gewöhnt bist. Darin liegt ein besonderer Reiz. Marcel Proust wusste schon vor hundert Jahren: „Die eigentlichen Entdeckungsreisen bestehen nicht im Kennenlernen fremder Landstriche, sondern darin, etwas mit anderen Augen zu sehen."

Sicherlich hat der Orient in den vergangenen Jahrzehnten einiges von seinem 1001-Nacht-Flair verloren – hat Tribut an die moderne Zeit gezollt. Vieles davon existierte sowieso nur in unserer Phantasie. Aber noch viel mehr ist nach wie vor vorhanden und manche Entbehrung wert, um es zu erleben. Du musst es suchen und du wirst es finden. Aber bestimmt nicht während eines Pauschalurlaubs.

Meine nächste Reise? Wieder mit dem Motorroller.

ROLLERTOUREN ZUM NACHFAHREN

Die folgenden Touren hat Helmut Bohlen organisiert und beschrieben. Helmut ist Jahrgang 1951 und wohnt in Lebach im Saarland. 1996 kaufte er sich seinen ersten Roller, einen Piaggio TPH 50. Seitdem sind Touren per Roller sein Hobby. Nach Öffnung des Führerscheins Klasse 3 bis 125 ccm stieg er 1997 um auf eine Honda Bali 100. Seine erste Tour damit: 10 Tage zum Lago Maggiore. Es folgten nun weitere 125-er Roller. Im Jahr 1999 hatte er endlich auch seine Frau Gundi davon überzeugt, wie viel Spaß das Fahren von Rollertouren in der Gruppe macht. Jetzt war natürlich ein 125-er zu schwach. Also machte Helmut im Frühjahr 2000 den offenen Motorrad-Führerschein. Seit mehr als 10 Jahren gibt es nun die Rollertouren mit Gundi und Helmut. Mehr als 30 Reisen von 10 bis 14 Tagen Dauer führten quer durch Europa. Bevorzugte Gebiete sind dabei Südeuropa und die Alpen. Ein besonderer Reiz der Touren liegt darin, dass die Mitfahrer aus ganz Deutschland kommen. „Geteilte Freude ist doppelte Freude": unter diesem Motto suchen Helmut und Gundi sich nette Mitfahrer als Begleitung. Sie helfen ihnen auch gern mit Tipps und Hinweisen aus ihrer reichen Erfahrung bei den eigenen Vorbereitungen.
Aktuelle Informationen unter http://freenet-homepage.de/rollertouren.
Direkte Kontaktaufnahme unter Tel: 01577-384 1600 oder email: hebosa@web.de

Beschreibungen folgender Touren sind hier für Sie zusammengestellt:
CHIEMGAU · RIESENGEBIRGE · CEVENNES · ROM - AMALFI

Viel Spaß beim Nachfahren oder Mitfahren!

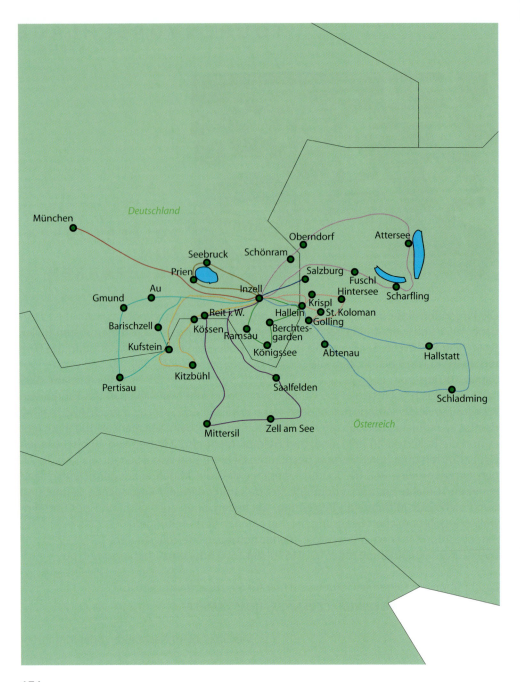

München

Deutschland

Seebruck

Prien

Schönram

Oberndorf

Attersee

Salzburg

Fuschl

Hintersee

Scharfling

Gmund

Au

Inzell

Krispl

St. Koloman

Barischzell

Reit i. W.

Hallein

Golling

Kössen

Berchtes-
garden

Kufstein

Ramsau

Königssee

Abtenau

Hallstatt

Pertisau

Kitzbühl

Saalfelden

Schladming

Mittersil

Zell am See

Österreich

ALLGEMEINES:

Zehn Tage lang wollen wir das Salzburger und Berchtesgadener Land entdecken.

Als Standort haben wir Inzell gewählt. Ruhig und zentral gelegen, ist der Ort ideal für unser Vorhaben. Wir können die gesamte Zeit in einer Pension bleiben und jeden Tag in eine andere Himmelsrichtung fahren. Die vielen touristischen Anziehungspunkte der Region garantieren für jeden Tag neue Eindrücke. Die Straßen laden mit vielen Kurven zum Fahren ein. Auch die Pässe zwischen Großglockner und Zillertal sind gut zu erreichen. Wir wohnen im Bikergasthof Gassl in Breitmoos, 2 km außerhalb von Inzell. Sehr zu empfehlen! Als Reisetermin haben wir den Hochsommer gewählt. Eine gute Wahl für die Region, allerdings nicht in diesem Jahr, denn der August ist verregnet und nur an 2 Tagen kommen wir abends trocken zurück. Die gute Stimmung in der Gruppe und das angenehme Gasthaus lassen uns jedoch das Wetter vergessen.

1. TAG

Das Wetter lädt nicht zu einer Rollertour ein. Dennoch, gegen 7.30 Uhr starten wir an diesem kühlen Sommermorgen. Warme Kleidung und Regenschutz sind heute angesagt. Nach 30 Minuten treffen wir 2 Mitfahrer in Elversberg. Gemeinsam fahren wir dann auf der B 10 über Pirmasens und Landau. Es bleibt kühl, aber trocken. Auch durch Karlsruhe kommen wir. Vor Stuttgart machen wir an der Tankstelle Sindelfinger Wald eine erste Tankpause. Dann rollen wir am Flughafen Stuttgart vorbei und fahren vor Ulm auf die B 10 nach Süden. Als wir die A 7 Richtung Kempten erreichen, gibt es nur noch langsames Vorwärtskommen. An der Raststätte Illertal machen wir daher Mittagsrast. Danach schlängeln wir uns durch den dichten Verkehr bis Memmingen und befahren dann die neue A 96 nach München. Hier ist wenig Verkehr und es geht wieder gut vorwärts.

Nach einem weiteren Tankstopp erreichen wir München. Die Weiterfahrt Richtung Salzburg ist gut beschildert und bereitet keine Probleme. Als wir hinter München eine kurze Pause machen, überrascht uns der erste Regen des Tages. Es folgen nun weitere Regenschauer bis kurz vor Inzell. Gegen 17.30 erreichen wir dann nach 602 km Inzell.

Nach kurzem Suchen erreichen wir den Gasthof Gassl im Ortsteil Breitmoos. Der Regen hat aufgehört und wir können im Trockenen die Roller entladen. Unsere Zimmer liegen alle in einem Nebengebäude. Wir sind zufrieden: Die Zimmer sind geräumig und sauber. Die Wirtsleute sind nett und sehr um unser Wohl bemüht. Für die Roller stehen uns 2 große Garagen zur Verfügung. Zum Abendessen haben wir das Nichtraucher-Stüberl nur für unsere Gruppe.

2. TAG

Das Frühstück ist hervorragend, das Wetter weniger. Ein nasser und kalter Morgen empfängt uns. Als wir exakt um 8.36 Uhr losfahren, nieselt es. Dennoch wollen wir unsere Tour rund um den „Wilden Kaiser" wie geplant fahren. Zunächst führt uns der Weg Richtung Traunstein zur A 8. Einige Kilometer Autobahnfahrt erleichtern das Finden der richtigen Position in der Gruppe. Wir fahren am Chiemsee vorbei bis Bernau. Es regnet und regnet ... Über Aschau und Sachrang erreichen wir Kufstein.

Wir parken die Roller am Straßenrand und wollen uns den Ort ansehen. Und es regnet... Wir laufen eng an den Fassaden entlang und finden schließlich den Weg zu Festung. Wir setzen uns in die Wartehalle vor dem Schrägaufzug und beobachten das Auf und Ab der Glaskabine. Dann kehren wir um zu den Rollern. Und es regnet... Die Weiterfahrt führt uns nun auf der B 170 über Wörgl und

Hopfgarten, durch das Brixental nach Kitzbühel. Der Regen wird heftiger und wir fahren langsam durch eine landschaftlich sehr reizvolle Gegend.

In Kitzbühel machen wir zunächst eine Rundfahrt auf der Suche nach einem Parkplatz nahe dem Ortszentrum. Dann müssen wir doch zurück zu dem großen Parkplatz am Ortsrand. Und es regnet ... Wir stellen die Roller ab und gehen zur Ortsmitte. Es ist Mittagszeit und wir wollen hier auch unsere Mittagspause machen. Viele Touristen sind im Ort unterwegs und alle wollen bei dem schlechten Wetter einen Platz in einem Restaurant oder Bistro. Keine Chance für unsere Gruppe, einen Tisch im Trockenen zu finden. Also kehren wir um und fahren weiter Richtung St. Johann. Vor St. Johann biegen wir von der 161 ab nach Oberndorf in Tirol. Dort halten wir an einem Hotelrestaurant und kehren ein.

Die nassen Kleider werden über die Stühle verteilt und wir freuen uns auf Kaffee und Kuchen. Wir lassen uns viel Zeit für unsere Pause, denn es regnet weiter. Schließlich müssen wir doch weiter. Wir rollen im Regen über Kössen und Marquardtstein nach Norden. Dann wird es am Horizont heller und kurze Regenunterbrechungen geben uns die Hoffnung, trocken nach Inzell zu kommen. Also fahren wir durch bis Bernau und dort wieder auf die A 8. Dann, am Chiemsee entlang, entlädt sich ein wolkenbruchartiger Regen, der bis kurz vor Inzell anhält.

Als wir gegen 17.30 Uhr nach 203 km dort ankommen, prägt unsere Mitfahrerin Athene den Spruch der die ganze Tour, auch in anderer Hinsicht prägt: „Das war aber grenzwertig!" Das Abendessen ist hervorragend und die Stimmung bestens. Die Wetteraussichten für Montag sind nicht gut und wir beschließen am nächsten Tag eine Busreise nach München zu unternehmen.

3. TAG

Um 8.30 Uhr werden wir von einem Kleinbus abgeholt. Zunächst machen wir eine kurze Rundfahrt und der Fahrer erzählt uns einiges über Inzell, das ja hauptsächlich durch die Weltcups im Eisstadion bekannt wurde. Dann fahren wir in Traunstein auf die Autobahn. Immer wieder gibt es Regenschauer. Unser erstes Ziel in München sind die Bavaria- Filmstudios. Als wir dort gegen 11 Uhr ankommen ist der Himmel immer noch trübe, aber es sollte für die nächsten 3 Stunden trocken bleiben. Wir entschließen uns, eine geführte Besichtigung zu machen. Zunächst fahren wir mit der kleinen Bahn durch das weite Gelände der Filmstudios.

Dann besichtigen wir die Filmstraße, die schon vielen Serien als Kulisse diente. Als die Gruppe selbst einen kurzen Ausschnitt aus dem Bully-Herbig-Film „(T)Raumschiff Surprise, Periode 1" dreht, gehören auch einige unserer Mitfahrer zu den Darstellern. Sie überzeugen alle mit ihren schauspielerischen Fähigkeiten. Welch' ein Spaß! Am Schluss des Rundganges können wir unseren selbst gedrehten Film kaufen. Beeindruckend sind auch die Originalkulissen des Erfolgsfilms „Das Boot". Wir klettern durch das Innere des U-Boot und können uns kaum vorstellen, wie man es wochenlang in dieser Enge aushalten kann. Interessant sind auch die Drehorte zu „Asterix und Obelix", der Verfilmung mit Gerard Depardieu. Unsere Führung erläutert und erklärt einzelne Situationen. Gegen 13 Uhr verlassen wir die Filmstadt und nach einer Stadtrundfahrt durch München setzt uns der Bus am Thomas-Wimmer-Ring, in der Nähe des Hofbräuhauses, ab. Wir teilen uns in kleine Gruppen und wollen München zu Fuß erkunden. Ein kräftiger Schauer zwingt uns aber zuerst ins berühmte Münchener Hofbräuhaus. Wir nehmen an einer langen Tafel Platz. Eine Band macht stimmungsvolle Musik und wir fühlen uns sauwohl. Ohne Roller dürfen wir uns ja auch ein Bier genehmigen.

Wir studieren die Speisekarte und jeder findet etwas, um sich zu stärken. Wir bestellen und sind erstaunt, dass trotz der Massenabfertigung das Essen allen schmeckt. Danach brechen wir in kleinen Gruppen wieder auf in die Münchener Innenstadt. Unser Rundgang führt zuerst zum Max-Josephs-Platz und dann weiter zur Feldherrenhalle und zur Theatinerkirche. Wir sind vom Inneren der Kirche begeistert. Die aufwändigen Stuckarbeiten sind einzigartig. Dann suchen wir die Frauenkirche. Das sachlich, einfache Innere der Kirche steht im Kontrast zu der Theatinerkirche. Dann zum Abschluss noch einen Rundgang über den Viktualienmarkt und unsere Aufenthaltszeit ist abgelaufen. Der Bus wartet am vereinbarten Treffpunkt. Alle sind pünktlich da. Jetzt will uns Peter noch zum Automobilmuseum nach Amerang bringen. Wegen einer größeren Umleitung kommen wir erst nach einer Stunde dort an. Unsere Enttäuschung ist groß, denn montags ist Ruhetag und wir stehen vor verschlossenen Türen. Wir fahren weiter und machen schließlich in Seebruck noch eine Kaffeepause. Gegen 18.30 Uhr erreichen wir Inzell wieder. Zum Abendessen treffen wir uns alle im Nichtraucher-Stüberl. Das Essen ist ebenso wie die Stimmung - hervorragend. Nach dem Essen noch den schon obligatorischen Holunderlikör und einen Spaziergang rund um den Falkenstein.

4. TAG

Das Wetter ist kühl, trübe und regnerisch. Dennoch wird heute wieder Roller gefahren. Wir starten pünktlich um 8.36 Uhr. Unser Weg führt uns zunächst auf der B 305 über Reit im Winkl und Küssen Richtung Kufstein. Die Straße ist nass, aber es regnet nicht. Diese Stra-

ße im Alpenvorland ist wenig befahren und trotz nasser Straße macht das Fahren Spaß. In Wörgl halten wir an einem Supermarkt, um Proviant für die Mittagspause zu kaufen. Bei der Weiterfahrt durch das Inntal machen wir dann nochmals an der Kirche St. Leonhard halt. Über Brixlegg erreichen wir wenig später Jenbach. Dort biegen wir rechts ab, hinauf auf den Achenpass. Wir halten nicht, denn wir wollen zuerst zum Ufer des Achensee nach Pertisau. Dichte Wolken hängen über dem See. Nach einer kurzen Pause fahren wir zurück zum Achenpass. Diesmal halten wir an und von der Aussichtsterrasse blicken wir weit über das Inntal. Dann fahren wir in das gegenüberliegende Zillertal. An den Talwänden hängen tief die Wolken. Dennoch steuern wir die Zillertaler Höhenstraße an. In Ried im Zillertal fahren wir rechts ab. Die einspurige Straße ist teilweise sehr steil und die Kurven sind unübersichtlich. Dazu Schmutz auf der Straße. Außerdem müssen wir durch die Wolken. Dann kommen wir zur Mautstelle. Michael ist unsicher, ob er weiterfahren soll. Aber bei freier Fahrt kann jeder seinen Fahrstil den Straßenbedingungen individuell anpassen und so bleibt auch Michael bei der Gruppe. Weiter geht die Fahrt auf der einsamen Straße bis zur Hirchbichleralm. Hier machen wir unsere Mittagspause.

Nach der Pause fährt Helmut vor, da er am gegenüberliegenden Aussichtspunkt die Roller bei der Ankunft in Fahrt fotografieren will. Von diesem Aussichtspunkt genießen alle den Blick über das unter uns liegende Zillertal. Immer wieder steigen Nebelschwaden auf und hüllen uns ein. Dann führt die Straße wieder hinab ins Zillertal. Wir machen noch einen Abstecher nach Mayrhofen, um zu tanken. Dann biegen wir in Zell rechts ab nach Gerlos. Vor der Passhöhe biegen wir links ab und auf der alten Gerlos-Straße kommen wir nach Wald im Pinzgau. Wir fahren bis Mittersil, biegen dort rechts ab über den Pass Thurn. Nun rollen wir weiter über Kitzbühel und Sankt Johann. Für die Rückfahrt zum Hotel haben wir uns heute die Strecke durch das Strubtal über Lofer und Schneizlreuth ausgesucht. Nachdem wir den ganzen Tag nicht nass wurden und auch Temperaturen bis 22 Grad angenehm zum Fahren waren, gibt es auf den letzten 15 km bis Inzell doch noch einen heftigen Regenschauer und wir kommen nass an. Nach 353 km stellen wir gegen 18 Uhr die Roller ab.

5. TAG

Punkt 8.36 Uhr - und alle sind startklar für unsere Großglockner-Tour. Es ist kühl und sieht nach Regen aus. Die Wolken hängen tief und die Straßen sind nass. Wir rollen zunächst auf der B 305 Richtung Süden und biegen dann ab auf die B 21 nach Österreich. Über Lofer und Saalfelden erreichen wir Zell am See. Hier ist viel Verkehr.

Aber wir biegen schon bald ab nach rechts zur Großglockner Hochalpenstraße. Bei Fuschl müssen wir Maut entrichten. Danach gibt Helmut freie Fahrt zur Passhöhe.

Aber so frei ist die Fahrt hinauf nicht. Zunächst blicken wir rechts auf die Nebelschwaden, die durch das Tal ziehen. Dann hüllt uns dichter Nebel ein. Die Sichtweite beträgt keine 10 m. So kämpfen wir uns die vielen Kehren hinauf zur Passhöhe von über 2500 m. Einige aus der Gruppe kehren auf der Passhöhe um. Andere fahren noch bis zur Franz-Josefs-Höhe. Dort liegt die Aussichtsplattform gerade 50 m unter der Nebelgrenze. Andere machen Pause in einem der Ausflugslokale an der Strecke. So verhüllt haben wir den Großglockner nicht erwartet. Jedoch, auch dieses Wetter gehört zu den Bergen. So bleibt uns der Vorsatz, irgendwann bei schönem Wetter nochmals zum Großglockner zurück zu kommen. Gegen 13 Uhr treffen sich alle wieder an der nördlichen Mautstelle. Als wir weiterfahren, beginnt es zum ersten Mal an diesem Tag zu regnen. Aber nach einer Viertelstunde hört es wieder auf. Als wir die B 311 erreichen biegen wir rechts ab. Wir kommen über Taxenbach und biegen vor Lend links ab. Die kleine Straße ist gut ausgebaut und trotz der Nässe macht es Spaß. In Dienten biegen wir rechts ab, hinauf zum Dientner Sattel. Bei Motorradfahrern ist dieser Pass wegen seiner schnellen Kurven sehr beliebt. Helmut fährt, für uns zunächst unverständlich, auf der Passhöhe gleich weiter und bei 18 % Gefälle hinab nach Mühlbach. Er hat gelesen, dass die Ostseite ein besonderes Highlight ist. In Mühlbach fährt er einen großen Parkplatz an. Dort drehen wir um und in freier Fahrt kann nun jeder wieder hinauf zur Passhöhe stürmen. Dort kehren wir im Berggasthof ein. Kaffee, Kuchen oder Eis haben wir uns jetzt verdient. Die Großglockner Passage und die Ostrampe des Dientner Sattel sorgen für angeregte Gespräche. Danach fahren wir hinab nach Dienten und über den Filzen Sattel und Maria Alm nach Saalfelden. Unser Weg führt nun weiter durch das Saalach-Tal. Der Himmel klart etwas auf und wir sehen nun auch in welch schöner Gegend wir hier unterwegs sind. Dann noch durch den Tunnel bei Lofer und gegen 17.30 Uhr nach 294 km kommen wir diesmal trocken in Inzell an.

6. TAG

Wie jeden Morgen, zuerst einen Blick aus dem Fenster. Die Straße ist fast trocken und erste Lücken in der Wolkendecke bringen vielleicht einen schönen Tag. So beschließen wir, heute unsere längste Tagestour zu starten. Wir fahren über Bad Reichenhall hinab zur Autobahn und umgehen so den Großraum Salzburg. An der Aus-fahrt Kuchl verlassen wir die Autobahn wieder. Auf der Landstraße kommen wir durch Golling. Die malerischen Gebäude der Hauptstraße bleiben uns in Erinnerung. In der Nähe von Werfen, an der Salzachtal Bundesstraße machen wir kurze Pause. Vor Bischofshofen biegen wir dann links ab Richtung Eben im Pongau. Wir wollen heute das Dachsteinge-

181

birge umfahren. Deshalb biegen wir vor dem Ort nochmals links ab und fahren nach Filz-moos am Dachstein. Auf einem Rastplatz halten wir und es wird fleißig fotografiert. Die Wolken hängen doch recht hoch und geben einen eindrucksvollen Blick auf die schroffen Berge frei. Die Weiterfahrt auf der kurvigen Straße am Fuße des Bergmassivs ist genau richtig fürs Rollertouren. Wir kommen durch Ramsau und erst hinter Weißenbach wieder auf die B 320 im Tal der Enns. Es ist Mittagszeit und wir steuern einen Supermarkt an. Wir füllen unsere Topcases auf und rollen weiter. Vor Sankt Martin am Grimming wollen wir die Abkürzung nach Bad Aussee, vorbei am Salza-Stausee, nehmen. Allerdings finden wir die Abfahrt nicht. So fahren wir bis Trautenfels und dort nach links auf die B 145 nach Bad Mitterndorf.

Gleich hinter dem Ort biegen wir rechts ab und erreichen auf der schmalen Straße über Gschlößl und Anger den Grundlsee. Wir fahren am See entlang bis zum östlichen Ende. Hier, im kleinen Ort Gößl, machen wir Mittagsrast am Seeufer. Der kleine Parkplatz am Ortsrand bietet uns Bänke, Einkaufsmöglichkeiten und Toiletten ganz in der Nähe. Wir ge-nießen den Blick über den 5 km langen See und lassen uns die mitgebrachten Köstlichkei-ten aus dem Topcase schmecken.

Hier würden wir gerne länger verweilen. Aber nach einer Stunde drängt Helmut zur Wei-terfahrt. Nach einem kurzen Tankstopp in Bad Aussee fahren wir auf der Koppenstraße nach Obertraun am Hallstädter See. Wir rollen ein kurzes Stück entlang der Westseite des Sees. Dann biegen wir auf die B 166 ab. Wir kommen gut vorwärts und erreichen schon bald die Biegung nach Süden. In Sankt Martin im Tennengebirge machen wir eine Kaffee-pause. Unsere nächste Station ist Bischofshofen. Hier suchen wir die Kreuzung, an der wir nach Saalfelden abbiegen können. Die Straße bietet Fahrspaß pur und nach 25 km freier Fahrt sind wir wieder oben auf dem Dientner Sattel. Für eine weitere Rast haben wir keine Zeit. Wie am Vortag fahren wir über Lofer wieder nach Inzell zurück. Hinter dem Lofer-Tunnel setzt heftiger Regen ein und wir kommen gut durchnässt gegen 18 Uhr nach 389 km in Breitmoos an. Nachdem wir die Kleider im Zimmer oder im Heizraum zum Trocknen ausgebreitet haben, treffen wir uns wieder zu einem gemütlichen Abend im Nichtrau-cher-Stüberl des Gassl.

7. TAG

Heute rollern wir rund um Salzburg. Über Bad Reichenhall und ein kurzes Stück auf der Autobahn erreichen wir Hallein. Dort fahren wir auf die Bundesstraße nach Süden, biegen dann links ab nach Vigaun und kommen auf der kleinen Bergstraße nach Sankt Koloman. Dann führt uns die Schleife vor Golling wieder auf die Bundesstraße.

Gleich hinter Golling biegen wir wieder links ab und fahren bis Pichl im Tennengebirge. Als wir dort nochmals links abbiegen, liegt die mautpflichtige Strecke über die Moosbergalm vor uns. Die Abtenauer Postalmstraße ist ein besonderes Erlebnis. Schon nach wenigen Metern halten wir an und erfreuen uns an dem Blick über das Lammertal zum Tennenge-

birge. Die Mautgebühren sind erträglich und so genießen wir die Fahrt auf der einsamen Bergstrecke, vorbei an der Postalm auf 1282 m. Die Abfahrt nach Strobl ist kurvenreich und bietet eine Fernsicht über den Wolfgangsee. Auf der Bundesstraße 158 fahren wir bis Sankt Gilgen und machen am Seeufer Mittagsrast. Als wir gegen 13.30 Uhr weiterfahren, beginnt es leicht zu regnen. Wir bleiben dennoch auf der geplanten Route, der B 158. Vorbei am Fuschlsee und dem Salzburgring nähern wir uns Salzburg. Vor der Stadt biegen wir links ab und fahren bei Nieselregen hinauf auf den Gaisberg, dem bekannten Aussichtspunkt über Salzburg. Wir sind bei dem schlechten Wetter fast die einzigen Besucher hier oben. Lediglich einige Gleitschirmflieger nutzen die Thermik für ihr Hobby. Die Fernsicht auf dem Gaisberg ist toll.

Viele km gleitet unser Blick über das Salzburger Land. Tief unter uns liegt Salzburg. Von hier oben können wir Einzelheiten der Stadt erkennen. Der Kiosk lädt zu einem warmen Getränk ein. Danach fahren wir über Ebenau durch das Wiestal hinab nach Hallein. Am Nordende der Stadt biegen wir rechts ab und fahren steil hinauf nach Oberau. Nach kurzer Suche finden wir die Einfahrt in die Rossfeldhöhenring-Straße. Diese Kammstraße ist mautpflichtig und bei Motorradfahrern sehr beliebt. Obwohl es inzwischen wieder leicht nieselt und dichte Nebelfelder über Berchtesgaden liegen, wollen wir doch diese Rundfahrt mitnehmen. Dann fahren wir hinab nach Berchtesgaden und für die Rückfahrt haben wir die Strecke über Ramsau ausgesucht. Am Straßenrand finden wir auch noch ein

Gasthaus, das zu einer kurzen Rast bei Kaffee und Kuchen einlädt. Danach fahren wir auf kürzestem Weg nach Inzell zurück. Gegen17 Uhr, nach 290 km stellen wir die Roller ab. Das Abendessen haben wir bereits für 18.30 Uhr bestellt, denn danach erwartet uns noch ein außergewöhnlicher Abend.

Wir besuchen den Heimatabend im Festsaal der Gemeinde Inzell. Wir lassen uns gemütlich nieder. Die Darbietungen der einzelnen Gruppen des örtlichen Heimatvereins werden mit viel Liebe vorgetragen. Besonders die Gruppe mit den Peitschen-Knallern findet unseren Beifall. Gegen 22.30 Uhr sind wir wieder im Gassl zurück. Dort reicht die Zeit noch für einen kurzen Umtrunk, bevor wir uns in unsere Gemächer zurückziehen.

8. TAG

Heute ist ein besonderer Tag: Gundi wird 50. Schon beim Frühstück lassen wir sie hochleben. Vor der Feier liegt natürlich noch eine Rollertour. Bei leichtem Regen fahren wir los; ein heller Streif am nördlichen Horizont lockt uns. Deshalb ab nach Norden. Wir fahren durch Traunstein und weiter über Altenmarkt an der Alz Richtung Wasserburg am Inn. In Obing biegen wir dann links ab nach Amerang. Helmut hat beschlossen, wegen des Dauerregens das Automuseum in Amerang zu besuchen. Wie sich herausstellt, eine gute Entscheidung. Die Oldtimer Sammlung ist beeindruckend. Die Fahrzeuge sind nach Fabrikaten und Jahrzehnten übersichtlich aufgereiht. So manches exotische Stück findet unsere Aufmerksamkeit. Eine Vespa als Nobelrikscha interessiert uns natürlich besonders. Von Fahrzeugen der Pionierzeit bis zu Sportwagen der 90-er Jahre aus überwiegend deutschen Werken bietet sich ein breites Spektrum über die Automobilentwicklung. Auch die verschiedenen Wohnräume mit Möbeln im Stil der 50-er Jahre bringen manche Erinnerung zurück. Auch eine kleine Modellbahn-Schau ist angeschlossen.

In der kleinen Cafeteria machen wir unsere Mittagspause. Als wir gegen 14.30 Uhr aufbrechen, hat der Regen aufgehört. Helmut führt die Gruppe nach Norden. Das Ziel ist die berühmte Klosterkirche von Gars am Inn. Von außen völlig unscheinbar, überrascht uns die Kirche im Inneren umso mehr. Der Hauptaltar und die vielen Seitenaltäre sind ausgestattet mit grandiosen Kostbarkeiten. Danach machen wir uns auf den direkten Weg zurück nach Inzell. Über Waldkraiburg und Trostberg kommen wir wieder nach Traunstein.

Dann die letzten 15 km hinauf nach Inzell. Nach 176 Tageskilometern stellen wir gegen 16 Uhr die Roller ab.

Hier warten bereits weitere Rollerfreunde, die zusammen mit uns Gundis Geburtstag feiern wollen. Wir machen uns frisch und gegen 18.30 Uhr beginnt der offizielle Teil der Geburtstagsfeier. Vor dem Stüberl empfängt Manni alle mit Sekt und Orangensaft. Die Stimmung ist bestens.

Dann beginnen Gisela und Monika mit Ihrem Vortrag. Sie hatten von Helmut eine Liste mit Gundis Wünschen verlangt, um daraus ein Geschenk auszusuchen. Nun wollten sie sich nicht entscheiden und haben einfach alle Gegenstände der Liste geschenkt.

Anstelle des Videospiels „Im Namen des Gesetzes" gab es halt ein älteres Gesetzbuch. Statt Gartenzwerg gab es nur einen winzig kleinen für den Blumentopf. Als Gewächshaus hat Lothar ein Modell 5 x 5 cm gebastelt und so weiter. Die Stimmung ist ganz toll und es wird so gelacht und gescherzt, dass kein Auge trocken bleibt. Die selbstgemachten Schnäpse des „Gassl-Wirt" sorgen dafür, dass auch am nächsten Morgen niemand einen dicken Kopf hat.   D A N K E, an alle für diesen gelungenen Abend!

9. TAG

Zum ersten Mal scheint heute Morgen die Sonne. Wir starten erst gegen 9 Uhr, fahren über Traunstein nach Osten und kommen über Teisendorf nach Laufen, wo wir über den Inn Österreich erreichen. Es ist wenig Verkehr und das Fahren in der Gruppe macht Spaß. Wir lassen die Roller auf der B 156 nach Süden laufen und biegen dann bald nach links

ab. Auf einer Nebenstrecke wollen wir zum Obertrumer See. Eine Beschilderung ist so gut wie nicht vorhanden. So stehen wir plötzlich im Hof eines Bauernhofes und müssen umkehren. Dennoch bringt uns die einsame Straße nach Obertrum. Dort machen wir eine kurze Pause und bummeln zum Seeufer. Die ungewohnten Sonnenstrahlen verwöhnen uns. Dann setzten wir unsere Fahrt über Neumarkt am Wallersee und am Ufer des Mondsees entlang zum Attersee fort. Am Ostufer des Attersees fahren wir bis Steinbach. Dort parken wir, und suchen ein Lokal für unsere Mittagspause. Leider ist keine geeignete Gaststätte in der Nähe. Wir verabschieden uns hier von Dorothea und Stephan, die hier ihre Tour beenden, fahren zurück bis Weißenbach und biegen dort links ab auf die B 153. An der Kreuzung zur B 145 biegen wir rechts ab und finden nach wenigen Metern ein nettes Gasthaus für unsere Pause.

Wir sitzen unter einem großen Baum im Freien und lassen uns bedienen. Nach der Pause fahren wir zunächst bis Bad Ischl weiter. Dort biegen wir rechts ab und erreichen den Wolfgangsee. Am Südufer halten wir auf einem Rastplatz an und werfen einen Blick hinüber nach Sankt Wolfgang. Wir beschließen, bei dem schönen Wetter nochmals zum Gaisberg hinauf zu fahren.

Heute, am Sonntag, ist einiges los auf dem Gaisberg. Alle Parkplätze sind belegt und auch viele Motorradfahrer treffen wir hier.

Bei dem schönen Wetter können wir die Fernsicht genießen. Dann fahren wir über Ebenau zurück nach Hallein. Nun wollen wir noch zum Königssee. Als wir Schönau erreichen, brechen wir ab, denn an diesem ersten schönen Tag der Woche, zudem noch einem Sonntag, ist alles restlos überbelegt. Die B 20 und B 305 sind restlos verstopft, aber wir schlängeln uns durch. Hinter Berchtesgaden sammeln wir uns dann wieder. Bei Schneizlreuth machen wir auf einer Hotelterrasse noch eine kurze Pause, bevor wir dann gerade noch vor einem kräftigen Regenschauer Inzell erreichen. Nach 220 km stellen wir gegen 17.30 Uhr die Roller ab und freuen uns auf einen weiteren lustigen Abend im Gassl.

10. TAG

Es regnet. Dennoch, 8.36 Uhr ist Abfahrt zu unserer letzten Tagestour. Wir fahren über Ramsau nach Berchtesgaden. Dort biegen wir ab zum Obersalzberg. Wir parken die Roller und bummeln bei leichtem Nieselregen zur Talstation, wo die Busse zum Kehlsteinhaus abfahren. Wir lösen die Tickets und schon wenige Minuten später startet der Bus hinauf zum Kehlsteinhaus. Dabei muss er auf einer Strecke von 6,5 km 700 Höhenmeter überwinden, wobei es nur eine einzige Kehre gibt. Die Straße ist einspurig und es gibt nur eine Ausweichbucht, wo talabwärts fahrende Busse und bergauf fahrende Busse aneinander vorbei können. Im Tal unter uns, um Berchtesgaden, hängen Wolkenfelder. Als wir an der Bergstation den Bus verlassen, müssen wir zunächst durch einen 124 m langen Tunnel gehen. An dessen Ende ist ein großer Fahrstuhl, der Kehlsteinlift, für bis zu 30 Personen. Die Wände des Aufzugs sind mit Messing beschlagen und glänzend poliert. Als wir nach

40 Sekunden 124 m höher ankommen, erwartet und ein grandioses 360-Grad- Panorama. Auch wenn es nieselt und die Wolken unter uns einiges verdecken, sind wir sehr beeindruckt. Vielleicht ist es aber gerade wegen des miesen Wetters ein besonderes Erlebnis. Auf der einen Seite ein Blick auf den Königssee und auf der anderen Seite reicht die Aussicht bis Salzburg. Die umliegenden Bergspitzen des Hohen Göll, des Jenner und vom Hohen Brett sind ganz nah und dahinter das Watzmann-Massiv.

Für einen Restaurantbesuch ist es noch zu früh.

Wir erkunden die gesamte Kehlsteinspitze mit ihrer Höhe von 1834 m. Fotos vom Gipfelkreuz gehören natürlich auch dazu. Die Engländer nennen diesen Punkt „Eagles Nest". Dann bringen uns Lift und Bus wieder zurück zum Parkplatz. Inzwischen regnet es heftig. Den Besuch der Gedenkstätte auf dem Obersalzberg brechen wir ab, da schon zu viele Besucher vor dem Eingang warten. Im Regen fahren wir hinab nach Hallein. Von dort führt uns der Weg bis Bischofshofen, wo wir wieder die reizvolle Strecke über den Dientner Sattel wählen. Auf der Passhöhe machen wir eine längere Pause und versuchen, unsere Kleidung etwas zu trocknen. Das Wetter wird etwas besser und über Saalfelden und Lofer erreichen wir nach 181 km gegen 16 Uhr Breitmoos wieder.

Die Kleider werden zum Trocknen ausgelegt. Dann wird gepackt, denn morgen ist Abreise. Zum Abendessen treffen wir uns alle nochmal im Gassl. Heute, am letzten Abend, sind alle schon in Gedanken bei der Heimreise. Bei bester Stimmung sind sich alle einig, dass man sich im nächsten Jahr wieder zu einer Tour trifft. Ein besonderer Dank nochmals an die Gastfreundschaft, die wir im Gassl erleben durften.

HEIMREISE

Rückfahrt: Michael und Manfred fahren zusammen. Renate und Heinz, Udo, Renate und Heiner, Klaus und auch Athene treten die Heimreise alleine an. Lothar hängt sich an den PKW der Störmanns. Manni, Heinz, Gundi und Helmut fahren wieder zusammen. Durch München zur A 8 und dann bei stürmischem Wind über Stuttgart auf dem schnellsten Weg zurück ins Saarland, wo sie nach 573 km gegen 15.30 Uhr ankommen. Auch alle anderen Mitfahrer kommen gut heim.

Danke, an alle für diese „grenzwertige" Tour! Ein angenehmes Gasthaus und eine Bombenstimmung ließen uns das schlechte Wetter vergessen.

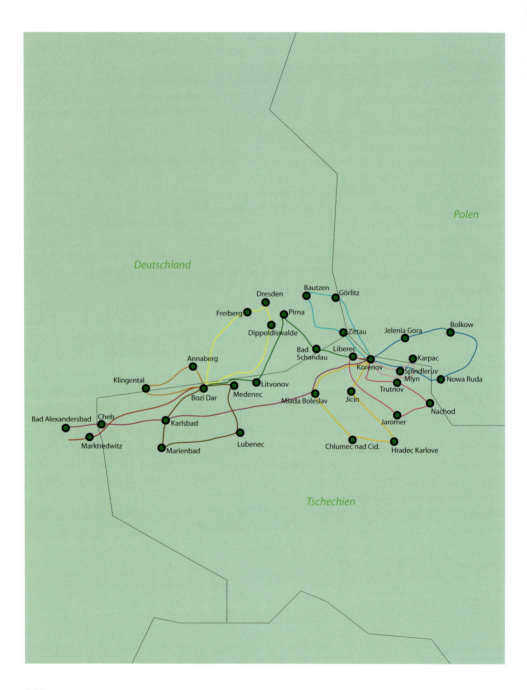

Polen

Deutschland

Bautzen
Görlitz
Dresden
Freiberg
Pirna
Dippoldiswalde
Zittau
Jelenia Gora
Bolkow
Bad Schandau
Liberec
Karpac
Annaberg
Korenov
Spindleruv
Klingental
Mlyn
Nowa Ruda
Litvonov
Bozi Dar
Medenec
Trutnov
Mlada Boleslav
Jicin
Bad Alexandersbad
Cheb
Jaromer
Nachod
Karlsbad
Marktredwitz
Lubenec
Chlumec nad Cid.
Hradec Karlove
Marienbad

Tschechien

RIESENGEBIRGE
12 TAGE

ALLGEMEINES:

Das Erzgebirge und das Riesengebirge wollen wir erfahren. Neugierig wurden wir durch Berichte in Touren-Zeitschriften und auch die Fernsehübertragung der Skiflugtage in Harrachow. Als Ausgangspunkt für Ausflüge wählten wir Pensionen in Tschechien. Zunächst Bozi Dar, 30 km nördlich von Karlsbad, denn dieser Ort war für alle Mitfahrer an einem Tag erreichbar. Nach 4 Tagen wechselten wir unser Quartier und zogen in die Nähe von Harrachow, an der tschechisch-polnischen Grenze, 30 km östlich von Liberec. Die Standorte waren gut gewählt und lagen zentral. Wir wollten uns ein persönliches Bild von Land und Leuten machen. Wir lernten viel Gastfreundschaft in Tschechien kennen, in Polen jedoch weniger. Außerdem muss man immer mit schlechten Straßen rechnen, auch auf den Durchgangsstraßen. Dennoch, die Entdeckungstour hat sich gelohnt. In manchen abgelegenen Orten fühlten wir uns in die 50-er Jahre versetzt. Aber moderne Urlaubsorte wie Harrachow und Spindler Mühle haben inzwischen Anschluss gefunden. An vielen Stellen konnten wir Verständnis dafür gewinnen, dass die Vertriebenen aus Schlesien gerne wieder in ihre Heimat zurückkehren wollten. Im Erzgebirge sollte auch eine Bergwerksbesichtigung dazu gehören.

Heute ist kein ideales Wetter für Rollertouren. Es ist trübe und regnerisch. Ab Zweibrücken beginnt es zu regnen und ab Pirmasens ist dichter Nebel. Doch unterwegs durch die Pfalz wird das Wetter besser. Bis zum Kreuz Weinsberg haben wir viel Verkehr und bei nasser Straße ist es nicht ungefährlich, die LKW zu überholen. An der Raststätte Hohenlohe wird eine kurze Pause gemacht. Dann geht es weiter, Nürnberg entgegen. Ab Nürnberg beginnt es wieder heftig zu regnen. Um die Stadt bleiben wir auf der A 6 und fahren bis zur Ausfahrt Amberg Ost. Dort verlassen wir die Autobahn. Die Regenschauer haben aufgehört. Wir wollen über Knölling nach Schwarzenfeld, um dort auf die A 93 zu fahren. Aber schon kurz nach der Ausfahrt ist eine Umleitung und wir müssen einen Bogen über Schmidgaden fahren. Auch die Landschaft der Oberpfalz ist für Rollertouren interessant. So erreichen wir gegen 13 Uhr Schwarzenfeld. Wir steuern einen Parkplatz an der Naabbrücke an. Hier, vor der Gaststätte Hammerwirt, wartet ein weiterer Mitfahrer auf uns. Da es gerade trocken ist, machen wir hier unsere Mittagspause. Gemeinsam fahren wir danach vorbei an Weiden bis zur Ausfahrt Waldsassen, wo wir auf die Landstraße nach Tschechien kommen. Gegen 15 Uhr erreichen wir den Grenzübergang. Unmittelbar hinter der Grenze, an einer großen Tankstelle, warten weitere 3 Mitfahrer auf uns. Sie haben auf einer anderen Route (ohne Autobahnfahrt) den Treffpunkt angefahren. Wir tanken auf und besichtigen noch kurz den großen ASIA - Markt, der immer wieder viele Touristen und Schnäppchenjäger anlockt. Am Südrand von Cheb vorbei, orientieren wir uns an den Schildern nach Karlsbad (Karlovy vary). Die Straße ist recht gut ausgebaut. So rollen wir bis Sokolov. Dort biegen wir links ab. Wir wollen auf einer kleinen Nebenstrecke durch das südliche Erzgebirge unser Tagesziel Bozi Dar ansteuern. Wir fahren über Nejdek, Nove Hamry und Horni Blatna. Die Straße wird immer schmaler. In Nejdek setzt heftiger Regen ein. Wir wollen jedoch nicht anhalten, da uns nur noch wenige km von unserem Tagesziel trennen. Die kleine Straße auf der Hochebene von Bozi Dar macht im Regen natürlich wenig Spaß. Gegen 17 Uhr kommen wir in Bozi Dar (zu Deutsch: „Gotteslob") an. Das Hotel Daro finden wir auf Anhieb. Einige Mitfahrer sind hier untergebracht. Die anderen wohnen in der 100 m entfernten Pension Snehulaka. Hier stellen wir nach 634 km unsere Roller ab. Zum gemeinsamen Abendessen treffen wir uns im Hotel Daro. Mit dem Essen sind wir sehr zufrieden.

2. TAG

Auf das Frühstück muss-
ten wir etwas warten, da
die Bäckerei erst gegen
8 Uhr frische Backwaren
lieferte. Dennoch sind
alle an diesem kühlen
Sommermorgen bei 11
Grad um 8.36 Uhr vor
dem Snehulaka start-
klar. Heute fahren wir
auf der deutschen Seite
durch das Erzgebirge.
Die Straßen sind gut,
doch einige Umleitun-

gen wegen Baustellen zwingen uns zu Umwegen. Wir rollen durch Oberwiesenthal und Johann-Georgenstadt bis Klingenthal. Dort machen wir am Ortsende auf dem Bürgersteig eine kurze Rast. Dann führt uns der Weg über Falkenau und Aue nach Annaberg. Hier machen wir am Marktplatz Mittagspause. An den Marktständen können wir frisch einkaufen. Gegen 13.30 Uhr fahren wir über Tschopau zum Zweiradmuseum in Augustusburg. Schon von weitem sehen wir die hellen Gebäude der Augustusburg aus der Landschaft ragen. Wir parken vor der Schlossmauer und beginnen unsere Besichtigung. Das Schloss bietet eine Vielzahl von Museen: das Kutschenmuseum, Jagdtier- und Vogelkundemuseum und das Museum zur Schlossgeschichte. Uns interessiert vor allem das bekannte Zweiradmuseum. Auf 2 Etagen gibt es eine große Auswahl seltener Modelle, die liebevoll restauriert wurden. Nach den Besichtigungen bleibt auch ausreichend Zeit für eine gemütliche Kaffeepause. Gegen 17 Uhr brechen wir wieder auf. Bevor wir zum Hotel fahren, liegt noch ein weiteres Highlight vor uns. In gemütlicher Fahrt rollen wir über Lengefeld, Olbernhau und Rübenau Richtung Jöhstadt. Unser Ziel ist das Kobalt- und Silberbergwerk Jöhstadt. Hier hat Helmut für unsere Gruppe eine spezielle Führung durch das Bergwerk bestellt. Das Bergwerk ist nur auf einem 1 km langen schmalen Waldweg mit hohen Laub- und Nadelbäumen zu erreichen. Der Boden ist schmierig, aber alle kommen an den Besucherhütten an. Hier werden wir von Herrn Freier und seinen Mitarbeitern bereits erwartet. Im Andreas-Gegentrum-Stollen wurde 1748 mit dem Schürfen begonnen. Man fand Rotgültigerz, Kobalt und silberhaltige Kiese. 1792 wurde zur Erzaufbereitung ein Pochwerk errichtet. Das hierfür notwendige Wasser wurde aus der Preßnitz entnommen. 1843 wurden die Arbeiten jedoch wieder eingestellt. Von 1749 bis 1841 lässt sich eine Erzausbeute von ca. 140 kg Silber und ca. 720 kg Kobalt nachweisen. Seit 1984 arbeiten Bergbaufreunde aus Steinbach und Jöhstadt dieses Grubenrevier wieder auf, um der Nachwelt dieses Stück Bergbaugeschichte zu erhalten. Wir ziehen gelbe Schutzjacken und Helme an. Am Ledergürtel hängt die Batterie, die die Lampe versorgt, die jeder mitnehmen muss. Dann wird die kleine Tür aufgesperrt und wir tauchen in die Unterwelt ein.

Das erste Teilstück des Stollens ist gut ausgebaut und mit Holzplanken belegt. In einer unterirdischen Kammer ist für unsere Gruppe ein Tisch gedeckt und unser Abendessen besteht heute aus einem Bergmannsessen. Wir nehmen am Tisch Platz und zuerst werden wir mit einem klaren Schnaps auf das Essen eingestimmt. Dann gibt es eine deftige Brotzeit mit Schmalz und Hausmacher Blut- und Leberwurst. Danach steigen wir in 2 Gruppen durch die engen und feuchten Stollen. Das Bergwerk ist touristisch noch wenig erschlossen und wir können einen echten Eindruck von der Bergmannsarbeit gewinnen. Es ist dunkel und nur die Lichtkegel unserer Lampen erhellen die meist ungesicherten Stollen im Felsgestein des Erzgebirges. Gegen 20.30 Uhr fahren wir zurück nach Bozi Dar. Nach diesem ereignisreichen Tag stellen wir gegen 21.15 Uhr die Roller nach 296 km ab. Den Abend beschließen wir wieder in der Pension Daro.

3. TAG

Ein sonniger, aber kühler Morgen empfängt uns. Das Frühstück ist rechtzeitig serviert. Um Bozi Dar ist eine große Straßenbaustelle, denn der Ort erhält eine Umgehungsstraße für den stark wachsenden Verkehr von Deutschland nach Tschechien. Wir starten pünktlich und rollen auf der B 25 über Jachymov und Ostrov nach Süden. Dann biegen wir rechts ab auf eine holprige Nebenstrecke über Hajek und Lesov. Wir kommen durch die nördlichen Stadtgebiete von Karlsbad und treffen dann auf die B 13 Richtung Cheb. Schon nach wenigen km biegen wir links ab. Unser Ziel ist die alte Festungsstadt Loket. Wir parken auf dem Bürgersteig und bummeln durch die malerischen Gassen dieser alten Siedlung in einem Bogen der Ohre.

Viele Fassaden sind renoviert, aber hinter den Gebäuden sieht es doch noch teilweise trostlos aus. Nach einer guten Stunde fahren wir weiter Richtung Marienbad. Hierfür haben wir eine ganz kleine Nebenstrecke über Prameny gewählt. Die holprige Straße führt meist durch Waldgebiete und wir glauben schon, auf einem falschen Weg zu sein.

Dann aber liegt Marienbad vor uns. Auf der Suche nach einem Parkplatz machen wir zuerst eine Rundfahrt durch den Ort. Wir finden jedoch keinen erlaubten Stellplatz. So fahren wir zurück zum Parkhaus am Ortsrand, legen die Motorradkleidung ab und machen uns auf den Weg, Marienbad zu erkunden. Die Fassaden sind beeindruckend. Man fühlt sich 100 Jahre zurückversetzt. Damals erlebte Marienbad seine Blütezeit. Nachdem die einfa-

che Verbindung mit der Eisenbahn nach Berlin, Prag und Wien eingerichtet war, suchten die Königshäuser Europas hier Erholung an den Heilquellen, die bereits im 16. Jahrhundert von Mönchen entdeckt worden waren. Prächtige Kurhäuser und Hotels prägen das Ortbild. Auch die gepflegten Grünanlagen laden zum Verweilen ein. Besonders das zentrale Kurgebäude und die Kolonnade sind ein Highlight der Ortsbesichtigung. In kleinen Gruppen durchstreifen wir den Ort und machen auch unsere Mittagspause. Gegen 13.30 Uhr machen wir uns auf den Rückweg. Über Plana, Tepla und Touzim führt unser Weg bei Bochov auf die B 6. Es ist wenig Verkehr und der Straßenbelag ist holprig und immer wieder müssen wir Löchern ausweichen. Vor Tepla, an einer Tankstelle machen wir nochmals Pause. Als wir Bochov erreichen, beginnt es zu regnen und wir müssen Schutzkleidung überziehen. Dann fahren wir ohne weitere Pause über Karlsbad und Ostrov wieder nach Bozi Dar zurück. Gegen 16.30 stellen wir nach 201 km die Roller ab.

4. TAG

Unser Frühstückstisch ist reichlich gedeckt. Es ist sonnig und schönes Wetter erwartet uns. Wir starten heute wieder Richtung Oberwiesenthal. In Oberwiesenthal machen wir eine langsame Rundfahrt und schauen uns vom Roller aus den Ort an. Dann fahren wir weiter nach Norden. Über Annaberg-Buchholz erreichen wir Ehrenfriedersdorf. Hier biegen wir links ab und besuchen die Greifensteine zwischen Geyer und Jahnsbach. Die aufgeschichteten Granitsteintürme sind der Hauptanziehungspunkt des Greifensteingebietes.

Wir parken auf dem großen Parkplatz vor dem touristisch erschlossenen Naturdenkmal und bummeln durch die Anlage. Dabei entdecken wir auch die Naturbühne Greifenstein zwischen den bizarren Felsformationen. Dann fahren wir weiter nach Zschopau. Hier parken wir auf dem Marktplatz und schauen uns die Burganlage aus dem 12. Jahrhundert an, die im 16. Jahrhundert den Namen Jagdschloss Wildeck erhielt. Markant ist der runde Turm vor dem Schloss. In einigen Gebäudeteilen ist heute das Rathaus untergebracht. Eine nette Mitarbeiterin zeigt uns spontan einige Räume des Schlosses, insbesondere den Trausaal, der ein besonderes Ambiente für einen so festlichen Moment darstellt. Kurz vor Mittag fahren wir weiter bis Brand-Erbisdorf. Dort biegen wir rechts ab und kommen bei Weißenborn auf eine schöne Höhenstraße, die uns nach Frauenstein bringt. Hier machen wir Mittagspause und besuchen die Burganlage. Das kleine Museum beschäftigt sich mit der Problematik der Vertriebenen. Auf dem Marktplatz sind Bildhauer bei der Arbeit, denen wir kurz zusehen. Nach der Pause fahren wir auf der deutschen Seite über Seiffen entlang der Grenze bis Rübenau und dort hinüber nach Tschechien. Zunächst wird getankt und dann rollen wir parallel zur Grenze nach Westen. Auf der landschaftlich schön gelegenen Höhenstraße über Nova Ves und Vysluni fahren wir bis Medenec. Links haben wir eine weite Aussicht über das nordböhmische Becken mit dem Braunkohlebergbau und den Kraftwerken. In Medenec biegen wir ab nach Klaterec nad ohri. Dort kommen wir auf die Schnellstraße, die uns durch das Tal der Eger bis Ostrov bringt. Vorher gönnen wir uns eine Erfrischung an der Gaststätte neben einem Formel 1 Hotel. Dann geht es bergauf über Jachymov zurück nach Bozi Dar. Gegen 17.30 Uhr stellen wir nach 285 km die Roller ab. Zum Abendessen treffen wir uns in der Pension Daro. Dann bereiten wir uns auf die Abreise vor.

5. TAG

Auf Wiedersehen, Bozi Dar! Bei sonnigem Wetter verlassen wir das kleine Bergdorf. Wir fahren über Ostrov und Chomutov auf der Schnellstraße bis Komorany. Dort biegen wir links ab nach Litvinov. In den fast leeren Straßen des Ortes finden wir die Weiterfahrt nach Teplice nicht und landen in Mezibori. Schließlich kehren wir um und kommen bei Lom wieder auf die Schnellstraße. Zwischen Teplice und Zinnwald grüßen uns hübsche junge Damen vom Straßenrand und laden zum Anhalten ein. Aber wir haben ja keine Zeit!

Auf guten Straßen fahren wir über Breitenau, Bahratal und Bielatal bis Königstein an der Elbe. Auf der Suche nach einem Rastplatz erreichen wir Bad Schandau. Hier am Elbufer machen wir Mittagspause. Die Elbe hat Hochwasser und der Anlagesteg der Schiffe ist nicht erreichbar. Dann sehen wir, dass einer

der Elbe-Raddampfer vorbei kommt. In Reih' und Glied stehen wir mit den Kameras bewaffnet, um das beste Foto zu schießen. Nach der Pause fahren wir wieder nach Tschechien. In Hrensko biegen wir links ab und durch hohe Wälder kommen wir hinter Jetrichovice nach Ceska Kamenice. Hier machen wir in einer kleinen Gaststätte Kaffeepause. Dann fahren wir auf der Schnellstraße weiter nach Osten. Über Novi Bor und Joblonne kommen wir schnell vorwärts. Es ist sommerlich warm und wir freuen uns, dass die flotte Fahrt Abkühlung bringt. Ab Chrastava ist die Straße 4-spurig und wir umfahren Liberec. Leider sind die geplanten Ausfahrten Richtung Jablonec nad nisou gesperrt und wir müssen bis zur nächsten Ausfahrt weiterfahren. Die kleine Nebenstrecke, die uns dann zurück nach Jablonec bringt, ist sehr löcherig und wir werden auf fast 10 km Strecke kräftig durchgeschüttelt. Die tiefen Krater in der Straße sind so dicht beieinander, dass man zwangsläufig in dem nächsten landet, wenn man einem ausgewichen ist. Zum ersten Mal wird laut über den Straßenzustand geflucht. Ab Jablonec ist der Belag wieder in Ordnung aber tiefe Querrillen und hohe Wülste am Straßenrand machen uns das Fahren schwer.

So erreichen wir über Tannvald, leicht genervt, Korenov. Unser Hotel finden wir gleich am Ortsanfang. Nach 321 km stellen wir gegen 17 Uhr die Roller vor dem Haupteingang ab. Die Tür ist abgesperrt, aber die Inhaberin erscheint gleich, um uns die Zimmer zuzuweisen. Gott sei Dank, sie spricht recht gut deutsch. Wir sind alle im gleichen Flügel des Hotels untergebracht. Die Zimmer sind groß und sauber, teilweise mit 4 bis 5 Schlafstätten ausgestattet, ansonsten aber recht einfach. Als wir uns auf dem weitläufigen Gelände umsehen, folgt eine weitere Enttäuschung: Der im Internet angepriesene Swimming Pool ist eine einzige grau-grüne Kloake und absolut unbenutzbar. Auf unser Nachfragen erklären die Inhaber, dass die Wasserzuführung zum Pool im nächsten Jahr komplett erneuert werden muss. Wir gönnen uns eine Erfrischung an der Hotelbar und können bei der Wirtin Euro in tschechische Kronen wechseln. Wir sind die einzigen Gäste und die Wirtin bereitet das Abendessen alleine für uns zu. Der Speisesaal ist freundlich und hell möbliert. Das Ein-Gang-Menü schmeckt gut, macht uns jedoch nicht satt. Wir fragen nach weiteren Portionen, die wir aber nicht bekommen können. Aber wir haben ja noch etwas im Koffer!!! An den nächsten Tagen gibt es zusätzlich eine kräftige Suppe und wir können uns nicht mehr beklagen.

6. TAG

Nach einem guten Frühstück starten wir heute nach Polen. Wir nutzen den Grenzübergang Harrachov. Da wir keine polnische Währung haben, wird vor der Grenze nochmals aufgetankt. Wir überqueren die Grenze zwischen den Wintersportorten Harrachov und Szklarska Poreba. In dem bewaldeten Niemandsland zwischen den beiden Orten sehen wir ältere Leute, die Holz in einem Kinderwagen sammeln, so wie wir das aus den 50-er Jahren kennen. Die Straße ist gut und wir fahren durch bis Jelenia Gora. Hier parken wir auf einem öffentlichen Parkplatz. Als wir später die Parkgebühren mit Euro zahlen, wird die Parkgebühr verdoppelt. Nach einem kurzen Rundgang durch den Ort brechen wir gleich wieder auf. Jetzt wird die Straße recht unangenehm. Auf gute Passagen folgen ohne Vorwarnung tiefe Senken oder Spurrinnen oder auch Schlaglöcher, die nur von LKW-Reifen problemlos überrollt werden können. Unser Ziel ist die Friedenskirche in Jauer (Javor). Gegen Mittag kommen wir dort an. Wir bummeln kurz über den Markt und besuchen die Friedenskirche. Der prächtige Holzbau wird von einem Mitarbeiter nur für uns aufgesperrt und wir erhalten eine exklusive Führung in Deutsch (vom Band). Danach fahren wir über Strzggom und Kamienna Gora. Unser Ziel ist die polnische Seite der Schneekoppe mit dem bekannten Touristenzentrum Karpacz. Die Straßenverhältnisse sind eine Zumutung und wir sind froh, als wir in Karpacz die Roller abstellen können. Wir wandern zu der bekannten Stabkirche Wang, die im 12. Jahrhundert in Norwegen erbaut wurde und 1840 nach Krummhübel verkauft wurde. Einige Kioske und Restaurants haben sich um die mitten im Wald gelegene Kirche etabliert und eine Tasse Kaffee kommt auch uns gerade recht. Gegen 16 Uhr treten wir die Rückfahrt nach Bozi Dar an. Den direkten Weg nach Piechowice finden wir nicht und kommen nochmals nach Jelenia Gora. Von dort aus erreichen wir um etwa 18 Uhr nach 271 km nochmal das Hotel Korinek.

7. TAG

Bei schönem Wetter starten wir pünktlich um 8.36 Uhr. Über Jablonec nad Jizerou steuern wir zuerst Vrchlabi an. Die Straße ist okay und in hügeligen Ausläufern des Riesengebirges macht das Fahren Spaß. Wir parken in Reih' und Glied und schauen uns den Ort Hohenelbe (Vrchlabi) an. Die Hauptstraße ist sehenswert, denn die gut erhaltenen aneinandergereihten Giebel von Holzhäusern bilden ein besonderes Ensemble. Dann fahren wir weiter bis Trutnov und von dort bis Kralovec, dem Grenzübergang nach Polen. Dort kehren wir um und fahren rechts ab nach Zacler. Dabei umfahren wir ein großes Tagebau-Bergwerk. Vor Trutnov kommen wir wieder auf die Hauptstraße. Unser nächstes Ziel ist der Wintersportort Horni Mala Upa. Dort endet die Straße und wir kehren um. Auch einen Abstecher nach Pec pod snezkou machen wir noch. Es ist Mittagszeit und wir machen dort auch Mittagsrast. Danach lenken wir die Roller zu dem wohl bekanntesten Ort des tschechischen Riesengebirges, Spindler Mühle. Viele nette und moderne Hotels bieten den Wintersportlern einen angenehmen Aufenthalt. Wir parken auf einem größeren Parkplatz und bummeln durch den Ort. Auch für Kaffee oder Eis bleibt ausreichend Zeit. Dann fahren wir fast bis Vrchlabi zurück, bevor wir nach rechts abbiegen und einen weiteren bekannten Wintersportort anfahren: Horni Misecky. Einige verstreut liegende Hotels orientieren sich an den Liften und der Wintersport-Infrastruktur. Dann fahren wir zurück über Tannvald nach Bozi Dar. Dort kommen wir gegen 17 Uhr nach 279 km an. Heute bleibt auch bis zum Abendessen Zeit, sich um die Roller zu kümmern, die unter den Straßenverhältnissen leiden.

Heute machen wir einen Ausflug nach Deutschland. Über Jablonz an der Neiße und Liberec fahren wir auf die Schnellstraße. Wir kommen gut vorwärts und in der Grenzregion sind die Straßen wieder besser. Der Grenzübergang Hartau ist stark frequentiert und wir brauchen für die Einreise fast eine 3/4 Stunde, obwohl wir uns auf der schmalen Straße immer wieder ein Stück an der kilometerlangen Schlange nach vorne kämpfen. Am Rande der Stadtmitte von Zittau parken wir auf dem Bürgersteig und bei sommerlich warmen Temperaturen schauen wir uns den Ort an. Heute ist Markttag und wir können uns auch hier über die Angebote informieren. Danach fahren wir am Ufer der Neiße entlang nach Görlitz, der östlichsten Stadt Deutschlands, die durch die Grenze nach Polen geteilt wird. In den Vorstadtstraßen sind noch prächtige alte Häuserfassaden erhalten. Wir parken nahe der Stadtmitte und haben 2 Stunden Aufenthalt. Die prächtigen Gebäude machen den Stadtbesuch lohnenswert. Fast 4000 Bauwerke der Stadt stehen unter Denkmalschutz. Erwähnenswert sind Peterskirche und Nicolaiturm. Nach dem Besuch fahren wir zurück bis Hagenwerder. Dort überqueren wir die Grenze und kommen auf einer wenig befahrenen Strecke über Zawidow nach Frydtland. Auf der Suche nach einer Pausengelegenheit halten wir an einem Hotel und sind über den Standard überrascht. Innen komplett renoviert, mit Pool im Außenbereich und netter Gaststube. Dort verweilen wir etwas länger. Dann fahren wir weiter und sind erstaunt: Die schmale Straße von Frydland über Heinice nach Korenov ist neu asphaltiert und führt auf mehr als 30 km durch eine fantastische Landschaft. Aber in Hainice machen wir eine besondere Entdeckung. Schon von weitem ragen die beiden orientalisch wirkenden Kirchtürme aus dem Ort. Die Basilika ist die berühmteste Wallfahrtskirche der Region. Wir halten natürlich und machen eine Besichtigung. Wertvolle Illusions-Malereien zieren die Wände und Decke der Basilika. Gegen 17.30 Uhr kommen wir heute nach 212 km in Korenov an.

9. TAG

Heute hat sich unsere Gruppe aufgeteilt, damit sich jeder nach seinen persönlichen Interessen die Region anschauen kann. Die 3 Fahrer, die mit Helmut unterwegs sind, starten bei schönem Sommerwetter. Wir fahren über Vysoke und biegen dann rechts ab nach Bozkovy. In der hügeligen Landschaft macht das Rollerfahren Spaß. Die Straßenverhältnisse sind hier auch recht gut. Entlang einem schönen Flusstal erreichen wir dann Zelezny Brod. Dort biegen wir 2 Mal links ab und fahren auf der kleinen Straße über Lestkov bis Semily. Hier machen wir eine kurze Pause. Wir parken unter den hohen Bäumen vor einer Kirche und schauen uns den Ort an. Die Geschäfte und Läden sind noch geschlossen. Lediglich ein prächtiger Hotelbau (ehemaliges Gemeindehaus)

fällt uns auf. Dann fahren wir weiter bis Kostalov. Dort biegen wir links ab nach Jilemnice. Wenige km hinter dem Ort erreichen wir die B 14, die uns in rascher Fahrt nach Harrachov bringt. Berühmt wurde Harrachov durch seine Skiflugschanze, die jährlich im Rahmen des Weltcups aufgesucht wird. Schon von weitem ragt die Spitze der Hauptschanze aus der Landschaft. So ist es für uns einfach, das weite Sprungareal zu finden. Wir parken direkt vor dem Sprunggelände „Teufelsberg".

Spontan beschließen wir, den Sprunghang bis zum Schanzentisch zu besteigen, um uns einen Eindruck zu verschaffen, wie es den Skispringer ergeht. Die Holzstufen sind morsch und auch die total verrosteten Gitterroststufen sind teilweise bereits eingebrochen. Dennoch kommen wir bis zum Schanzentisch und können nun ganz Harrachov überblicken. Auch für einen Rundgang durch Harrachov und Mittagsrast in einem Gasthaus bleibt Zeit. Nach einem kurzen Halt am Hotel fahren wir Richtung Frydland. Zunächst erreichen wir den Stausee bei Sous und dann bringt uns die Straße zwischen den Bergen Smrk

(1124 m) und Jizerka (1122 m) nach Frydland. Es sind viele Fahrradfahrer, Wanderer und Skater auf der Straße unterwegs. So genießen wir bei langsamer Fahrt die reizvolle Landschaft. Wir steuern direkt das gotische Schloss Frydland an, kommen aber zu ungünstiger Zeit, denn die nächste Führung ist erst in 2 Stunden. Daher fahren wir in die Stadtmitte und parken auf dem Marktplatz. Die prächtigen Gebäude laden zu einem Rundgang ein. Als wir die Vorhalle des Rathauses betreten, wähnen wir uns in einem Friseursalon. Eine derartige Duftwolke strahlt das ganze Gebäude aus. Seltsam.... Dann fahren wir wieder langsam zurück. Wir machen noch Kaffeepause in dem Lokal, in dem wir am Vortag schon waren. Gegen 17.30 Uhr kommen wir dann nach 175 km in Korenov an. Den Abend verbringen wir in gemütlicher Runde.

10. TAG

Unser letzter Tagesausflug beginnt. Wir fahren auf Nebenstrecken in die südlichen Ausläufer des Riesengebirges. Es ist sommerlich warm und wir rollen über Zelezny Brod bis Turnov. Dort legen wir in der Stadtmitte eine Pause ein. Wir parken im Schatten der Marienkirche. Dann bummeln wir rund um den Marktplatz, der jedoch viel von seinem Charme durch die lebhafte Durchgangsstraße einbüßt. So fahren wir schon bald weiter. Unser nächstes Ziel ist Nova Paka. Unterwegs ist viel Verkehr. In Nova Paka machen wir 1 Stunde Mittagspause und die Sonne brennt. Eine vernünftige Pausengestaltung ist hier nicht möglich. Lediglich der Besuch, der auf einer Anhöhe gelegenen Kirche lohnt sich. Schon die überdachte Treppe hinauf ist erwähnenswert. Dann fahren wir noch in das kleine Automuseum am Ortsrand. Nun ist Dvur Kralove unser nächster Anlaufpunkt. Dort kurven wir durch den Ort, um einen Platz für eine Kaffeepause zu suchen. Auch hier finden wir keinen geeigneten Platz. Wir fahren bis ins nächste Dorf. Das ist Hostinne. Dort parken wir auf dem schönen Marktplatz. Die vielen Rundbögen laden zum Bummeln ein. Und wir finden hier ein nettes Straßencafé für eine kühle Erfrischung. Um 16 Uhr fahren wir über Lomnice und Semily bis Zelezny Brod. Bevor wir die Rückfahrt zum Hotel antreten, besuchen wir noch die Wildwasser-Kanustrecke auf der Iser. Wir schauen kurz beim Training zu und rollen dann nach Korenov zurück, das wir gegen 18 Uhr nach 240 km erreichen.

11. TAG

Wir haben schon vor dem Frühstück gepackt und starten pünktlich. Auf der Straße über Heinice und Frydland bis Chrastava kommen wir gut vorwärts. Dann erreichen wir die Schnellstraße Richtung Teplice. Bei Novy Bor erwischen wir die falsche Autobahn und müssen in Ceska Lipa wieder umkehren, da wir nicht über Prag fahren wollen. Nach 2 kurzen Pau-

sen am Straßenrand finden wir dann vor Teplice einen schönen Rastplatz mit Imbissbude. Gerade als wir es uns bequem gemacht haben, geht ein Regenschauer auf uns herab. Wir suchen Schutz unter den dichten Bäumen. Die gut ausgebaute Fernstraße bringt uns nun über Teplice, Chomutov und Ostrov bis Karlsbad. Immer wieder behindern Regenschauer unsere freie Fahrt. Diesmal wollen wir über Cheb und Schirnding Tschechien verlassen. Leider finden wir an diesem Grenzübergang keinen Asia-Markt, um noch nach einigen Andenken Ausschau zu halten. Wir haben wieder deutschen Boden unter den Rädern und steuern nun unserm Tagesziel Bad Alexandersbad entgegen. Zuerst eine Rundfahrt durch den Ort und dann lenken wir durch eine schmale lange Sackgasse unsere Roller zum Landhaus „Am Forst". Hier haben wir für die folgende Nacht Zimmer reserviert. Nach 364 km schließen wir gegen 17 Uhr die Roller in die bereitgestellten Garagen und treffen uns kurze Zeit später in der Gaststätte des Hotels. Das Abendessen ist hervorragend. Hauptthema ist an diesem Abend die Heimfahrt, die unsere Gruppe wieder in alle Himmelsrichtungen zerstreuen wird. Am nächsten Morgen sehen wir uns noch kurz beim Frühstück. Dann freut sich jeder wieder auf sein Zuhause.

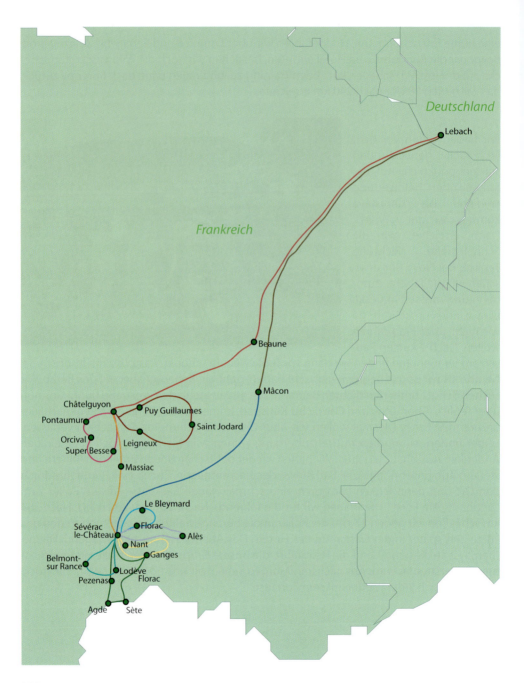

Deutschland

Lebach

Frankreich

Beaune

Mâcon

Châtelguyon
Puy Guillaumes
Pontaumur
Saint Jodard
Orcival
Leigneux
Super Besse
Massiac

Le Bleymard

Sévérac
le-Château
Florac
Alès
Nant
Belmont-
sur Rance
Ganges
Lodève
Florac
Pezenas
Agde
Sète

ALLGEMEINES:

Bei einer früheren Rollertour an die Costa Brava führten uns die An- und Rückreise durch das Massif Central in Frankreich. Dabei hatte uns diese Region mit ihren Hochebenen (hier „Causses" genannt) und tiefen Schluchten (wie Gorges du Tarn) begeistert. Nachdem die Gegend durch die neue Hängeseilbrücke bei Millau nun wieder durch die Presse ging, wurde es Zeit für eine eigene Tour dort hin. Als Termin legten wir Ende Juli fest, den Hochsommer, bevor die Franzosen im August alle unterwegs sind. Unsere Hotels wählten wir 20 km nördlich von Clermont-Ferrrand und in Severac-le-Chateau (30 km nördlich von Millau). Das erste Hotel war vom Saarland aus in einer Etappe zu erreichen..

1. TAG

Gegen 7.30 Uhr ist Helmut am Hotel in Saarwellingen. Hier haben die Mitfahrer übernachtet, die bereits am Vortag ins Saarland angereist sind. Kurz darauf sind alle startklar. Wir fahren über Saarlouis auf der Höhenstraße D 954 bis Metz. Über die neue Südumgehung kommen wir dann auf die Autobahn A 31. Vor Dijon befahren wir die A 5 Richtung Lyon. Das Wetter ist gut und wir kommen sehr gut vorwärts, denn heute ist der französische Nationalfeiertag und damit LKW-Fahrverbot. Nach einem Tankstopp und einer weiteren kurzen Pause verlassen wir die Autobahn bei Beaune-Montagny.

Gleich hinter der Mautstelle wartet ein weiterer Mitfahrer auf uns, der aus Bayern angereist ist. Nun ist unsere Gruppe komplett. Wir fahren zunächst auf der N 74 und dann auf der D 974. Diese Straße führt direkt entlang dem Canal du Centre und dem Tal der Dheune. So erreichen wir Montceau-les-Mines. Unser Weg führt uns weiter auf der D 994 über Digoin und Lapalisse nach Vichy. Dann fahren wir auf der N 209 bis Gannat. In dem Ort kommen wir auf die N 9, die nach Riom führt. Immer abwechselnd machen wir jeweils eine Tankpause und 90 Minuten später eine kurze Rast. Auf der Umgehungsstraße von Riom fährt Burkhard voraus. Sein Navigationsgerät lenkt uns ohne Umwege direkt nach Chatelguyon und zu dem Hotel „Le Cantalou". Gegen 18.15 Uhr kommen wir nach 628 km dort an und sind froh, dass wir diese lange Anreise geschafft haben.

Unsere Zimmer befinden sich im Haupthaus und im Nebengebäude. Das Hotel liegt in einem ruhigen Wohngebiet auf einer kleinen Anhöhe. Wir suchen als erstes den Swimming Pool auf. Die Erfrischung tut uns gut. Währenddessen baut das Hotelpersonal ein Grillfest im Garten auf, wo heute zum Nationalfeiertag das Abendessen stattfindet.

Wir sitzen mit den französischen Gästen um den Swimmingpool und die Völkerverständigung funktioniert hervorragend. Nach einem Kir werden kleine, leckere Häppchen gereicht. Dann sitzen wir am Tisch und genießen Grillfleisch und Würste, wie Gott in Frankreich. Gegen 11 Uhr wecken uns Böllerschüsse. Als wir aus dem Fenster sehen, leuchtet über Chatelguyon ein großes Feuerwerk.

2. TAG

Ein schöner Sonnenaufgang kündigt den neuen Tag an. Nach einem guten Frühstück starten wir um 8.36 Uhr. Auf der D 78 fahren wir bis Manzat. Zunächst müssen wir tanken. Dann biegen wir dort links ab auf die D 19. Die Straße führt am Stausee des Sioulet nach Pontaumur. Wir halten an einem Aussichtspunkt und die ersten Fotos werden gemacht. In Pontaumur befahren wir die D 941 nach Pontgibaud. Vor dem Ort biegen wir rechts ab auf die D 986. So kommen wir auf die N 89. Nach wenigen km verlassen wir diese. Auf einer schmalen Straße erreichen wir dann Orcival. Wir besichtigen die Wallfahrtskirche und kaufen in den benachbarten Läden ein. Auch zu Fuß mit dem Gepäckesel kann man die Auvergne erkunden. Unser nächstes Ziel ist nun le Mont-Dore. In dem Ort finden wir die Auffahrt zum Wintersportgebiet am Puy de Sancy (1885 m). Auf dem großen Parkplatz stehen viele PKW und Busse, denn hier ist auch ein beliebtes Wandergebiet. Auf der D645 kommen wir dann bei wenig Verkehr nach La Tour d'Auvergne. Unterwegs halten wir an einem stark frequentierten Aussichtspunkt. Viele Besucher genießen den Blick zwischen 2 Felsen hindurch in den Parc des Volcans d'Auvergne. An der D203 bei Pichelande finden wir einen schönen Rastplatz. Auch die Liegewiese wird genutzt.

Nach der Pause fahren wir auf der D978 bis Besse. Dort biegen wir ab auf die D 36, die hinauf zum Col de St. Robert (1451 m) führt. Diese Strecke ist schmal und kurvenreich. Hier werden auch Bergrennen für Motorräder durchgeführt.

Von le Mont-Dore aus fahren wir nun Richtung Clermont-Ferrand. An der Kreuzung zur N 89 biegen wir links ab. Nach einer halben Stunde liegt nun der Puy de Dome vor uns. Dieser Vulkankegel (1465 m) ragt hoch über die umliegenden Hügel. Der Berg ist für Kraftfahrzeuge gesperrt. Wir haben jedoch Glück und dürfen für eine geringe Maut hinauf fahren. Die Straße windet sich mit 12 % Steigung den Berg hinauf. Oben befindet sich eine Plattform mit einigen Parkplätzen. Ein hoher Sendemast überragt den Gipfel. Ein Restaurant und ein großer Kiosk sorgen für die Besucher. Eine Ausstellung informiert über die Vulkane der Auvergne und auch über die Tour de France, die hier schon einige Bergankünfte hatte. Wir wandern um die Bergkuppe und genießen das 360-Grad-Panorama.

Bei der Abfahrt halten wir immer wieder an, um zu fotografieren. Auch der Blick über das Häusermeer von Clermont-Ferrand lohnt sich. Am westlichen Stadtrand von Clermont vorbei fahren wir nun auf dem kürzesten Weg ins Hotel zurück. Nach 280 km biegen wir gegen 16.30 Uhr auf den Hotelparkplatz ein.

3. TAG

Heute führt unser Tagesausflug ins Loiretal. Wir fahren bei Riom auf die Autobahn A 71 und gleich auf die A 72 Richtung St. Etienne. Der Himmel ist trübe, aber es bleibt trocken. An der Ausfahrt Nr. 3 Thiers-Ost fahren wir auf die N 89. Bei wenig Verkehr freuen wir uns auf der breiten Straße mit langgezogenen Kurven auf flottes Fahren. Durch das Tal des Anzon kommen wir in die alte Festungsstadt Boen.

Hier parken wir am Rathaus und kaufen im benachbarten Supermarkt ein. 5 km hinter dem Ort biegen wir links ab nach Nervieux. In Balbigny kreuzen wir die Loire. Immer am Flussufer entlang fahren wir nun nach Norden. Hinter St. Jodard halten wir am Wasserschloss „Chateau de la roche". Später biegen wir links ab und überqueren die Loire nochmals. Über Bully erreichen wir die D 8, die uns nach Renaison bringt. Für unsere Mittagspause steuern wir den Kirchturm an. Inzwischen ist auch die Sonne da und wir suchen nach einem schattigen Platz. Nachdem Helmut in der näheren Umgebung keine Tankstelle gefunden hat, müssen wir nach der Pause zunächst nach Roanne hinein fahren.

Dort füllen wir unsere Tanks auf und es geht nun mitten in die Berge zwischen Roanne und Vichy. Auf schmalen, kurvenreichen Wegen kurven wir über Chatel-Montagne und le Mayet bis Ferrieres sur Sichon. Inzwischen hat uns die Sommerhitze wieder.

Als Helmut hier ein kleines Café ansteuert, sind alle erleichtert. Danach fahren wir auf der D 122 nach Süden. Auf dem Col de la Plantade biegen wir rechts ab nach Puy-Guillaume. Unsere nächste Station ist Marinques und über Ennezat erreichen wir Riom wieder. Gegen 18 Uhr stellen wir nach 343 km die Roller ab. Zur Erfrischung wartet der Swimming Pool. Vor dem Abendessen wird schon gepackt, denn später wollen wir wieder gemütlich im Garten sitzen.

Heute verlassen wir Chatelguyon und das Hotel „Le Cantalou". Zuerst besprechen wir
kurz die Tagesroute. Durch
die Vororte von Clermont-
Ferrand fahren wir auf der A
75 nach Süden. Es ist sonnig,
aber windig und den Hennes
verlässt bei 85 km/h auf der
Autobahn der Fahrspaß. Vorbei an Issoire bummeln wir

Zum Abendessen fahren wir ins Ortszentrum ins Hotel de la Commerce. Im Garten des Hotels wird das Abendessen serviert. Das Preis-/Leistungsverhältnis entspricht nicht ganz unseren Erwartungen und für die nächsten Abende werden wir uns ein anderes Restaurant suchen. Einige unserer Tourer fahren nach dem Essen noch hinauf zur Burg und in der Abendsonne blicken sie über die Dächer von Severac.

5. TAG

Unser Tagesausflug führt heute in die Gorges du Tarn. Um 8.36 Uhr fahren wir zunächst nach le Massegros. Dort biegen wir rechts ab auf die D 9 und kommen auf einer Hochebene nach Boyne. Auf der steilen Abfahrt ins Tal der Tarn halten wir an und bestaunen die Felder auf der gegenüberliegenden Hangseite, die sich wie ein Patchwork-Teppich über den Hügel legen. In freier Fahrt erleben wir die Gorges du Tarn. Ein einmaliges Erlebnis erwartet uns. Von le Rozier über les Vignes, la Malene bis Ste. Enimie eine grandiose Landschaft. Wir fahren unten durch die Schlucht. Rechts und links Felswände bis 600 m hoch. Immer wieder überholen wir uns gegenseitig, wenn einer am Fotografieren ist. Hinter jeder Kurve gibt es Neues zu entdecken. Einmal überragen bizarre Felsformationen das Tal. Ein anderes Mal wird das Tal so eng, dass wir durch kurze Naturtunnel fahren müssen. Manchmal drohen gewaltige Felsüberhänge auf uns zu stürzen. An einigen Stellen sehen wir Kanufahrer, die auf dem flachen Wasser der Tarn unterwegs sind. Die kleinen Dörfer schmiegen sich eng an die seitlichen Böschungen. Besonders beeindruckt uns la Malene. Durch die Gorges du Tarn sind nur wenige PKW unterwegs. Die Straße ist stellenweise recht holprig. Am Flussufer in Ste. Enimie sammeln wir uns wieder. Wir kaufen für die Mittagspause ein und fahren dann über Ispacnac und Florac auf die D 9, hinauf zu den Corniches des Cevennes. Diese gut ausgebaute Höhenstraße bringt Fahrspaß pur und am Col de St. Pierre finden wir auch einen Rastplatz unter hohen Bäumen. Auf einer schattigen Bank lassen wir uns nieder. Dann fahren wir auf der D 907 auf dem kürzesten Weg zum Mont Aigoual (1567 m).

Auf den letzten 200 Höhenmetern liegt die Bergspitze in dichten Wolken und es sind nur noch 12 Grad. Das auf dem Gipfel liegende Observatorium können wir kaum erkennen.

Nach einigen schnellen Fotos fahren wir wieder abwärts; dafür geht es mit den Temperaturen wieder aufwärts. An einem Aussichtspunkt können wir doch noch einen Blick über die Berge des Parc national des Cevennes werfen. Auf der D 986 fahren wir durch Meyrueis. Einige Mitfahrer möchten sich die Höhle „Aven Armand" ansehen, die nur wenige km abseits der D 986 Richtung Ste. Enimie liegt. Wir parken direkt vor der Eingangshalle. Eine Schrägseilbahn bringt uns dann hinunter in die riesige Tropfsteinhöhle. Wir machen mit der Führung einen Rundgang durch die riesige unterirdische Halle und sind begeistert von den Säulen und Zapfen, die der Halle einen einzigartigen Charakter geben. Nach 1 Stunde fahren wir wieder nach oben und sind sicher, dass sich der Besuch gelohnt hat. Bei Carnac biegen wir ab nach les Vignes. Hier müssen das Tal der Tarn kreuzen. Zunächst auf vielen Kurven mehr als 500 m hinab und dann direkt auf der anderen Seite wieder hoch. Auch hier erwarten uns einige interessante Aussichtspunkte. Über le Massegros erreichen wir nach 286 km gegen 18.30 Uhr das Sev'Hotel wieder. Zum Abendessen besuchen wir eine Pizzeria in der Altstadt von Severac. Hier sind wir sehr zufrieden.

6. TAG

Im Mittelpunkt dieses Tages steht das Viaduc du Millau. Es ist empfindlich kühl geworden und der Himmel ist wolkenverhangen. Das Thermometer wird heute 19 Grad nicht übersteigen. Wir fahren in Severac gleich auf die A 75. Schon nach kurzer Zeit sehen wir die 7 Pylonen der neuen Brücke, die wie die Segel eines großen Schiffes aus der Landschaft ragen. Langsam

überqueren wir die 2,6 km lange Brücke über das Tal der Tarn. Wir bleiben auf der A 75 bis Ausfahrt 48 Cornus. In Fondamente biegen wir in einen kleinen Weg ein, der uns über das Plateau de Guilhaumard Richtung Lodeve bringt. Die D 902 befahren wir nur kurz, bevor wir in die Monts d'Orb abbiegen. In Lunas biegen wir rechts ab und auf der D 8 fahren wir die kurvenreiche Strecke zum Col de Notre Dame hinauf. Hier machen wir am Straßenrand Mittagsrast. Dann bringen uns die D 902 nach Fayet und die D 12 über Brusque wieder nach Süden auf die D 922. In Murat verlassen wir diese und auf der D 622 kommen wir nach Lacaune. Der nächste Streckenabschnitt, die D 32, führt über eine Hochebene nach Belmont sur Rance. Dann kommen wir auf die D 999. In Vabres bummeln wir durch den

Ort und finden ein nettes Straßencafé. Nach dichtem Verkehr in St. Affrique biegen wir noch ab nach Rochefort, der Stadt des berühmten Käses. Die Stadt ist voller „Käsetouristen" und wir kehren direkt um. Als wir bei St. Georges wieder ins Tal der Tarn kommen, liegt die Brücke wieder vor uns. Wir fahren nun auf halber Höhe zwischen Brücke und Fluss. Direkt unter der Brücke gibt es eine Besucherterrasse, die wir auch besuchen. Hier können wir nochmals die Brücke bestaunen. Dann geht es auf kürzestem Weg durch Millau nach Severac zurück, wo wir nach 336 km gegen 17.30 Uhr ankommen.

7. TAG

Wir fahren heute in Millau in das Tal der Dourbie. Im Canyon de la Dourbie säumen markante Felsspitzen unseren Weg. In Nant machen wir kurze Pause. Wir bummeln durch den Ort und besuchen die Patisserie Auger. Wir kaufen feine Backwaren und dürfen auch die Backstube besichtigen. In St. Jean biegen wir links ab und durch die Gorges de la Dourbie kommen wir auf einer schmalen Straße nach L'Esperou. Dort biegen wir auf die D 48 und fahren nach Süden. In Le Vigan kommen wir auf die D 999. Langgezogene Kurven bringen uns bis nach Ganges. Dort finden wir die Zufahrt zur D 25, die uns in die Montagne de la Serranne bringt. Unter den hohen Bäumen einer Allee bei Gornies machen wir Mittagsrast. Es ist wieder heiß geworden - von der Kühle des Vortages keine Spur mehr. Wenige km später biegen wir ab auf die D 48. Die Straße führt auf einem riesigen Hochplateau. Heinrich hatte angeregt, die Cirque de Navacelles zu besuchen. Wir sind überrascht. Von einer Aussichtsplattform blicken wir auf einen Talkessel. Als wir weiterfahren, erreichen wir in Aveze wieder die D 999. Wir biegen links ab und machen dann in Alzon in einem Hotel am Straßenrand Kaffeepause. Später fahren wir auf den Causses de Larzac parallel der A 75 nach Millau. Vor dem Ort halten wir an einem Aussichtspunkt hoch über der Stadt. Dann lenken wir unsere Roller direkt ans Hotel zurück, wo wir gegen 17 Uhr nach 300 km ankommen.

8. TAG

Der heutige Tag steht im Zeichen der Tour de France. Wir fahren über le Massegros. Von dort nach Norden Richtung Chanac. An der Strecke stehen bereits erste Caravans und PKW, die auf die Radrennfahrer warten. Wir biegen zunächst rechts ab nach La Malene. Die kleine Straße führt zunächst durch Waldgebiet und dann steil hinab an das Ufer der Tarn. Uns reizt jedoch der steile Anstieg auf der anderen Seite, der sich mit seinen Kurven durchaus mit dem Stilfser Joch messen kann. Immer wieder halten wir in den Spitzkehren und blicken über die Gorges du Tarn. Dann setzten wir unsere Fahrt auf der D 16 über die Causse Mejean fort. Wir rollen allein 25 km auf der Hochebene bis Florac. Von dort auf der N 106 nach Norden bis vor Mende. Dann steuern wir Chanac an. Es ist noch früh und wir fahren auf der D 32 dem Radrennen entgegen. Rechts und links der Straße winken uns die Radfans zu. In Massegros stellen wir gegen 14 Uhr die Roller ab. Wir warten an einer Kreuzung. Zuerst kommt die Werbekarawane. Viele Firmen wollen mit phantasievoll bemalten

Fahrzeugen auf sich aufmerksam machen. Gegen 16 Uhr kommen endlich die Rennfahrer und in weniger als 1 Minute ist der Tross vorbei. Wir warten noch bis der Verkehr sich etwas aufgelöst hat und beobachten in der Zwischenzeit eine einheimische Folkloregruppe, die in Massegros auf dem Marktplatz ihre Tänze darbietet. Danach fahren wir wenige km Richtung Chanac und biegen dann ab zum Point Sublime. Eine schmale Straße führt auf 7 km zu diesem stark frequentierten Aussichtspunkt. Die Parkplätze sind weitgehend belegt und ein Kiosk bietet Souvenirs und Erfrischungen an. Uns erwartet ein grandioses Panorama über das tief unten liegende Tal der Tarn. Gegen 17.45 Uhr kommen wir nach 197 km wieder zum Sev'Hotel zurück.

9. TAG

Wir verlassen Severac um 8.36 Uhr auf der N 9, biegen aber bald auf die D 2 ab. Diese bringt uns über la Clau und die D 911 nach St. Beauzely. Immer wieder sehen wir unterwegs die Spitzen des Viaduc du Millau. In St. Beauzely machen wir Stopp und besichtigen den Ort. In den malerischen Gassen sind wir heute Morgen fast allein unterwegs. Später machen wir nochmals Halt in St. Rome de Tarn, das wir auf der D 30 und dann der D 993

erreicht haben. Einige aus der Gruppe schauen sich den Ort an, andere nutzen die Gelegenheit zu einem Cafébesuch.

Dann fahren wir am Flussufer der Tarn entlang und kommen so direkt am Fußpunkt der gewaltigen Säulen des Viadukts vorbei. Jetzt bekommen wir einen Eindruck vom Durchmesser und der Höhe der Brückenpfeiler. Wir fahren durch Millau und blicken zur Brücke zurück.

Unser nächstes Ziel ist die Felslandschaft „Chaos de Montpellier-le-Vieux". Wir parken die Roller vor dem großen Kiosk und laufen zu Fuß über 1 Stunde durch eine ungewöhnliche Welt aus Gesteinen seltsamer Formen. Danach ruhen wir uns aus und machen Mittagspause. Dann trennen wir uns. Ein Teil der Gruppe fährt auf einem asphaltierten Feldweg die 600 m steile Rampe hinab in die Gorges de la Jonte. Nach einer kurzen Kaffeepause geht es dann über le Rozier und Boyne und die D 32 und D 995 nach Severac zurück, wo nach 177 km die Roller abgestellt werden.

10. TAG

Wir verabschieden uns vom Sev'Hotel. Schon vor dem Frühstück haben wir die Roller bepackt. Dann rollen wir über Massegros und Chanac bis Mende. Auf dem Col de Tourette an der N 88 machen wir kurze Pause. Auf der gut ausgebauten Straße kommen wir über

Langogne und Pradelles nach Le Puy en Velay. Vor St. Etienne finden wir am Rande der N 88 einen Rastplatz für unser Mittagscamp. St. Etienne umfahren wir auf der D 201 und kommen auf der N 82 nach Montrond les bains. Wir machen nochmals kurze Pause und nähern uns dann Lyon. Durch kleine Vororte im Nordwesten der Stadt kommen wir auf die N 6 nach Villefranche. Wir fahren mitten durch den Ort. Die lebhafte Einkaufsstraße mit den alten Fassaden und vielen kleinen Läden hinterlässt einen besonderen Eindruck. Die letzten km bis Macon rollern sich sehr gut und gegen 17.30 Uhr erreicht unsere Rollergruppe den Parkplatz des Escatel. Nach 373 km beziehen wir die Hotelzimmer. Sie sind absolut keine Empfehlung für das Hotel. Das Abendessen mit einer Riesenauswahl an Vorspeisen und Salaten ist dafür jedoch Spitze.

11. TAG

Bei kühlem Wetter starten wir in Macon. Wir erreichen bald die A 6 und unsere Gruppe fällt nach und nach auseinander. Zuerst verlassen uns die Mitfahrer aus Süddeutschland. Die anderen fahren auf der A 31 über Nancy ins Saarland zurück, wo sie gegen 15 Uhr nach 480 km ankommen. Nach einer längeren Erfrischungspause bei Gundi und Helmut setzen die anderen Mitfahrer Ihren Heimweg Richtung Norden fort.

Richtung München

Rimini

Italien

Perugia

Arsoli
Avezzano
Tivoli
Monti Simbuini
Rom
Fiuggi
Castel Gandolfo
Anzio
San Felice
Circeo
Venafro

Gaeta

Neapel
Avellino
S. Giuseppe
Pompei
Ischia
Cesarano
Sorrent
Amalfi

Capri

214

ALLGEMEINES:

Rom, Capri, Sorrent, Vesuv und Pompeji. Jeder dieser Orte ist eine Reise wert. Wir haben alle diese Ziele in eine Tour gepackt. Für die Anreise benutzten wir den Autozug München – Rimini. Für die Übernachtungen buchten wir 2 Standorte. Zunächst Fiuggi, 60 km östlich von Rom in den Bergen und Massa Lubrense an der Spitze der Halbinsel von Sorrent, direkt gegenüber von Capri. Rollerfahren in Süditalien war ein besonderes Erlebnis. Keine Rücksicht auf Beschilderung, einfach Handzeichen und Hupe, so kamen wir am besten durch das Verkehrschaos.

Diese Reise sollte man im Mai oder September antreten. In den Städten herrscht lebhafter Verkehr, aber schon 30 km außerhalb finden sich einsame Straßen in traumhafter Landschaft, die uns begeisterten. Für Pausen empfiehlt es sich, der Beschilderung „Centro storico" zu folgen. Die historischen Ortskerne laden immer wieder zu reizvollen Spaziergängen ein.

1. TAG

Um 8 Uhr starten wir mit zunächst 4 Rollern. Die gemeinsame Fahrt führt über Landau, Karlsruhe und Stuttgart Richtung München. Bei Karlsruhe müssen wir einen Stau auf der Landstraße umfahren. An der Autobahnraststätte Gruibingen treffen wir um 12 Uhr einen weiteren Mitfahrer. Wir machen Mittagsrast und stimmen uns mit Pasta und Cappuccino auf unsere Rollertour nach Italien ein. Am Bahnhof München Ost warten auch schon unsere österreichischen Rollerfreunde. Während wir auf den Zug warten, geht über München ein kräftiges Gewitter nieder. Wir beziehen gegen 22 Uhr unsere Abteile und machen es uns zur Nachtruhe bequem. Nach Blitzeinschlag in die Oberleitung haben wir 1 Stunde Aufenthalt auf freier Strecke. Dann, um 0.30 Uhr, muss auch noch einer unserer Mitfahrer nach einem Kurzschluss beim Umhängen der Lokomotive auf dem Brenner Uhr in einen anderen Waggon umziehen.

2. TAG

Gegen 6 Uhr erhalten wir ein kleines Frühstück. Mit 1 Stunde Verspätung kommen wir in Rimini an. Die Roller sind noch fest verzurrt. Gegen 8.45 Uhr können wir aufsitzen und unsere Tagesetappe starten. Der Himmel ist bewölkt, aber es bleibt trocken. Wir fahren auf die Autobahn A 14 nach Süden. Bei Falconara biegen wir ab auf die SS 76. Diese verlassen wir bei Jesi und auf der Straße 520 rollen wir bis Cingoli. Dort halten wir kurz und kaufen in dem alten Ortszentrum unseren Tagesproviant ein. Wenige km vor San Severino ziehen wir Regenkleidung an, denn es beginnt leicht zu regnen. Als die Regenwolken im Süden immer dunkler werden, biegen wir nach rechts ab und kommen nach Castelraimondo.

Nun führt unser Weg auf der 256 und 209 nach Süden. Die Strecke mit vielen Kurven und Hügel macht Spaß und es ist nur wenig Verkehr. In einem kleinen Dorf finden wir einen Rastplatz am Straßenrand. Die Regenkleidung brauchen wir nun nicht mehr, denn das Wetter wird immer besser. Hier machen wir auch kurze Mittagsrast. In Cerreto fahren wir auf die Nebenstrecke über Monteleone nach Leonessa. Wir wollen über die Passstraße des Sella di Leonessa und freuen uns auf den kurvigen Anstieg. Aber leider ist die Straße nach 10 km gesperrt und wir müssen nach Leonessa umkehren. Von dort kommen wir dann über Arrone nach Rieti. Die Strecke erlaubt keine hohe Geschwindigkeit und wir liegen hinter unserem Zeitplan zurück. Wir verlassen Rieti auf der Via Salaria und biegen bei Poggio Moiano auf die 314 ab, die uns über Riofreddo nach Arsoli bringt. Nun wissen wir, dass wir noch etwa 2 Stunden bis zu unserem Tagesziel brauchen werden. Deshalb gönnen wir uns vor Subiaco noch eine kühle Erfrischung. Natürlich nutzen wir diese Gelegenheit, uns für die letzten km wieder fit zu machen. Schließlich erreichen wir über Subiaco nach 448 km gegen 18.30 Uhr Fiuggi und das Hotel Capri. Wir beziehen die Zimmer und sind mit unserem Hotel sehr zufrieden. Auch das Abendessen ist reichhaltig und schmeckt.

3. TAG

Das Wetter ist sonnig und warm. Nach einem guten Frühstück vom Buffet starten wir zur Mittelmeerküste südlich von Rom. Wir rollen über Anagni, Colleferro und Velletri zum Lago Albano. Unser erstes Ziel ist das alte Bergdorf Rocca di Papa. Wir parken direkt vor dem alten Ortszentrum, das für Fahrzeuge gesperrt ist. Wir schließen die Motorradkleidung weg und machen uns zu einem Rundgang durch den Ort fertig. Wir sind begeistert vom Centro storico, dem historischen Ortzentrum. Schon vom Parkplatz aus genießen wir die Fernsicht auf die Colli Albani. In der Ferne, ca. 20 km entfernt, können wir Rom und die Kuppel des Vatikan sehen. Auf der anderen Seite des Lago Albano erkennen wir die Gebäude des traditionsreichen Urlaubsorts Castel Gandolfo. Dann steigen wir durch enge Gassen auf Kopfsteinpflaster hinauf zu der Kirche, die sich an der höchsten Stelle des Felsens auf 680 m Höhe befindet. Wir gewinnen wertvolle Eindrücke, wie die Menschen hier früher gelebt haben und wie sie zum

Teil noch heute leben. Viele Fassaden sind bemalt. Wir sind begeistert und schlendern durch die verwinkelten Gassen. Wir bewundern die malerischen Fassaden und genießen das Flair dieses alten Bergdorfes. Nach 2 Stunden fahren wir weiter über Castel Gandolfo und Pomeza nach Torvaianica. An einer Ampel bei Pomeza rollt ein Lieferwagen über den linken Fuß von Gerd. Gott sei Dank keine ernste Verletzung. Wir fahren dann an der Küste entlang bis Lido dei Pini. Dort fahren wir an den Strand. Es ist nichts los hier und wir sind die einzigen Gäste. Dennoch finden wir ein Strandcafe, das geöffnet hat. Hier kehren wir ein und machen unsere Mittagspause. Wir lassen uns im Schatten der Strohschirme nieder und blicken über den weißen Sandstrand zum ruhigen Meer. Die Sonne brennt heiß und kühle Getränke, Eis oder Cappuccino kommen gerade richtig. Dann fahren wir weiter auf wenig befahrenen Strecken über Anzio, Aprilia und Cisterna wieder hinauf in die Berge Monti Lepini. In Cori machen wir noch eine Kaffeepause. Dann rollen wir auf der bergigen Strecke über Rocca Massima und Colleferro nach Fiuggi zurück, wo wir nach 276 km gegen 18 Uhr ankommen. Beim Abendessen sind alle bester Laune und freuen sich schon auf den nächsten Tag.

4 . TAG

Unser Hotelchef hat uns einen Kleinbus organisiert. Mit dem werden wir heute Rom besuchen. Bei schönem Sommerwetter wartet die ewige Stadt auf uns. Nach dem Frühstück steht gegen 8.30 Uhr der Bus bereit. In dem bequemen, klimatisierten Fahrzeug erreichen wir nach 1 Stunde den Stadtrand von Rom. Unser erstes Ziel ist der Vatikan. Aber auch das Großstadt-Verkehrschaos in Rom ist ein besonderes Erlebnis. Wieselflinke Roller, die allem Anschein nach keine Verkehrszeichen beachten müssen, sind das schnellste Verkehrsmittel der Stadt. Wir können nur staunen, dass hier keine Unfälle passieren. Unser Bus braucht für die letzten 12 km zum Vatikan fast 1 Stunde. Dennoch kommen wir rechtzeitig zur Papstaudienz.

Papst Benedikt begrüßt Pilgergruppen aus aller Welt. Nur uns erwähnt er nicht. Wir versuchen durch die Absperrungen nach vorn zu kommen, aber es gelingt uns nur zum Teil. Auch der Petersdom ist geschlossen. So können wir die gewaltigen Gebäude des Vatikan nur von außen bestaunen. Wir kaufen einige Souvenirs und spazieren dann zur nahe gelegenen Engelsbrücke und der Engelsburg. Gegen 12.00 Uhr bringt uns der Bus dann weiter zum Kolosseum. Lange Schlangen warten vor den Kassen dieses riesigen Amphitheaters. Das dauert uns zu lange. Wir wandern daher weiter zu den Ausgrabungen des Forum Romanum. Die Ausgrabungsstätten lassen das Treiben auf dem antiken römischen Markt erahnen. Es ist heiß und wir versuchen im Schatten zu bleiben. Imbiss

und Getränke haben hier fürstliche Preise. Viele Touristen sind unterwegs. Wir besuchen das benachbarte Museum und von dessen Terrasse aus haben wir einen herrlichen Blick über die Dächer Roms. Die Kuppel des Petersdoms und die Ruine des Kolosseums sind ebenfalls zu erkennen. Unser Bus holt uns pünktlich am Kolosseum wieder ab und bringt uns zum Trevi-Brunnen. Einige Häuserzeilen vorher müssen wir aussteigen und mit dem Stadtplan machen uns auf den Weg. Als wir um eine Häuserecke kommen, liegt die berühmte Brunnenanlage vor uns - zwischen mehrstöckigen Bauwerken.

Nun noch ein kurzer Spaziergang zur Spanischen Treppe, dann müssen wir umkehren. Gegen 17 Uhr holt uns dann der Bus vor diesem Gebäude mit riesigen Statuen wieder ab und bringt uns gegen 19 Uhr nach Fiuggi zurück. Im Bus sind alle recht schweigsam. Die Besichtungsmärsche in der römischen Sommersonne haben uns müde gemacht. Beim Abendessen gibt es viel zu erzählen. Vor allem der Verkehr und das Rollerfahren in Rom werden diskutiert.

5. TAG

Heute fahren wir in die Berge nördlich von Fiuggi. Wie jeden Tag, starten wir um 8.36 Uhr. Der erste größere Ort ist nun Subiaco. Dann kommen wir nach Arsoli. Hinter dem Ort erreichen wir das Tal des Turano. In Castel di Tora, direkt am Lago dei Turano halten wir, bummeln durch den historischen Ortskern und

haben einen weiten Blick über den See und die umliegenden Berge. In einem kleinen Tante-Emma-Laden kaufen wir das, was wir für einen Mittagssnack brauchen. Dann fahren wir nach Norden bis Rocca Sinibalda und über Longone erreichen wir den Lago del Salto. Die kurvige Strecke macht Spaß und gute Laune und unsere Roller sind in ihrem Element. Die Suche nach einem Rastplatz am See gestaltet sich schwierig. Das Seeufer ist nicht erreichbar und die Parkmöglichkeiten liegen in der prallen Mittagssonne. Schließlich halten wir an der SS 578 vor Borgorose. Nach der kurzen Pause fahren wir nach Carsoli, denn wir brauchen dringend eine Tankstelle. Von dort treten wir die Rückfahrt an. Auf einer reizvollen Strecke kommen wir über Tagliacozzo nach Capistrello. Dort besuchen wir ein kleines Cafe. Cappuccino oder Eis tun uns gut.

Nun wartet noch ein Highlight auf uns. Der Anstieg hinauf zum Monte Viperello (1000 Höhenmeter). Die Straße ist grandios und bietet viele Aussichtspunkte. Auf der Passhöhe biegen wir ab und erreichen das Wintersportgebiet Campo Staffo auf 1800 m Höhe. Die Hotels sind geschlossen. Wir nutzen die Gelegenheit zu einem Gruppenfoto. Dann rollen wir abwärts und parken gegen 17.30 Uhr nach 302 km wieder am Hotel.

6. TAG

Heute machen wir nur eine kurze Tagestour Richtung Tivoli. Punkt 8.36 Uhr starten wir. Über Piglio und Palestrina steuern wir bei heißem Sommerwetter in die Monti Penestrini. Wir besuchen den historischen Ortskern von San Gregorio. In den engen Gassen ist es angenehm kühl. Wir kaufen in einem kleinen Laden ein. Die Kühltheke steht auf einer Empore und größer als 1,80 m sollte man dort nicht sein. Auf der Weiterfahrt liegt nach wenigen km Tivoli vor uns. Wir halten kurz für einen Blick über die

Stadt an der Via Tiburtina. In Tivoli ist es heiß und viel Verkehr. Wir rollen daher gleich wieder zurück in die Berge. Über den Passo della Fortuna kommen wir nach San Vito. Dort machen wir eine Kaffeepause und erreichen dann gegen 15.30 nach 160 km das Hotel Capri wieder. Den Nachmittag verbringen wir in der historischen Altstadt von Fiuggi. Zwischen dem alten Gemäuer ist es angenehm kühl. Nach dem Abendessen beginnen wir mit den Vorbereitungen zur Abreise.

7. TAG

Heute heißt es vorerst einmal Abschied nehmen vom Hotel Capri. Aber wir werden auf der Rückfahrt nochmals für 2 Nächte zurückkommen. Daher können wir auch etwas Gepäck hier zurück lassen und im Büro des Hotels deponieren. Bei Frosinone fahren wir auf die Autobahn bis zur Ausfahrt Ceprano. Dort wird erst getankt, bevor wir über eine Nebenstrecke San Giovanni an der SS 82 erreichen. Wir fahren nun auf dieser Straße über Pico und Itri Richtung Mittelmeerküste. Es ist heiß und wenig Verkehr. Durch die vielen Kurven und unser schweres Gepäck kommen wir nur langsam vorwärts. Bei Formia erreichen wir die Schnellstraße SS7. An einer Raststätte machen wir Mittagspause. Wie überall, werden auch hier Karins Fingernägel in den italienischen Nationalfarben bewundert. Dann nähern wir uns Neapel. Wir umfahren die Stadt auf der A 1 und der A 3. Die A 3 ist teilweise

in schlechtem Zustand und es ist hektischer Verkehr. Schmutz, Unrat und Müll am Straßenrand hinterlassen keinen guten Eindruck. Vorbei am Vesuv und Pompeji verlassen wir in Castellammare die Autobahn Richtung Sorrento. Es ist viel Verkehr und wir probieren erstmals, neapolitanisch zu fahren. Wir schlängeln uns trotz Gegenverkehr vorbei und erreichen 10 km hinter Sorrento nach 267 km gegen 17.30 Uhr Massa Lubrense. Direkt am kleinen Hafen Marina della Lobra liegt unser „Piccolo Paradiso". Das Hotel mit weitem Blick über die Bucht von Neapel, von Capri bis zum Vesuv, ist traumhaft schön. Abgeschlossene Rollergarage, großer Swimmingpool, hervorragende Küche und gleich am ersten Abend erleben wir den Sonnenuntergang über Capri. Hier werden wir eine Woche das Leben genießen!

8. TAG

Heute wartet ein Boots-ausflug nach Capri auf uns. Als Helmut kurz vor 8 Uhr unsere Tickets an der Rezeption abholt, erfährt er, dass die Abfahrt nicht um 8.30 sondern schon um 8 Uhr ist. Schnell sind alle informiert und als wir zum Hafen kommen, wartet der Kapitän schon ungeduldig. Nach 30 Minuten liegt Capri vor uns. Die weißen Gebäude leuchten in der Morgensonne. Unser Boot fährt entlang der Küste zur Blauen Grotte.

Hier tummeln sich viele Boote vor dem Höhleneingang. Die Besucher müssen in kleine Boote umsteigen und werden durch die enge Öffnung in die Blaue Grotte gebracht. Auch wir steigen um und lassen uns das einmalige Erlebnis für 8,50 € nicht entgehen. Nur Helmut bleibt an Bord zurück, da er lieber festen Boden unter den Füßen hat. Als wir in die Grotta Azzurra einfahren, bietet das Wasser einen faszinierenden Anblick. In einem kräftigen Blau funkelt das Wasser und nach nicht mal einer Minute sind wir schon wieder draußen, denn die nächsten Besucher drängen nach. Danach bringt uns unser Boot um die Insel. Auf der anderen Seite legen wir in Marina Piccolo an. Hier haben wir nun bis 16 Uhr Landgang. Schnell stellen wir fest, dass es in dem Ort nicht viel zu sehen gibt.

Als wir hangaufwärts gehen, sehen wir auf einem kleinen Parkplatz die speziellen Taxis, die es nur auf Capri gibt. Für 6 bis 7 Mitfahrer, ohne Dach, nur mit einem Sonnensegel.

Die Spiegel sind ein-
geklappt, denn die
Straßen sind sehr eng.
Schnell haben wir ei-
nen Spezialpreis aus-
gehandelt. Nun stehen
uns 2 Taxen den gan-
zen Tag zur Verfügung.
Zuerst lassen wir uns
zum hoch gelegenen
Anacapri bringen. Am
Ortsschild halten wir,
um einen weiten Blick
über die Bucht von Ca-
pri zu werfen. Im Zen-
trum von Anacapri wer-
den wir abgesetzt und

haben nun 90 Minuten für eine Ortsbesichtigung. Viele Touristen drängen sich durch die engen Gassen. Dann entdecken wir die Sesselbahn und nach kurzer Wartezeit startet die Bergfahrt. Von der Aussichtsplattform der Bergstation kann man die gesamte Insel über-blicken. Capri und Anacapri liegen unter uns. In vielen kleinen Buchten bewundern wir die Farbenvielfalt des Meeres. In tausend Nuancen von grün bis blau reicht das Farbspektrum. Gegen 13 Uhr bummeln wir durch das lebhafte Anacapri. Zur Mittagszeit ein Sandwich oder eine kleine Pizza mit kühlen Getränken, dann geht es weiter mit unserem Taxi.

Das nächste Ziel ist der Hauptort Capri. Der Ort ist verkehrsfrei. Es gibt nur kleine Elek-trowagen, zur Belieferung der Hotels. Wir bummeln durch den Ort und beobachten das rege Treiben in den Gassen. Dann bringt uns das Taxi wieder nach Piccola Marina zurück. Pünktlich um 16 Uhr holt uns das Boot ab. Dann entlang der Nordküste noch zur grünen Lagune und den berühmten Felsspitzen. Unser Boot hält nochmals direkt unter den stei-len Felswänden. Eine willkommene Gelegenheit für die letzten Fotos von Capri. Gegen 17.30 Uhr kommen wir wieder in unserem Heimathafen Marina della Lobra an. Nach dem Abendessen beobachten wir, wie bei der Kirche nebenan die Vorbereitungen für eine Messe im Freien ablaufen. Und dann, als die Besucher schon eintreffen, muss wegen eines Gewitterschauers doch alles nach innen verlegt werden.

9. TAG

Unser Tagesausflug führt heute an die berühmte Costa Amalfitana. Auf einer Nebenstre-cke fahren wir zur Spitze der Halbinsel bei Termini und dann Richtung Positano. Es ist wenig Verkehr. Hinter Piano di Sorrento kommen wir zu dem berühmten Küstenabschnitt.

Die Straße schlängelt sich eng und kurvenreich an den Steilhängen entlang. Dann liegt das malerische Positano vor uns, der wohl einzige senkrechte Ort der Welt.

Wir parken am Ortszentrum und schlendern durch die engen Straßen zum Strand. Die vielen kleinen Verkaufsläden bieten Souvenirs aller Art an. Aber, kein Platz, wir sind ja mit dem Roller hier! Von der kleinen Badebucht aus bewundern wir die Fassaden der steil übereinander stehenden Häuser. Wir fahren weiter. Über Praiano und dann liegt schon bald Amalfi vor uns. Immer wieder halten wir an zum Fotografieren. Wenn wir den Blick über das vor uns liegende Panorama schweifen lassen, bis zurück an die Steilhänge von Positano, dann wird uns klar, warum es so viele Besucher immer wieder an die Amalfiküste zieht. Es ist sonnig und heiß und seit Positano fahren wir im T-Shirt. In Amalfi gefällt uns der Marktplatz mit dem Brunnen und dem angrenzenden Andreas-Dom mit seinen schwarz-weißen Steinen besonders. Ansonsten auch hier Souvenirläden, Restaurants und Cafés ohne Ende. Wir fahren weiter die Küste entlang durch Maori, das den größten Strand der Amalfiküste hat. Schließlich erreichen wir Cetara. Von dort haben wir einen weiten Blick über die Bucht von Salerno. Wir beschließen von hier aus den gleichen Weg wieder zurück zu fahren, um nun die Küste in der anderen Fahrtrichtung nochmals zu erleben. Inzwischen ist viel Verkehr auf der Küstenstraße. Wir passen unsere Fahrweise dem Gastland an und fahren neapolitanisch. Gegen 16.30 Uhr, nach 135 km erreichen wir wieder unser Piccolo Paradiso. Auch heute heißt unser „Paradiso-Programm": Hotelpool, Abendessen, Spaziergang zum Hafen und der Sonnenuntergang von der Hotelterrasse aus.

10. TAG

Heute haben wir nur eine kurze Tagestour vor uns. Wir besuchen Sorrento. Als wir gegen 9 Uhr dort ankommen, ist noch wenig los. Wir besichtigen die alten Gassen und diskutieren über das Restprogramm unseres Amalfi-Aufenthaltes. Ischia plus Vesuv-Pompeji? Oder nur eines der Ziele? Mit Taxi oder Roller? Schließlich legen wir fest, dass wir auf die Schifffahrt nach Ischia verzichten und Vesuv und Pompeji mit einem Großraum-Taxi besuchen

wollen. Sorrento hat einiges zu bieten. Schöne Parkanlagen oberhalb der Steilküste und der weite Blick über die Bucht bis nach Neapel beeindrucken uns besonders. Unter uns schaukeln kleine Boote im glasklaren Wasser. Es ist sehr heiß. Während wir bei kalten Getränken in einem Straßencafe sitzen, zieht Helmut los und bucht den Kleinbus für den Vesuv-Ausflug am nächsten Tag. Gegen 14 Uhr fahren wir zurück nach Marina della Lobra und stellen nach 16 Tageskilometern unsere Roller ab. Zu Fuß gehen wir hinunter zum Hafen und lassen uns in einem typischen Hafenrestaurant gemütlich nieder. Bei einem kleinen Imbiss und kühlen Getränken beobachten wir das bunte Leben am Hafen. Den Abend verbringen wir so wie die vorherigen – gemütlich auf der Terrasse.

11. TAG

Heute besuchen wir den Vesuv und Pompeji. Gegen 8.30 Uhr trifft der bestellte Kleinbus ein. Der Fahrer ist wenig gesprächig und macht einen reichlich unausgeschlafenen Eindruck, der sich im Lauf des Tages immer mehr verstärkt. Zunächst stehen wir in Sorrento in einem größeren Stau. Als wir dann Pompeji anfahren wollen, ist die Autobahnausfahrt gesperrt. Also nun doch zuerst zum Vesuv (1282 m). Die Straße hinauf ist gut ausgebaut und endet auf einem kleinen Parkplatz. Dort steigen wir aus. Nachdem wir uns Tickets gekauft haben, müssen wir die letzten 200 m hinauf zum Kraterrand zu Fuß gehen. Wir leihen uns Wanderstöcke, die uns den steilen Pfad hinauf behilflich sind. Wir sind nun froh, doch zuerst den Vesuv zu besteigen, denn es ist noch nicht so heiß. Wir blicken zum Meer und unter uns liegen Neapel, Ercolaneo und Torre del Creco. Dann erreichen wir den Kraterrand. Im 230 m tiefen Krater haben sich dunkler Lavasand und Gesteinsbrocken angesammelt.

An einigen Stellen der Kraterwand kommen kleine Rauchschwaden aus dem Boden. Dann kehren wir um und der Bus bringt uns nun nach Pompeji.

Pompeji, die 78 n. Chr. vom Vulkanausbruch verschüttete Stadt, wurde fast ganz wieder freigelegt. Wir sind erstaunt über den Umfang der Ausgrabungsstätte. Um sich alles anzusehen, reicht sicherlich 1 Tag nicht aus. Wir haben nur 90 Minuten dafür geplant!!! Wir trennen uns und jeder versucht, in der kurzen Zeit soviel wie möglich zu sehen. Aber wir können nur einzelne Eindrücke mitnehmen: die gut erhaltenen Häuserzeilen, das Amphitheater und die versteinerten Menschen. Vor der Busabfahrt bleibt noch Zeit für einen kleinen Imbiss. Gegen 18 Uhr kommen wir ins Hotel zurück. Auch heute wieder ein gutes Abendessen und das restliche Paradiso- Programm.

12. TAG

Heute wollen wir die Berge im Hinterland erkunden. Wir starten um 8.36 Uhr und rollen zunächst wieder an der Küste entlang über Positano. Bei schönstem Sommerwetter genießen wir die Fahrt entlang der Amalfiküste. Erster Halt in Furore. Wir blicken aus der Vogelperspektive auf den kleinen Hafen des Ortes. Hinter Amalfi biegen wir dann ab und fahren hinauf in das Bergdorf Ravello. Wir besichtigen den Ort, der einen schönen Blick über die Küste gewährt. Im Ort sehen wir auch die Fahrzeuge der Polizei: Vespa, was sonst? Durch das Landesinnere über Corbara und Tramonti erreichen wir in Maiori die Küste wieder. Dort machen wir an der Strandpromenade Mittagspause. Auf dem Rückweg hinter Amalfi biegen wir ab nach Agerola und fahren hinauf in die Monte Latari. Die vielen Kurven bieten immer wieder phantastische Aussichtspunkte auf die Küste. Über Gragnano fahren wir an der Küste entlang nach Sorrento. Vor der Stadt halten wir an einem Aussichtspunkt am Straßenrand. Vor uns liegt Sorrento. Von hier haben wir einen tollen Blick über die gesamte Stadt, die über einer Steilküste angelegt ist. Gegen 16 Uhr erreichen wir nach 145 km wieder unser Hotel in Marina della Lobra.

13. TAG

Nach dem Frühstück besuchen wir zunächst nochmals Sorrento. Wir bummeln durch die engen Gassen der Altstadt und schauen uns die Auslagen der kleinen Läden an. Dann fahren wir Richtung Neapel bis vor Gragnano und dann rechts hinauf zum Monte Faito auf 1131 m Höhe. Die Straße hinauf macht Spaß und es ist kaum

Verkehr. Viele Aussichtspunkte laden ein, sich die Bucht von Neapel anzusehen. Bergab liegt Vico Equenso vor uns. Nach 51 km kommen wir gegen 14 Uhr wieder zum Piccolo Paradiso. Diesmal fahren wir mit den Roller hinunter zum Hafen. Wir besuchen wieder das Hafenrestaurant und während unserer verspäteten Mittagspause beobachten wir die kommenden und abfahrenden Boote im Hafenbecken. Gegen 16 Uhr nochmals zum Hotelpool, dann beginnt unser letzter Abend hier. Wir beginnen schon vor dem Abendessen zu packen, damit wir die letzten Stunden nochmals auf der Terrasse verbringen können.

14. TAG

Schon vor dem Frühstück werden die Roller gepackt. Es heißt Abschied nehmen von unserem kleinen Paradies in Massa Lubrense. Über Sorrento erreichen wir in Castellammare die Autobahn. Nun geht es Richtung Rom. Es ist erstaunlich wenig Verkehr und wir kommen gut vorwärts. Wir steuern die Raststätte bei Aquino an. Dort verabschieden wir uns von Karin und Walter, die am Nachmittag mit dem Autozug von Rom nach Wien zurück

fahren. Abschied tut so weh... doch alles hat ein Ende. Aber die Erinnerung bleibt! Wir verlassen bei Frosinone die Autobahn und fahren nach Fiuggi. Es ist sehr heiß, 37 Grad, als wir in Fiuggi ankommen. Gegen 14 Uhr parken wir dort am Kurpark und besuchen das benachbarte Bistro für einen kleinen Imbiss. Danach fahren wir zum Hotel Capri und der Inhaber freut sich, uns wieder zu sehen. Wir bekommen die gleichen Zimmer wie vor einer Woche. Der Hotelpool lädt zu einer Erfrischung ein. Dann gehen wir zum Ortsteil Fiuggi Therme und bummeln durch den Kurpark. Um 16 Uhr öffnen die Geschäfte und wir suchen nach Souvenirs, finden aber nicht das Richtige. Nach einem guten Abendessen sitzen wir wieder auf der Hotelterrasse, aber den Sonnenuntergang über Capri vermissen wir jetzt doch.

15. TAG

Heute wollen wir uns die unmittelbare Umgebung von Fiuggi ansehen. Wir fahren auf der 155 bis vor Vico. Dort biegen wir links ab. Wenige km weiter, geht dann rechts der Weg hinauf zum Wintersportgebiet Campo Catino auf 1800 m Höhe. Die kurvige Straße ist schöner als manche Passstraße in den Alpen. Die Hotels sind geschlossen und frei laufende Kühe und Pferde weiden auf den Gebirgswiesen. Wir besuchen die kleine Kapelle und fahren dann zurück. Unser nächstes Ziel ist die Grotte von Collepardo. Erst nach mehrmaligem Fragen finden wir die Zufahrt zu der kleinen Straße, die in ein kleines Tal führt. Wir sind vor der Grotte die einzigen Besucher, außer einem Kamerateam, das Aufnahmen macht. Wir dürfen die Höhle ohne Führung besichtigen. Dann fahren wir 2 km weiter und besichtigen Pozzu d'Antullo. Hier ist die Kuppel einer Tropfsteinhöhle eingebrochen und man sieht von außen die geologischen Formationen der Höhle. Als wir hinab nach Allatri fahren, sehen wir auf der anderen Seite ein Bergdorf, das unsere Aufmerksamkeit findet. Es ist Fumone, das wir nun anfahren. Ein freundlicher Polizist weist uns vor dem historischen Ortskern Parkplätze zu. Die Aussicht über das Flusstal des Sacco ist beeindruckend. Danach machen wir uns auf - in den Ort. Es ist Mittagszeit und vielleicht finden wir eine Imbissgelegenheit. Durch ein kleines Bogentor betreten wir den Ort aus dem 11. Jahrhundert

und schon nach wenigen Metern hören wir Musik. Sie kommt aus der Taverna del Barone. Die Musik zieht uns an und Hunger haben wir auch. Wir haben Glück, es ist noch ein Tisch frei. Ein Junge macht italienische Volksmusik und alle Tische um uns und über uns sind besetzt. Wir warten auf die Bedienung und die Speisekarte. Stattdessen wird uns eine Flasche Wein und eine reichliche Schinkenplatte serviert.

Es schmeckt uns hervorragend. Dann wird abgedeckt und es werden Suppenteller aufgedeckt. Was nun? Die Bedienung füllt unsere Teller aus einer großen Terrine mit einem Linseneintopf. Auch gut! Wenn wir schon nichts bestellt haben, so essen wir doch alles! Als nächstes werden die Teller wieder getauscht und es folgt für jeden eine Portion Spaghetti Bolognese. Und dann? Wieder frische Teller und es folgt eine Fleischplatte mit mehreren Sorten. Wehe, wenn die Rechnung kommt! Aber zuerst gibt es für jeden noch einen Grappa zur Verdauung. Dann: 20 € je Person; die zahlen wir gerne für dieses Erlebnis.

Die Atmosphäre in der Taverna del Barone gefällt uns. Zwischen Felswänden und rustikalem Fachwerk fühlen wir uns wohl. Musik und gutes Essen bilden den idealen Abschluss der Tour. Schließlich müssen wir jedoch aufbrechen. Nach einem kurzen Rundgang durch den Ort fahren wir noch zum Lago di Canterno.

Hier am Seeufer ist heute Mittag ein großer Markt. Während des Rundgangs beginnt es leicht zu regnen. Aber zu wenig, um Regenkleidung anzuziehen. Wir fahren wieder nach Fiuggi zurück und kommen dort gegen 16 Uhr nach 114 km wieder an. Vor dem Abendessen spazieren wir nochmals nach Fiuggi Therme. Und auch mit dem Packen müssen wir beginnen, denn am nächsten Abend wartet der Autozug in Rimini auf uns. Als wir nach dem Abendessen auf der Terrasse sitzen, gibt der Hotelchef eine Runde aus. Sein Assistent macht am Hoteleingang ein Abschiedsfoto von uns.

16. TAG

Wir fahren über Subiaco und bei Carsoli auf die Autobahn Richtung Adria. Unterwegs durch die Berge und Tunnel des Gran Sasso ist es empfindlich kühl, teilweise nur 12 Grad. Beim ersten Stopp wärmen wir uns auf und ziehen warme Kleidung an. Über L'Aquila und Teramo erreichen wir die Adriaküste. Dicke Wolken hängen am Himmel, aber es bleibt trocken. Auf dem Rastplatz Tortoreto an der A 14 machen wir Mittagspause. Als wir weiter fahren, beginnt es bei San Benedetto zu regnen. Wir finden rechtzeitig einen Rastplatz, um die Regenkleidung anzuziehen. Dann geht es los. Schwere, wolkenbruchartige Regenfälle begleiten uns auf den nächsten 90 km. Aber wir müssen durch. Der Autozug in Rimini erwartet uns. Bei Pesaro werden die Wolken dünner und der Regen hört auf. Als wir gegen 16.30 Uhr nach genau 400 km den Bahnhof in Rimini erreichen ist es trocken und nur einige Pfützen erinnern an die Niederschläge. Wir parken direkt an der Verladerampe und gehen noch zu dem breiten, feinsandigen Strand. In einem Strandcafe gibt es Eis und Cappuccino. Gegen 19 Uhr sind wir wieder bei den Rollern und schon kurze Zeit später beginnt die Verladung der Roller. Nach einem Imbiss im Bahnhofscafe müssen wir noch bis fast 23 Uhr am Bahnsteig auf den Zug warten. Die Nacht verläuft ruhig. In München ziehen wir wieder warme Kleidung an, denn auch in Deutschland steigt das Thermometer heute nicht über 20 Grad. Bis zur neuen Allianz-Arena fahren wir zusammen, dann trennen sich unsere Wege. Zwei fahren über Würzburg ins Rheinland, die anderen über Stuttgart ins Saarland, wo sie nach 458 km ankommen.

KARL SCHMOLL

Karl Schmoll, Jahrgang 1941, Industriekaufmann, hat 43 Jahre lang in Verkauf und Marketing gearbeitet. Zuletzt war er Geschäftsführer einer traditionsreichen Backmittelfirma. Seit Mitte 2001 ist er im „Ruhe"stand. Seine ersten Erlebnisse mit dem Motorroller liegen über 40 Jahre zurück: 1959 kaufte sein Bruder eine silbergraue Vespa. Zusammen fuhren sie damit nach Paris, nach London ...

Nachdem seine beiden Söhne aus dem Haus waren und für ihn die Zeit der Fernreisen begann, mietete er jeweils am Urlaubsort Motorroller, um die Umgebung zu erkunden. Gleich mit dem Eintritt ins Ruhestandsdasein legte er sich einen Piaggio X 9, 250 ccm zu und unternahm damit mehrwöchige Touren nach Griechenland, Italien, Spanien, Portugal, Korsika/Sardinien, Kroatien, Serbien/Montenegro, Albanien ...

Diese Reisen hat er im 1. Teil von „REISEN mit dem MOTORROLLER" beschrieben. Inzwischen fährt Karl Schmoll einen Suzuki Burgman 650 Executive – und die Touren sind länger geworden.

Ebenfalls im MOTORETTA *-Verlag erschienen:*

DVD
Roller-Schrauberservice Vol. 1
Motorrestaurierung
Vespa 50er Modelle
ISBN 3-9810905-3-5
Bestell-Nr. 015005
24,95 €

DVD
Roller-Schrauberservice Vol. 2
Wartungsarbeiten
an klassischen Vespa-Modellen
ISBN 978-3-9810905-4-3
Bestell-Nr. 015006
24,95 €

DVD
Roller-Schrauberservice Vol. 3
Motorrestaurierung
Vespa PX-Modelle
ISBN 978-3-9810905-5-0
Bestell-Nr. 015007
24,95 €

DVD
Roller-Schrauberservice Vol. 4
Vespa Smallframe Gabeln
ISBN 978-3-9810905-8-1
Bestell-Nr. 015009
24,95 €

DVD
Roller-Schrauberservice Vol. 5
Reparaturanleitung
Piaggio Automatik-Motoren,
2-Takt
ISBN 978-3-940880-08-6
Bestell-Nr. 01501
24,95 €

DVD
Roller-Schrauberservice Vol. 1-3
Compilation-Box
ISBN 978-3-9810905-7-4
Bestell-Nr. 015008
54,95 €

DVD
Scooter Scene - Reloaded
ISBN 978-3-940880-06-2
Bestell-Nr. 015014
19,90 €

DVD
Scooterists a way of life
ISBN 978-3-940880-07-9
Bestell-Nr. 015013
19,50 €

Buch
Motoretta
Scooter-Technik
ISBN 978-3-9807857-2-3
Bestell-Nr. 011142
14,50 €

Buch
Dirk Böhm
Leben im 2-Takt
ISBN 978-3-9810905-0-5
Bestell-Nr. 011208
12,95 €

Buch
Roller-Tuning
Scootermania Vol.1
2. Auflage
voraussichtlich lieferbar Mai 2008
ISBN 978-3-9807857-5-4
Bestell-Nr. 011184
14,50 €

Buch
Christof Batton
Rollerjungs
ISBN 3-9807857-0-x
Bestell-Nr. 011013
12,50 €

Buch
Karl Schmoll
Reisen mit dem Motorroller–
Band 1
ISBN 978-3-9807857-4-7
Bestell-Nr. 011185
19,90 €

Buch
Karl Schmoll
Reisen mit dem Motorroller –
Band 2
ISBN 978-3-9810905-9-8
Bestell-Nr. 011222
19,90 €

Motoretta
Classic-Kalender 2009
ISBN 978-3-940880-00-0
voraussichtlich lieferbar Juli 2008
Bestell-Nr. 017008
19,95 €

Comic
Tobi Dahmen
Scoot Riders
ISBN 3-9807857-1-8
Bestell-Nr. 011166
12,50 €

Telefonische Bestellung: 02361-93580
oder auf www.motoretta.eu

GROSSHANDEL
Motorrollerzubehör und Ersatzteile
IN DER SCHWARZERDE 5-7
D-65549 LIMBURG/LAHN
TEL. 06431 9195 0
FAX: 06431 9195 50
WWW.KRUEGER-GMBH.COM
INFO@KRUEGER-GMBH.COM

Mit unserem Zubehör macht das Reisen Spass

Lieferbar am Mitte Juli 2008

Suzuki Burgman 400 K7

77.781.3	Sturzbügel von
77.781.4	Sturzbügel hinten
77.781.2	Stoßstange vorn
77.781.7	Kofferhalterung seitlich
77.781.6	Gepäckträger

77.727.0   77.726.7   59.501.0   23.

77.726.9

Unser Zubehör für den Piaggio MP 3

Satteltaschen 30 Liter Inhalt 59.411.0

Tunneltasche 30 Liter Inhalt 59.435.0

Seitenkoffer 21 Liter in schwarz 59.021.2 oder silber 59.021.1

Lieferung ausschließlich über Ihren Fachhändler